走进甘肃

Zoujin Gansu

张 华 编著

甘肃教育出版社

图书在版编目（CIP）数据

走进甘肃 / 张华编著. -- 兰州 ：甘肃教育出版社，2022.5
ISBN 978-7-5423-5374-0

Ⅰ. ①走… Ⅱ. ①张… Ⅲ. ①景点－介绍－甘肃
Ⅳ. ①K928.704.2

中国版本图书馆CIP数据核字(2022)第058452号

走进甘肃
张 华 编著

项目策划 薛英昭 孙宝岩
责任编辑 吴洁琼
封面设计 读者晋林工作室 陈晓燕
内文设计 兰州大雅文化
封面题字 张文东

出 版 甘肃教育出版社
社 址 兰州市读者大道568号 730030
网 址 www.gseph.cn E-mail gseph@duzhe.cn
电 话 0931-8436489（编辑部） 0931-8773056（发行部）
传 真 0931-8435009
淘宝官方旗舰店 http://shop111038270.taobao.com

发 行 甘肃教育出版社
印 刷 天津图文方嘉印刷有限公司
开 本 787毫米×1092毫米 1/16 印 张 24.5 插 页 2 字 数 320千
版 次 2022年5月第1版
印 次 2022年5月第1次印刷
书 号 ISBN 978-7-5423-5374-0 定 价 98.00元

前言 Preface

地处祖国腹地的甘肃，东西长1600多千米，南北跨10个经度，纵横长江、黄河、内陆河三大流域，宛如一枚玉如意镶嵌在黄土高原、青藏高原和蒙古高原交汇地带，是中华文明的发祥地之一。丝绸之路贯穿全省，是承东启西、连接欧亚的重要通道。在这里，万千文化遗存和亿年自然美景构建了一个旅游胜地。随着国门开放，旅游业兴起，国内外游客纷至沓来。为了让游客更好地了解甘肃，2006年，我应甘肃教育出版社邀请编写出版了"走进西部旅游文化丛书"之一的《走进西部——甘肃》一书，后来，出版社又重印6次。随着国内人民生活水平的提高，中国进入大众旅游时代，甘肃旅游业如沐春风，大放异彩。尤其是2013年"一带一路"倡议的提出，把世界的目光吸引到了这里，甘肃再度成为"关乎国家政治经略、文化复兴"的重地，在建设丝绸之路经济带中发挥着重要作用。旅游业作为推动人员往来、异心相通的先导产业，乘上快车，发展迅猛。为顺应需要，出版社派人多次登门商议再版事宜，我皆因目涩，抱愧再三。但自成书15年来，甘肃旅游资源开发、基础设施建设、旅游业态等已发生巨大变化。旅游景点犹如春天百卉，千姿百态，盛放陇原，旅游交通立体扩伸，高铁飞机连通内外，甘肃一跃成为国际丝绸之路旅游热地。海内外关注者、向往者、参与者陡增。时不我待，我感到若此书不尽快修改出版，只怕不会是抱愧一时了。于是集腋成裘，一年余终完稿。

本书开篇对甘肃历史文化，包括丝路文化、始祖文化、黄河文化、长城文化、红色革命史、现当代工农业发展史，以及民族交融、人文风俗、自然生态、地理风光进行了分类叙述。并对线路推荐进行了再设计、再补充。正文中以三大区域、五条线路展开，囊括了甘肃 6 个 5A级景区、全部 4A级景区及少量 3A级景区，适度增加了田园综合体、旅游乡村示范点。各条线路展开前先概述了所涵盖景点的历史文化、自然地理和主要特色，接着对 14 个市州分别做了相应的介绍。而且，为了方便读者按图索骥，对全省和各市州的线路介绍以及古丝绸之路都附有示意图。还添加了甘肃民俗、节会、演艺简介和名词解释。

此外，修旧补新时，正值文化和旅游深入融合之际，文而化之，提升国民素养，赋予旅游业更深刻的内涵和使命。因此，与上一版相比除了增补百余个景区景点外，还延伸了人文景观的历史背景、丝绸之路文明共鉴、兼收并蓄的具体内容，对许多自然景观的形成给予了跨区域的介绍，反映了甘肃的生态地域和地理区位的重要性。使读者从对甘肃历史文化的了解，延展到对中华文明因包容而多元的认识，从而增强文化自信，使文化自信生发对传统文化滋养的自觉性。同时，因对历史有过纵深的回望，而以长远的目光去看待世界。

对于书稿的美术排版，我和编辑着力于使旅游书籍不仅具有一定的书卷气，突显了其实用性和导览性，使读者嗅得到历史文化经过数千年陈酿所散发出来的馥郁，能在散发油墨味的书页里轻盈地游览，在功能多样的图示中快捷地查找。为此，我们如工笔画师，对于此书的风格、用图、色彩、字体、图示等进行了细腻的构思和设计，而且，还特别邀请了著名书法家张文东先生为书名挥毫，著名画家吴刚先生授权采撷他曾在联合国教科文组织总部展出的部分甘肃画作于书中；书中使用了大量优质图片，除出版社、本人和友人的摄影作品外，也赖于省市县和相关景区所提供的宣介佳作。无疑，这些都增添了文字所不及的艺术力量，将使读者眼目大开，心生向往。

走进甘肃，不仅会用到脚力，更需要行者的眼力。相信，当人们徜徉在甘肃大地时，不仅仅是在旅行，还会透过历史的辉煌、雄壮、厚重，自然的辽阔、壮美、神奇感受到未来的力量和希望。

审图号：GS(2019)1698号

交响丝路 如意甘肃

内蒙古
宁夏
陕西
四川
图例
国道
高速
省道
县道
高速出入口
出省提示
水域
高铁
铁路
机场
市级行政单位
县级行政单位
镇级行政单位
电站
金昌金川机场
雷台汉墓
文庙
神州荒漠野生动物园
沙漠公园
武威
白塔寺
八步沙林场
古浪县
兰州新区
黄河石林
白银
景泰县
靖远县
青城古镇
红军会师旧址
会宁县
兰州
甘肃省博物馆
黄河母亲
兴隆山
刘家峡水电站
刘家峡水库
临夏
古生物化石博物馆
松鸣岩
冶力关
定西
渭源县
水帘洞
大像山
甘谷县
玉泉观
麦积山景区
南郭寺
天水
天水机场
伏羲庙
秦安县
大峪沟
哈达铺景区
官鹅沟
宕昌县
秦文化博物馆
晚霞湖
西狭颂
成县
陇南机场
金徽矿业景区
两当兵变红色旅游景区
两当县
徽县
云屏三峡
扎尕那
拉尔山
天池
陇南
花桥村
阳坝
文县
康县
崆峒山风景名胜区
(AAAAA级景区)
平凉
庆阳机场
庆阳
南梁红色旅游景区
周祖陵
庆城县
田家沟
龙泉寺
大云寺王母宫
泾川县
莲花台
张家川回族自治县
清水县
至宁夏
至陕西
至四川

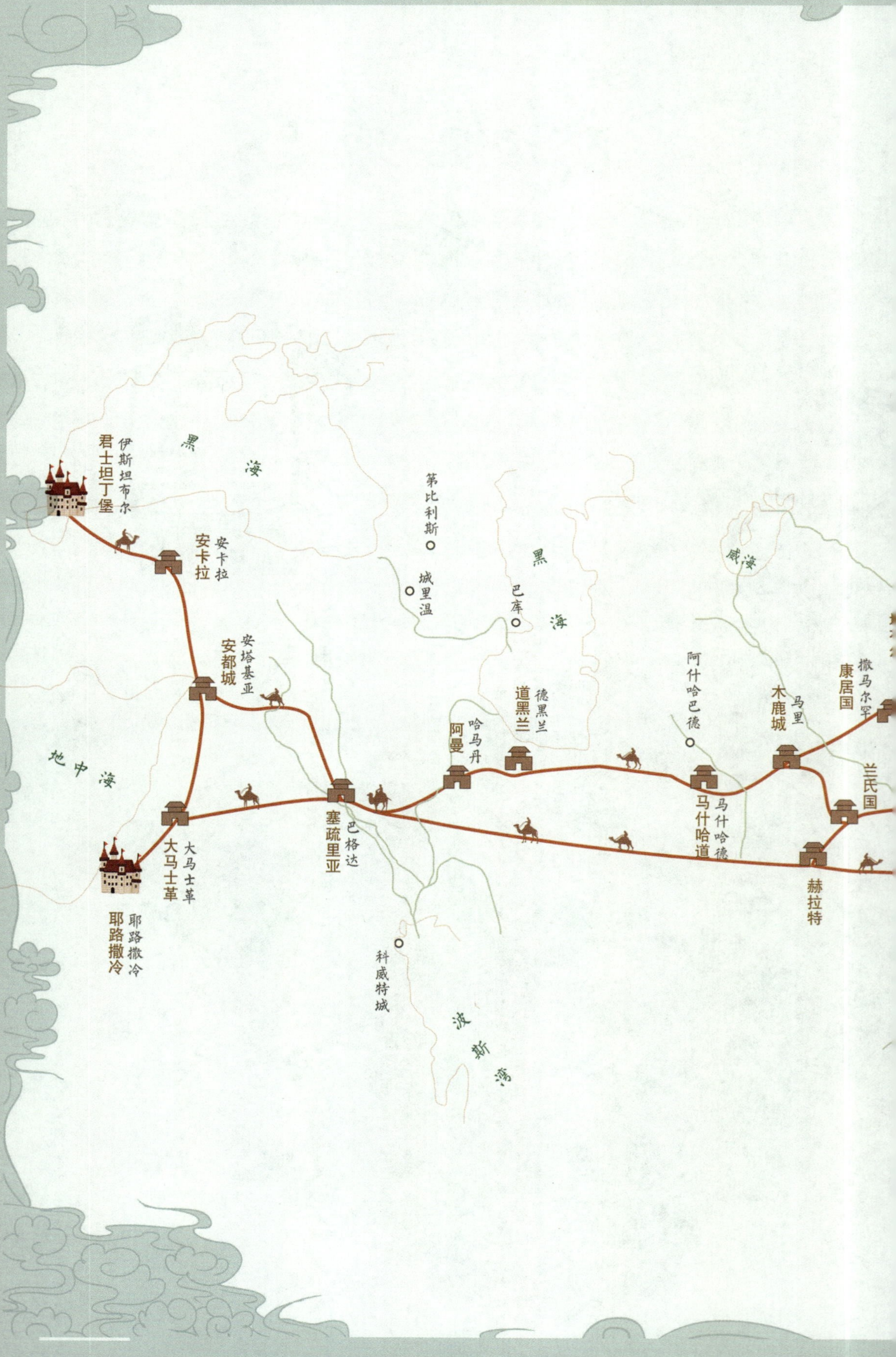

君士坦丁堡
伊斯坦布尔
黑海
安卡拉
安卡拉
安都城
安塔基亚
地中海
大马士革
大马士革
耶路撒冷
耶路撒冷
第比利斯
城里温
巴库
黑海
塞琉里亚
巴格达
阿曼
哈马丹
道黑兰
德黑兰
科威特城
波斯湾
阿什哈巴德
马什哈道
马什哈德
威海
木鹿城
马里
康居国
撒马尔罕
兰氏国
赫拉特

古丝绸之路示意图

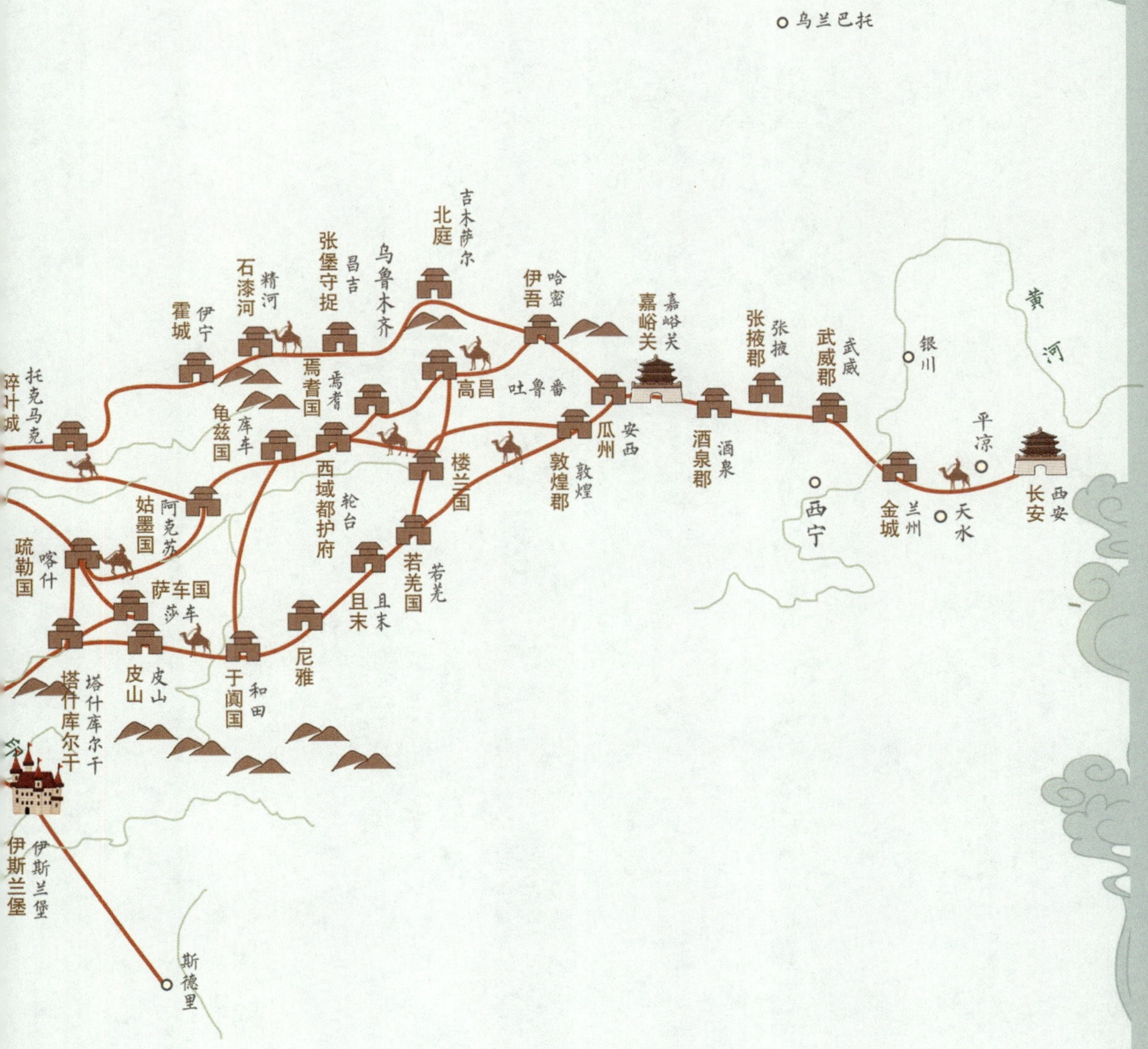

乌兰巴托
吉木萨尔
北庭
张堡守捉
昌吉
乌鲁木齐
石漆河
精河
伊吾
哈密
嘉峪关
嘉峪关
张掖郡
张掖
武威郡
武威
银川
黄河
霍城
伊宁
焉耆国
焉耆
高昌
吐鲁番
碎叶城
托克马克
龟兹国
库车
瓜州
安西
酒泉郡
酒泉
平凉
西宁
长安
西安
金城
兰州
天水
西域都护府
轮台
楼兰国
敦煌郡
敦煌
姑墨国
阿克苏
疏勒国
喀什
若羌国
若羌
萨车国
莎车
且末
且末
尼雅
皮山
皮山
于阗国
和田
塔什库尔干
塔什库尔干
伊斯兰堡
伊斯兰堡
斯德里

目 录

Catalogue

兰州 Lanzhou

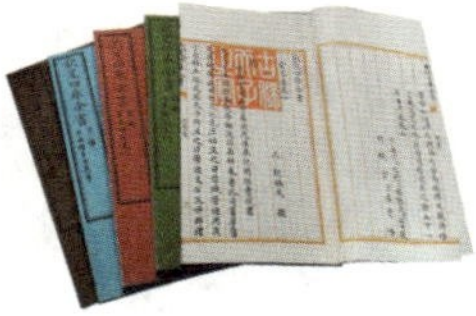

West Route 西线

Wuwei / 武威

Jinchang / 金昌

Zhangye / 张掖 ——两条线路交叉口 / 78

Jiayuguan / 嘉峪关 一半雄浑一半潋滟 / 112

Jiuquan / 酒泉 古代和现代飞天诞生的地方 / 128

Dunhuang 敦煌 ——通往西域的门户，丝绸之路的明珠 / 144

南线 South Line

临夏回族自治州 Linxia huizu zizhizhou

甘南藏族自治州 Gannan zangzu zizhizhou

Tianshui / 天水 ——天河注水之地 / 238

Longnan / 陇南 ——复杂的宝贝地 / 262

交 响 丝 路　　如 意 甘 肃

A Fascinating Gansu With Diversified Cultures

甘肃

旅游

tourism

Gansu

交响丝路

The Communication In Silk Roac

季羡林先生说，世界上历史悠久、地域广阔、自成体系、影响深远的文化体系只有四个：中国、印度、希腊、伊斯兰，再没有第五个；而这四个文化体系汇流的地方只有一个，就是中国的敦煌和新疆地区，再没有第二个。

丝路美，九分在甘肃。

随着丝绸之路经济带发展倡议深入人心，世界再次把目光投向这里。甘肃掀起面纱向世界露出了她令人着迷的面庞……近年来，甘肃连续被世界旅游权威杂志英国《孤独星球》、美国《纽约时报》列为亚洲最佳旅游目的地榜首。

丝绸之路作为中国古代连接中亚、西亚、南亚、北非和欧洲的海陆通道，汉唐以来是联系东西方世界的大动脉，曾经发挥过促进世界文明发展的巨大作用。陆路丝绸之路贯穿中西长约 7000 千米，其中，甘肃 1600 多千米。2000 多年来，四大文明在此汇聚交融，六大宗教包容并蓄，不同文化碰撞融合，各民族和谐相处，谱写了人类文明交流互鉴、交相辉映、繁荣发展的“交响曲”。在从东南到西北的狭长地带里，保存着丝绸之路各个时期中西文化交流的遗产和遗物，石窟、壁画、雕塑、古城、驿站、长城关隘不绝于目，

如意甘肃

The Culture In Gansu

浓缩了丝绸之路文化的精华，被誉为丝绸之路文化遗产大道。而走进这条大道，那遥远灿烂、沉淀深厚的历史文化将令您惊叹不已、目不暇接。在这里，您将触摸那在华夏文明史中占据了重要地位的远古文明、传奇历史，您将游历那丰富壮美的自然生态、奇山异水，您将品味那融汇着中西色彩的人文民俗、异域风情，您将洗礼于那非凡的革命胜迹和红色精神，您还将惊叹那意想不到的工业文明和城市风景，流连于纯朴浓郁的牧人农家风情。甘肃旅游资源的富集度绝无仅有，除了海洋、岛礁，几乎拥有其他所有的环境类型。

《世界文化遗产——敦煌莫高窟》吴刚/绘

东西纵横三千里

Three Thousand Mike Spread From East To West

甘肃位于中国西部地区，全省地形宛如一柄玉如意，面积 42.5 万平方千米，人口 2000 多万。它横亘于青藏高原、黄土高原、内蒙古高原与秦岭山脉交汇处，东连陕西，南接四川，西邻青海，西北与新疆接壤，北边与内蒙古相邻；长江、黄河自青藏高原南北分流而下，祁连雪山、陇山东西绵延，亚热带至温带气候由南向北递进，4000 米的海拔落差由高到低，这些特有的条件孕育出了丰富多样的自然生态、壮丽迥异的地理山水。

走进陇原，风光无限。

甘肃西部，从兰州向西经武威、张掖、嘉峪关、酒泉到敦煌，是丝路上声名显赫的千里河西走廊。长廊之南是巍峨壮丽的祁连雪山，之北是相连不断的龙首山、合黎山、马鬃山三座山脉，古时坚如屏障，与长城一起守护

张掖七彩丹霞旅游景区

南北地跨两江河

Two Rives Span From North To South

着家园。今天这里早已不见刀光剑影，狼烟吹去，但见风轻云淡，山河锦绣，风景醉人。祁连雪水浇灌着田野，在戈壁沙漠中形成一片片绿洲，养育着一个个城市和村庄。面积达350多平方千米的敦煌雅丹地貌形态千奇百怪，造化惊人；气候条件优越，使嘉峪关滑翔基地成为世界三大滑翔胜地之一；亚洲离城市最近的张掖七一冰川，吸引着爱好者的脚步。五彩覆地的丘陵丹霞、高耸入云的冰沟丹霞、平山湖大峡谷，与东南部的刘家峡峭壁、形似麦垛的天水麦积山，无不震撼着画家们的笔触。焉支山下水草丰美，曾养育军马百万，更有黄灿灿的油菜花编织的万顷花毯。武威在沙漠地带建起了一座座保护和展示着数千种沙漠濒危物种的沙漠动植物园。

甘肃南部，是青藏高原的边缘与黄土高原交接带，由北贴着黄土高原南缘攀上了青藏高原东缘，沿途的海拔落差有4000多米，是中国第一阶梯向第二阶梯的过渡地带。这里地质地貌极其丰富，保留了亿万年来记录着自然生态变化的庞大古生物化石群。沿线草原、森林、冰川、雪山、峡谷、湖泊、河流等姿态万千的自然景观星罗棋布。在这坦荡的草原上雪峰凸起，山谷幽深，湖泊如镜，形成了亚洲最美的湿地草原风光。

黄河从南到北，从高到低，在甘肃蜿蜒流转了900多千米，她在草原上静如处子、蓝若湖泊，进入峡谷却声如虎啸、摄人魂魄。黄河三峡，昔日的天堑，今天有着最动人的风景，已成为西部休闲度假的乐园；永靖恐龙足印化石群，和政数以万计的古动物化石堆积层，讲述着百万年、千万年、几十亿年前的故事，演绎着三叠纪、侏罗纪、白垩纪的变化。

东南部峰峦叠嶂、山清水秀，为陇南、天水地方；中部、北部、东部，是典型的黄土高原地貌，沟壑纵横，在这里，兰州、白银和定西三足鼎立。黄河穿兰州、白银下宁夏平原，兰州百里风情线装点出全国唯一的黄河都市风韵。耸立于黄河岸上的白银景泰石林，千峰竞奇、峡谷蜿蜒，记录着地球四百万年来的变化，是黄土形态的绝唱。东北部黄土塬与关陇山地相接，庆阳和平凉并肩而居。在这片花菜一样散开的地形上，由南向北，气候自亚热带向温带过渡，地貌由群山竞秀、鱼米之乡的江南景色向黄绿夹杂的山地或荒山连绵的黄土高原过渡。既有熊猫出没、修竹摇曳的陇南隽秀山水、官鹅沟、北方第一溶洞、高山天池，也有像董志塬那样气象宏阔、窑洞林立的庆阳黄土高原风貌，陇南喀斯特万象溶洞，名不虚传，展示着3亿年的古老姿态和5000万年的青春韶华，填补了中国溶洞由发育雏形到成形演变过程中的空白。这里还是南北植物皆可生长的地方，能欣赏到亚热带至温带完整的自然景致。全国唯一南北动植物兼有的秦岭西余脉天水陇山、从东入甘必经的陇东脊梁——平凉陇大坂风光、六盘山峰，还有近年来如雨后春笋般在这片土地上出现的美丽乡村旅游农庄。

甘肃四季皆美，美美不同。初春，陇南的翠竹已摇曳着凤尾，洋汤天池也绿波荡漾；盛夏，甘南草原湿地花开如海，张掖扁都口万亩油菜花与南国错时绽放；金秋，边关的圆月和繁星引人发思古之情，华丽无比的胡杨诉说着英雄不倒的故事；入冬，陇原上河湖结冰，山峦雪飘，天然的冰原和人工的冰雕吸引着人们驻足，几十座滑雪场里洋溢着欢声笑语……

越来越多的人们向这里走来，探险、登山、攀岩、蹦极、滑雪、漂流、徒步、骑马。

《鸣沙山·月牙泉》吴刚/绘

黄河文明八千年

Eight-Thousand-Years' Civilization In Yellow

著名考古学家、原故宫博物院院长张忠培先生说："渭河孕育了中华文明。"著名学者易中天先生说：渭河、泾河就是中国的"两河流域"。8000年前，在历史的舞台上，那是属于甘肃的高光时刻。在东部河边台地上生活的先祖们已进入了新石器时代，天水秦安大地湾遗址向我们诉说着华夏文明起源最初的故事。

甘肃，是华夏文明的重要发祥地，是史前时代人类活动较多的地方，是丝绸之路中西交流、文明互鉴的重要通衢。始祖文化、黄河文化、丝路文化、长城文化交相辉映、灿若星河，有敦煌莫高窟等7处世界文化遗产，位

居全国第二。这里保存着大量完好的革命胜迹，两万五千里长征许多重大事件都发生在甘肃。

追溯中华文明的渊源，沿中华民族的母亲河黄河而上，远在旧石器时代，我们的祖先就在这片土地上劳作生息了。商周以前，泾河、渭河流域出现了华夏最早的农业，创造了高度文明的社会制度，成为黄河文化的开端。著名考古学家、原北京故宫博物院院长张忠培先生说："渭河孕育了中华文明。"著名学者易中天先生说：渭河、泾河就是中国的"两河流域"。8000年前，在历史的舞台上，那是属于甘肃的高光时刻。在东部河边台地上生活的先祖们已进入了新石器时代，天水秦安大地湾遗址向我们诉说着华夏文明起

源最重要的故事。在这里，三皇之首的人文始祖伏羲开始造文字、画八卦、创历法，这里诞生了中国最古老的哲学和科学思想。坐落于庆阳的周祖陵，气势恢宏，仿佛向人们描述着华夏农耕文明的灿烂曙光和建朝八百年周祖的神圣；平凉崆峒山是道教第一山，上古时代，广成子在此研究道学，成果卓著。最大的部落首领黄帝三上其山寻求治国之道。甘肃彩陶记录着中国唯一没有中断的彩陶史。在秦安大地湾遗址，人们发现了黄河流域最早的前仰韶文化彩陶，连绵不绝直至4000年前的定西马家窑文化、临夏齐家文化、半山文化遗存彩陶，发掘数量之多，分布之广，图案之多，艺术之绝，可谓华夏之冠。

自秦后，甘肃便成为中原王朝经营西北的战略要地。在夏商周时期，中国以黄河中下游地区为中心，逐渐形成了华夏农耕文明区，而地处青藏高原、黄土高原、内蒙古高原交汇处的甘肃则是氐、羌、西戎等游牧部落的领地。秦穆公在甘肃东部继位后，一面越过陇山向东发展，一面沿黄河、洮河流域向西推进，逐个击败西戎诸部，成为著名的春秋五霸之一。在战国七雄激战中，秦国以关陇为基地，以居高临下之势，逐鹿中原，建立起了统一的中央集权的大帝国，同时，跻身于世界强国之列。甘肃历史上最早的两个县——天水地区的邽县（今天水北道区）和冀县（今甘谷县）就是这时设立的。

汉代，河西四郡与阳关、玉门关成为中原迈向西域、中亚乃至更西地区的跳板。就在秦刚刚立足中原之时，北方蒙古高原的匈奴人和其他游牧民族就统治了这块地方。公元前121年，眼光敏锐的汉武帝充分认识到了河西走廊在军事和经济上的重要价值，国家的政治经略、经贸促进、文化交融开始和这里密切相关。张骞出使西域成为“凿空”之举，霍去病两次出兵河西“张国之臂掖”。中央政权在河西建立了阳关、玉门关，拓展了张掖、武威、酒泉、敦煌四郡，修筑千余千米长城，并移民屯田，完全掌握了控制权，使河西犹如一把利剑隔断了蒙古高原与青藏高原的联络，驱除犯边匈奴于疆域之外，正式开通了丝绸之路，之前民间的贸易往来从此得到了官方强有力的保护。

伴随着频繁的丝路贸易，中外文化交流也广泛地展开了。发达的中原文化由此向西方传播，中国的四大发明都是经此传入中亚乃至欧洲，对世界文明的发展起到了重大促进作用。而西域绚烂多姿的文化——文学艺术、诗赋歌舞、杂技曲艺、服装配饰、美酒佳肴等等也由此传入内地，与中原文化交融，并向东延伸。

隋唐，中国已经实现了多民族的大统一。长安城当时是世界上最繁华的大都市。作为起家于关陇世家的隋唐王朝，格外重视甘肃的战略地位。隋炀帝西巡张掖，西域 27 国使节朝拜臣服，史称首届世界博览会。唐太宗李世民着力开发甘肃，以此为基地，使西突厥臣服，控制了西域，确保了丝绸之路的通畅繁荣。隋唐时期是陆上中西贸易丝绸之路繁荣的顶峰，也是甘肃历史上的鼎盛时期。中国的丝绸、瓷器、茶叶等特产由此源源不断输往西域以至欧洲，西方各国的珠宝、香料也络绎不绝地经此到达了中原，极大地丰富和促进了内地的经济发展。那时河西走廊商旅繁华，绿洲深处万家灯火。甘肃的经济发展到唐代时达到鼎盛，被形容为“天下富庶无如陇右”。粮食占全国仓储的 32.6%，而人口仅为全国人口的 3%。自古“畜牧为天下饶”的甘肃成为历朝军马场，养马最多时达百万匹。

河西经济的繁荣为丝绸之路的文化交流奠定了物质基础。兴于南北朝时期的河西五凉文化（武威当时被誉为小长安）直接推进了建立北魏的鲜卑拓跋部吸收汉族文化的进程，对孝文帝拓跋宏改革以及对后来中原文化的复兴起到了十分重要的作用（宗教思维和审美思维填补了中原文化的空白），并一直影响到了隋唐。始建于东晋十六国时期的敦煌莫高窟，石窟的鼻祖武威天梯山石窟，东方艺术的雕塑馆天水麦积山石窟，永靖炳灵寺石窟等都是在隋唐时期基本上形成了今天的规模。

唐代安史之乱后，虚弱的唐朝以及后来的宋朝，无力控制边塞，甘肃又成为各少数民族争夺之地。

公元 11 世纪初，党项族人占领了甘肃和宁夏的大部分地区，建立了雄踞一方的西夏王朝，与辽宋金王朝先后鼎足而立近 200 年，直到 1227 年蒙古灭西夏及问鼎中原后，甘肃在行政、军事上又一次与中原连成一体。元代建立了大一统帝国后，创立行省制度，设甘肃行中书省（甘肃省的名字在中国历史上第一次出现），并以此为枢纽，抚青藏，镇西域，通中原，统治西部广大疆域。

公元 1270 年，意大利旅行家马可·波罗沿着丝绸之路来到甘肃并由此进入中原大地，西方人从他的游记中知道了敦煌、酒泉、张掖、武威，从而生发了对东方的崇拜和财富的幻想……

从汉唐到明初，随着中西方贸易的深入，世界上不同的文化和信仰在这里交流传播，输入中原，中国相对保守的文化变得丰富多彩，兼收并蓄，包容开放。在这里，留下了儒释道共存一处的张掖肃南马蹄寺石窟群、平凉崆峒山石窟，西夏党项

天梯山石窟

人建造了存有国内最大的室内木胎泥塑卧佛的张掖大佛寺，同时，华夏第三大孔庙建筑群——武威文庙也享誉中外。藏族喇嘛在甘南草原上修建起了规模宏大的藏传佛教学院，回族群众则在临夏盖起了一座座清真寺、邦克楼。

这条大道上见证了无数高僧大德们追寻信仰的身影，竺法护、法显、宋云、惠生、玄奘经此西去东来。在这里，鸠摩罗什居住武威17年翻译佛教经卷，摩尼教、祆教、景教也由此东渐。

今天，当我们吟诵诗句“大漠孤烟直，长河落日圆”“葡萄美酒夜光杯，欲饮琵琶马上催”的时候，眼前浮现的不仅是景观，更是历史的景象。这使我们渐渐发现了甘肃文学在古代文学史上的突出地位。五凉时期的河西文学对北朝文学产生了深刻的影响，而敦煌文学则包含了极为丰富的内容，尤其是讲经文、变文、诗话、词文、话本、故事赋及小说等通俗文学题材，以浑朴的笔触反映出当时的社会现实和人情风貌。不仅可以看到印度文学的影响，更可体味到我国传统文化的深厚根基，由此开启了当时文学发展的新趋向。脍炙人口的唐代传奇，以甘肃籍作家的作品为佳，这都与甘肃长期以来文化交流的积淀难以分开。无论诗词还是石窟，都以思想或物质的形式在这里留下了丝绸之路上东西融合的深深烙印。

宋以后，随着经济文化中心东移和海上交通的发展，甘肃在全国的经济地位与文化发展已比不上过去。明朝皇帝将蒙古势力逐出塞外，在东南派出强大的船队七下西洋加强海路贸易，而在西面重新修筑西起嘉峪关的万里长城，并设关西七卫以为缓冲。一直到清代，甘肃虽仍然为西北战略支撑，但丝绸之路严重衰落。清代的几位皇帝也曾有开发西北的宏图，连征西大将左宗棠在甘肃逗留期间也身体力行大种柳树，但随着清王朝的衰败，振兴西北的计划已化为泡影，只留下林则徐悲愤的足迹……

从一个幽灵在欧洲游荡到俄国十月革命的炮声响起，世界进入了一个新的历程。从共产主义在中国启蒙到共产党带领中国人民艰苦卓绝地建立起新中国，中国革命史在甘肃也留下了辉煌的一页。腊子口战役、榜罗镇会

中国酒泉卫星发射中心

议、会宁大会师、渡河西征、陕甘宁边区第一个苏维埃政权的成立、西路军苦战河西的惨烈与悲壮，革命遗迹遍布全省。

古丝绸之路上的甘肃，如今已是中国西部现代化工业发展的重要基地。省会兰州，是中国西北地区重要的工业基地；是陇海、兰新、兰青、兰包、兰渝铁路干线，陕西、甘肃、新疆高铁贯通的西北交通枢纽；是邮电、通讯的枢纽和西北的商贸、旅游中心。

甘肃是中国第一和第二个五年计划的工业发展重地。玉门诞生了新中国第一口油井、第一个油田、第一个石化基地。白银的炼铜法曾长期代表我国铜冶炼技术的最高水平。嘉峪关建起了西北最早的钢厂，也是现在西北最大的钢铁集团。金昌镍矿的发现结束了中国无镍的历史，如今它正成为“世界的金川”。酒泉卫星发射中心是亚洲最大的卫星发射基地，中国的第一颗人造地球

卫星在这里升起，也是我国发射宇宙飞船的基地。武威重离子治疗肿瘤中心项目是我国第一台拥有自主知识产权的重离子治疗肿瘤装置，从基础研究走向了临床应用，打破了只有美国、日本、德国拥有重离子治癌的技术垄断。还有活跃市场的天水电子工业等新兴工业；有以河西走廊“绿洲农业”为特点的商品粮基地，在这里曾成功地培育出养育甘肃乃至西北百姓的“甘麦 8 号”等小麦品种。

同时，甘肃还有众多辉煌灿烂的现代科技成果。高原明珠刘家峡水库是我国第一座自行设计建造的大型水电工程；引大入秦工程是目前国内规模最大的跨流域自流灌溉工程，被誉为“中国的地下运河”。河西走廊利用风和光发电已成规模，正打造国家新增固定资产达到 520 亿的清洁能源基地，中国航天员科研训练中心新建的火星 1 号基地使金昌旅游大热。这些都成为一座座城市的依托和品牌，使古丝绸之路进入了新的发展之路。在大众旅游快速兴起的今天，这些工农业重地被赋予了更多的功能，于工农业是厂矿、生产车间、科研基地、试验田，于游客是景区、景点，已成为人们了解中国工业发展史重要的窗口和开展科普的研学基地。

“一带一路”倡议，使古老的丝绸之路重新焕发了青春。通过古老的丝绸之路，中国与西方的再次紧密连接必将为人类和平、经济繁荣、文化融合做出贡献，而甘肃又一次进入了高光时刻。

丝路融合藏东西

The Combination Between Diverse Nations

在漫长的历史长河里，战争与和平的交替，商贸与文化的交流，写就一部丝绸之路上的民族融合史。

民族融合，人文多彩。

甘肃是一个多民族聚居的省份，全国56个民族中，甘肃就有45个，除汉族外，人口较多的还有回族、藏族、东乡族、土族、满族、裕固族、保安族、蒙古族、东乡族、撒拉族、哈萨克族等。其中，东乡族、保安族、裕固族是甘肃独有民族。如此众多的民族折射出历史的更迭与纷繁。这里曾活跃着氐羌、月氏、乌孙、匈奴、粟特、党项、吐蕃、回鹘、突厥等众多的民族；这里曾经风靡西凉乐、龟兹乐、天竺乐、康国乐、疏勒乐、安国乐，这里曾经盛行胡旋舞、胡腾舞、拓枝舞、杂技、西域百戏以及胡服、胡食，并由此传入中原的宫廷和民间。在漫长的历史长河里，战争与和平的交替，商贸与文化的交流，写就一部丝绸之路上的民族融合史。今天透过各民族的语言、节庆活动、歌舞、服饰、餐饮、居所等等依然嗅得到过往的神秘气息，看得到固有的民族印记，这些印记是那样五彩缤纷，是那样精彩动人。

甘肃是展示东西方民族融合、人文

《拉卜楞寺》吴刚/绘

人文风俗染异彩

Makes The Customs Colorful And Cheerful

风俗的大观园。今天，生活在这里的各民族依然保存着不同的生产方式、风俗习惯以及不同的语言和宗教信仰。如，回族、保安族、东乡族、撒拉族等民族主要从事农业生产，藏族、蒙古族、裕固族、哈萨克族等民族以畜牧业为主。回族、东乡族、撒拉族、保安族等民族通用汉语、汉文，东乡族有自己的民族语言而没有文字。多民族广为流传的民歌“花儿”，在这里家喻户晓，妇孺皆能；甘南藏族自治州藏传佛教文化发达，民风热情淳朴，游客可在草原上领略藏族人民热情好客、欢快热烈的歌舞风情；张掖肃南的裕固族为甘肃省特有的

少数民族，在服饰、饮食、婚嫁、丧葬等方面独具特点；庆阳地区的汉族所保留的传统的地坑院式的黄土窑洞民居为北方所特有，其淳朴古拙的黄河民间艺术——皮影、剪纸、陇东道情、民歌并称为“陇东四绝”。

丝绸之路不仅是一条文化商贸交流的大道，也是一条动植物及饮食、蔬果的交流大道。从动物到许许多多的蔬果、饮食里都找得到西来东往的影子。这里有汗血宝马、狮子、鸵鸟足迹，有胡萝卜、胡瓜（黄瓜）、胡蒜、胡豆（蚕豆）、胡豆子（豌豆）、胡桃（核桃）、芝麻、番茄、洋芋、苜蓿等带着“胡、蕃、洋”字的五谷、蔬菜。

甘肃一直被誉为“瓜果之乡”，瓜果品种众多，味道醇厚。这里有汁多味浓带酒香的麻皮醉瓜，瓜瓤猩红、其汁欲滴的西瓜，形蛋圆肉厚甜的铁蛋瓜，色翠绿甜如蜜的金塔寺瓜，皮白黄瓤碧绿的白兰瓜；这里有敦煌葡萄、天水“花牛”苹果、李广杏、金妈妈杏、唐王桃杏及陇上“八梨”——冬果梨、软儿梨、酥木梨、八盘梨、猪头梨、齐梨、长把梨、苹果梨，有武都樱桃、临泽红枣、陇南板栗、宕昌柿饼等。

众所周知，来自中亚的小麦也由此东行。如果说埃及人用小麦做出了世界上的第一块面包，甘肃人则把面食做到了极致，今天兰州牛肉面已名扬天下。其实，甘肃面食很早就走向了世界，意大利人能吃上空心粉、猫耳朵，据传是元代往来于河西的意大利人马可·波罗的功劳。寻常百姓家面食丰富到令人垂涎：拉条子、揪面片、臊子面、浆水面、小饭、搓鱼子、香头子、拨道子、呲耳子、垫卷子、酿皮子、泡儿油糕，回族的馓子、油香，还有各种各样的中式面包——锅盔、油胡旋。还有大盘羊肉、胡辣羊蹄、靖远羊羔肉、东乡手抓、烤羊肉串、平凉羊肉泡馍、静宁烧鸡、嘉峪关烤肉，以及特色小吃天水呱呱、陇南洋芋搅团、苞谷面散饭、庆阳活络面等。东西交流造就了甘肃独特的饮食文化，可谓“吃东西吃在甘肃”。

节会犹如一个博览会，既浓缩了千百年来形成的民俗风情，也展示了时代的风貌，让您目不暇接，流连忘返。甘肃各种节会活动异彩纷呈，每年的民俗活动此起彼伏，节事庆典、地方戏曲、宗教佛事、香村庙会、社火会、民间演唱接连不断，形成了场面壮大的民间社会风俗活动。每年春节来临，一年节会的大幕就被拉开了。崇信龙泉寺、平凉崆峒山、甘谷大象山元宵节活动极具传统气息；甘南大夏河畔一年一度的正月晒佛节则是佛事活动的高潮，法舞、法乐独特无比；从百花吐艳、春回陇原到大地苍翠、骄阳似火，陇南的海棠节、红豆节、乞巧节，兰州的桃花节，皋兰的梨花节，张掖的油菜花节竞相媲美，而甘南藏族自治州的浪山节、赛马会，酒泉蒙古族的那达慕大会，哈萨克族的姑娘追、叼羊，临

香巴拉旅游艺术节

舞剧《丝路花雨》

室内情景体验剧《又见敦煌》

情景剧《回道张掖》

潭的万人拔河，永靖的龙舟赛，庆阳的香包节等民间活动则充满了芬芳浓郁的民族特色或传统生活的气息；秋高气爽、庆贺丰收之时，各色的花馍、月饼、水果烘托出中秋节丰收的喜悦，抒发着思念的情思；在各地轮流举办的国家级的文博会和旅游节、中医药博览会、伏羲大典、兰洽会则为国际商贸和文化旅游交流提供了平台。还有具有现代时尚色彩的嘉峪关热气球节、滑翔节、冰雪节、戈壁长跑、国际马拉松、铁人三项等已成为人们独特的体验；各种歌舞戏曲，实景、科幻，或现代或传统，如雨后春笋般遍及全省。通过观赏经典舞剧《丝路花雨》、甘肃首台大型沙漠实景剧《敦煌盛典》、情境融入式演出《又见敦煌》《回道张掖》、杂技剧《敦煌神女》等，您将又见丝路。

拂去历史的沙尘，甘肃大地曾经作为连接中国和西方纽带的光辉一一浮现。甘肃的过往今生依然在这里，敦煌已成为人类的敦煌，莫高窟里壁画万千，麦积山上雕塑不朽，遗存在石窟里的那些壁画、雕塑、经卷汇聚成一个浩瀚无比的博物馆，任您解读那中西文化交流的种种过往。当您徜徉在这历史的馈赠里，禁不住会去体悟它们对人类过去、今天、未来的意义。

在这块土地上，您可以信马由缰，或搭乘现代化的交通工具饱览原始社会以来的华夏历史文化；抑或发思古之情，在绵延千里的古丝绸之路上漫游；或是领略无所不有、无所不奇的自然风光。无论是历史文化、自然风光，还是民俗风情，这些都值得您迈开双脚，走进甘肃，亲近她，感受她，探索她，发现她……

甘肃省5条常规旅游线

5 Tourist Routes And 28 Tourism Projects Ingansu

图　例

省会　市州　县区　景区

西线

——河西走廊、丝路精华、绿洲戈壁、大漠风情旅游线

南线

——青藏高原、黄土高原、历史文化、民族风情旅游线

东中部线

——寻根祭祖、丝路胜迹、黄土风貌、亚热带山水旅游线

东南线：兰州→定西→天水→陇南

东北线：兰州→定西→平凉→庆阳

中北线：兰州→白银

28个特色旅游景区

蒙古
金昌
永昌
武威
文庙
雷台汉墓
宁夏
景泰
永靖古城
景泰黄河石林
白银
青海
黄河铁桥
兰州
炳灵寺石窟
会宁
庆阳
北石窟寺
泾川
王母宫石窟
定西
秦安
平凉
崆峒山
临夏
夏河
拉卜楞寺
甘南
秦安大地湾史前遗址
天水
伏羲庙
麦积山
陕西
米拉日巴佛阁
河玛曲
郎木寺
成县
陇南
武都
万象洞
文县
四川

西线 West Route

——河西走廊、丝路精华、绿洲戈壁、大漠风情旅游线

The Tourist Route with Oasis and Desert in Hexi Corridor

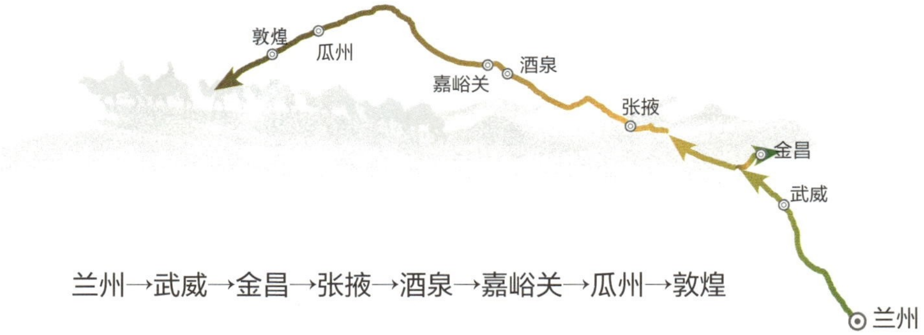

兰州→武威→金昌→张掖→酒泉→嘉峪关→瓜州→敦煌

火车离开兰州后，沿黄河一路向西，行一个半小时左右，跨越黄河后攀登海拔4500米的乌鞘岭，就进入了丝绸之路上被称为咽喉的“河西走廊”。河西走廊是夹在祁连山与走廊北山（合黎山、龙首山、马鬃山）之间形成的长约1000千米、宽约100千米或仅数千米的天然狭长地带，恰如一条长廊，在中古时代，它是连接中国与西方世界的唯一通道。这里保存着丝绸之路各个时期中西文化交流的遗产和遗物，石窟、壁画、雕塑、古城、驿站、长城、关隘不绝于目，浓缩了丝绸之路文化的精华。从兰州经武威、金昌、张掖、山丹、酒泉、嘉峪关、瓜州，到敦煌，全长1148千米。此

《嘉峪关》吴刚/绘

线路是国际丝路精华旅游线，以丝路文化遗迹、戈壁沙漠绿洲、草原雪山冰川和裕固族、藏族等少数民族风情为特色。主要景区景点有世界艺术宝库——敦煌莫高窟及其姊妹窟榆林窟，丝路关隘——玉门关、阳关和嘉峪关，地下画廊——魏晋壁画砖墓，中国旅游标志铜奔马的出土地——武威雷台汉墓，陇右学宫——文庙，藏有中文与西夏文对照善本“词典”西夏碑的西夏博物馆，张掖丹霞国家地质公园，保存有国内最大室内卧佛的张掖大佛寺，裕固族风情、草原风光和石窟艺术融为一体的肃南马蹄寺观光旅游区，酒泉丝路胜景——西汉胜迹，酒泉卫星发射中心，沙海奇观——鸣沙山与月牙泉，世界罕见的雅丹地貌——玉门关魔鬼城，沙漠动植物观赏及游乐系列公园、民乐扁都口万亩油菜花盛景、金昌城市紫金花海、火星 1 号基地等。该线向西延至吐鲁番、乌鲁木齐，乘高铁从兰州向南可到西宁，或从敦煌逆行也可到格尔木、拉萨。汽车游需要 8 天，乘高铁和飞机需要 6 天。来甘肃的游客一般会首选西线。

南线 South Route

——青藏高原、黄土高原、历史文化、民族风情旅游线

The Tourist Route with national scenery, glorious history and unique ethic customs in Plateau

扎尕那　赵峰/摄

兰州→临夏→甘南

兰州→永靖→临夏→甘南

从兰州向南走 100 多千米是临夏回族自治州，继续向南约 100 多千米就到了甘南藏族自治州。此线路即甘肃东、西、南三条主要旅游线路中的南线。这条线路几乎是由北贴着黄土高原南缘攀上了青藏高原东缘，沿途的海拔落差有 4000 多米，是中国第一阶梯向第二阶梯的过渡地带。独特的地理位置造就了这里极其丰富的地质地貌，留下了亿万年来记录着自然生态变化的庞大古生物化石群。沿线草原、森林、冰川、雪山、峡谷、湖泊、河流等姿态万千的自然景观星罗棋布；这里民族风情浓郁，草原地带被称作前藏，是青藏高原的窗口，世代居住着藏族牧人；黄土地上则生活着占临夏回族自治州一多半人口的回族、保安族、东乡族、撒拉族等民族，千百年来，他们随着丝路驼铃从西而来，跋涉的行程充满了神秘的色彩；这里有丰富的新石器文化遗存、彩陶文化，自秦以来中原政权的历史遗迹，还有著名的丝绸之路石窟、古渡口、旱码头等；冬夏两季各地纷纷举办独具特色的民族节会。南线已成为一条融自然奇观、人文历史和民族风情为一体的独特线路。

这条线路是向往草原和民族风情的游客不二的选择，同时也是开展自然生态变化研学旅游、摄影、探险少有的好线路。目前，甘南、临夏两州境内公路贯通，主要干道都是高速公路。甘南已有夏河支线机场，各景点间交通畅通，旅行以汽车为主要交通工具。

东中部线 Eastern and Middle Route

——寻根朝圣、丝路胜迹、黄土风貌、亚热带山水旅游线

The Tourist Route of root exploration, Silk Rood Relics, Loess and subtropical scenery

东南线：兰州→ 定西→ 天水→ 陇南

东北线：兰州→ 定西→ 平凉→ 庆阳

北东线：兰州→ 白银

甘肃的东部旅游线路，从地理上讲，不像西线河西走廊那样一条大道走到底，而是以兰州为中心，又分为东南和东北长线，即“兰州—定西—天水—陇南”和“兰州—定西—平凉—庆阳”，以及“兰州—白银”这条两点一线的北东短线。实际上，白银的大部分旅游景点在兰州正北的方向。从人文上看，这几条线有着显著的共同点，它们都是华夏历史文明的重要发祥地，有佐证华夏文明史为7000—8000年的天水秦安大地湾遗址，有华夏农业曙光升起的地方——庆阳黄土高坡，有著名的定西临洮马家窑彩陶文化、寺洼文化，有氐族三杰之一杨茂搜建立并延续了300年历史的陇南仇池国，有道教圣地——平凉崆峒山，天下李氏故里定西陇西堂，更有闻名遐迩的丝路文化胜迹——东方艺术雕塑馆天水麦积山石窟、庆阳和平凉的南北石窟寺等被列入世界遗产名录的石窟。此外，这里还是红色革命纪念地的集中区，有长征路上的加油站哈达铺、红军长征会师地白银会宁、为长征中的党中央和各路红军提供了落脚点的庆阳南梁红色根据地等10多处红色革命纪念地。从自然风光讲，由北向南，气候自温带向亚热带递进，地貌由群山竞秀、鱼米之乡的江南景色向黄绿夹杂的山地或荒山连绵的黄土高坡过渡。既有熊猫出没、修竹摇曳的陇南溪秀山水、官鹅沟、北方第一溶洞、高山天池，也有像董志塬那样气象宏阔、窑洞林立的庆阳黄土高原风貌，还有全国唯一南北动植物兼有的秦岭西余脉天水陇山、从东入甘必经的陇东脊梁——平凉陇大坂风光、大气磅礴的白银景泰黄河石林……还有近年来如雨后春笋般在这片土地上出现的美丽乡村旅游农庄……

甘肃东部地区近年来铁路发展迅速，高铁贯通东西，火车、高速公路连接南北。加上距离中东部省份近，交通费用减少，旅途时间也缩短，这里就成了四川、陕西、宁夏的游客跨省游的度假天堂。

◁《麦积山石窟》吴刚/绘

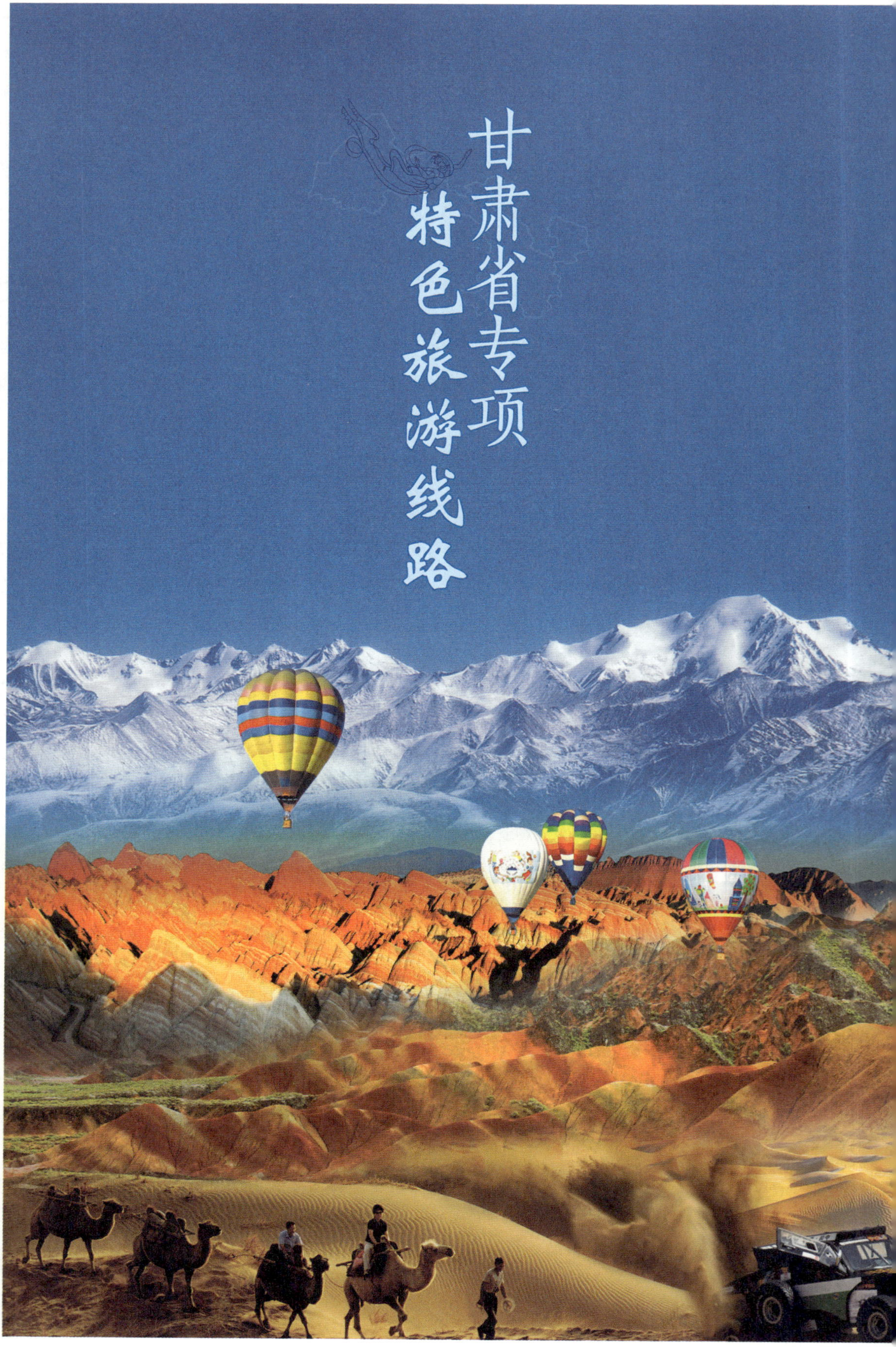
甘肃省专项
特色旅游线路

甘肃是开展自驾游专项旅游活动的天堂。古老的丝绸之路横穿中国的西北部，沿途文物古迹众多，民俗风情浓郁，自然风光独特，沿线有 312 国道贯通全省，公路宽阔笔直，车辆少，无危险，非常适合乘汽车旅游。自驾汽车旅游已成时尚，甘肃境内有张掖、永靖等十几个全国或西北一流的公航旅汽车露营地。各地汽车俱乐部可提供各种越野汽车租赁服务，也可组织游客自驾汽车穿越丝绸之路。

※ 丝路跨省自驾游线路 ※

可开展北京—包头—山西—银川—中卫—白银—河西走廊五地自驾游，或从敦煌折回西宁、兰州环线游；或北京—西安—兰州—临夏—甘南—陇南汽车自驾游；或沿兰州—西宁—格尔木—拉萨线。这一线路参与性强，灵活性大，内容丰富，备受游客喜爱。

※ 丝路全线跨国汽车旅游 ※

甘肃已开发有沿丝路横贯亚欧大陆的跨国汽车旅游线，沿西安—平凉—兰州—敦煌—乌鲁木齐—喀什—伊宁—霍尔果斯口岸—哈萨克斯坦—乌兹别克斯坦—吉尔吉斯斯坦—土库曼斯坦—伊斯坦布尔旅游，全程需 50 天时间，其中境内约 18 天。

※ “丝路快车”豪华专列游 ※

兰州铁道国际旅行社专营“丝路快车”豪华旅游专列，根据游客需求，可设计不同的丝路旅游日程。列车上有豪华卧铺包厢和餐饮、娱乐设施，食宿以在列车上和各地酒店相结合。兰州市还开通有至西安、西宁、银川、嘉峪关、张掖、天水、平凉等地的旅游列车。

※ 丝绸之路摩托车——汽车拉力赛 ※

现已成功开发有沿乌鲁木齐—吐鲁番—敦煌—嘉峪关—兰州—西安方向的摩托车—汽车拉力比赛旅游项目。

※ 丝绸之路分段长跑——自行车旅游 ※

丝绸之路线长点多，沿途各地都有较好的旅游接待、服务设施，可组织业余长跑爱好者沿丝路主要城市的部分地段举行分段长跑、竞走比赛或徒步考察，并参观旅游。游客也可分段骑自行车、骑马、骑骆驼旅游，逐年走遍丝路全线。

※ 嘉峪关滑翔机——热气球飞行旅游 ※

嘉峪关滑翔基地有强劲的热力上升气流、波浪气流和动力气流，是与澳大利亚和南非齐名的三个最佳滑翔基地之一。嘉峪关距乌鲁木齐与西安的飞行距离均为1000多千米，可开展滑翔比赛和热气球飞行以及各项旅游活动。

※ 祁连山登临探险游 ※

祁连山位于河西走廊南侧。“祁连”是古匈奴语“天”之意，言其高耸之势。可以组织登临祁连山脉的团结峰（海拔5808米）、阿尔金山（海拔5800

米）、贺兰山（海拔 5665 米）、大雪山（海拔 5483 米）、冷龙雪山（海拔 5254.5 米）、七一冰川（海拔 5150 米）等 26 座 5000 米以上的高峰，进行探险旅游。

※ 穿越沙漠戈壁探险之旅 ※

阳关和玉门关是敦煌通往新疆的两大门户，可组织游客经阳关到“死亡之海”塔克拉玛干沙漠或经玉门关到罗布泊，沿着古人以骨体为“路标”的沙漠戈壁进行长途徒步或骑马探险旅游。

※ 骑马、徒步考察长城游 ※

甘肃是秦、汉、明三代长城的起点，遗址保留比较完整，尤其是河西走廊保存有完整的汉代和明代长城烽燧与边塞古城遗址。沿途地势平坦，风光独特，遗址风格多样，是骑马、徒步考察长城的理想地段。也可组织游客走遍长城全线。

※ 丝绸之路石窟艺术修学游 ※

甘肃历史悠久，文化内容丰富。境内有石窟寺 100 多处，被誉为“石窟之乡”。可组织游客到莫高窟、榆林窟、马蹄寺石窟、天梯山石窟、炳灵寺石窟、麦积山石窟、水帘洞石窟、王母宫石窟、南石窟寺、北石窟寺等处开展石窟艺术专项考察修学旅游，也可开展丝路访古、长城文化、民俗风情、历史文物等多方面的专

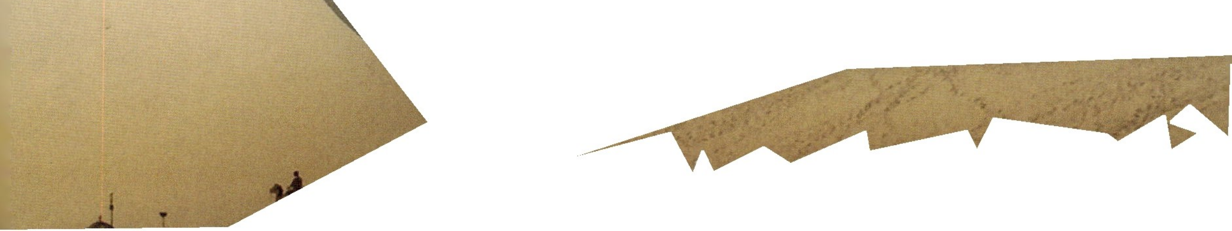

※ 临夏、甘南自然生态（恐龙、古脊柱动物化石）彩陶文化研学旅游 ※

临夏、甘南是黄土高原与青藏高原的过渡地带，沿途的海拔落差有 4000 多米，造就了这里极其丰富的地质地貌，留下了亿万年来记录着自然生态变化的庞大古生物化石群。此外，这里有丰富的新石器文化遗存、彩陶文化，是开展自然生态、彩陶文化研学旅游的不可多得的地区。

※ 天水、平凉、庆阳黄河文化、彩陶、易经国际研学游 ※

甘肃具有开展黄河文化研学旅游的垄断性资源。追溯中华文明的渊源，沿中华民族的母亲河黄河而上，商周以前，泾河、渭河流域出现了华夏最早的农业，迈入了高度文明的社会，成为黄河文化的开端。在天水东部河边台地上生活的先祖们已进入了新石器时代，天水大地湾遗址为新石器早期及仰韶文化早、中、晚各期文化遗址，是中国西北地区考古发现中最早的新石器文化。天水秦安大地湾遗址向我们诉说着华夏文明起源最初的故事。在这里，三皇之首的人文始祖伏羲开始造文字、画八卦、创历法，这里诞生了中国最古老的哲学和科学思想。庆阳有华夏农耕先祖帝喾的辉煌足迹；平凉崆峒山是道教第一山，上古时代广成子在此研究道学，成果卓著；甘肃彩陶是华夏唯一没有中断的彩陶。在秦安大地湾遗址人们发现了华夏最早的彩陶，连绵不绝直至 4000 年前的齐家文化、马家窑文化、半山文化遗存彩陶，发掘数量之多，分布之广，图案之多，艺术之绝，可谓华夏之冠。

※ 寻根访祖游 ※

甘肃东部是华夏文化的发祥地之一。天水是人文始祖伏羲的诞生地，也是秦人的发源地；平凉泾川为道教女神西王母降凡立国之地；天下李姓的根在陇西，“陇西堂”是李氏的宗祠堂号；庆阳是周人的发祥地之一。沿兰州—陇西—天水—平凉—庆阳一线，可开展中华民族寻根访祖祭奠活动。

※ 黄河漂流探险旅游 ※

黄河从兰州河口到市区中山桥段，全长 45 千米，水面宽阔，可开展橡皮艇探险漂流活动。也可以从夏河出发，顺大夏河漂流到刘家峡水库，欣赏风光，考察沿途景点和民俗。

※ 回藏民俗风情探访 ※

从兰州南行，经临夏到甘南，为回、藏民俗风情浓郁，黄土高原、草原风光奇特的旅游线。这里民风淳朴，文化氛围独特，适合开展民俗专项探访旅游。

兰州 *Lanzhou*

——古为通往西域的黄河渡口，今是西北商贸、旅游中心

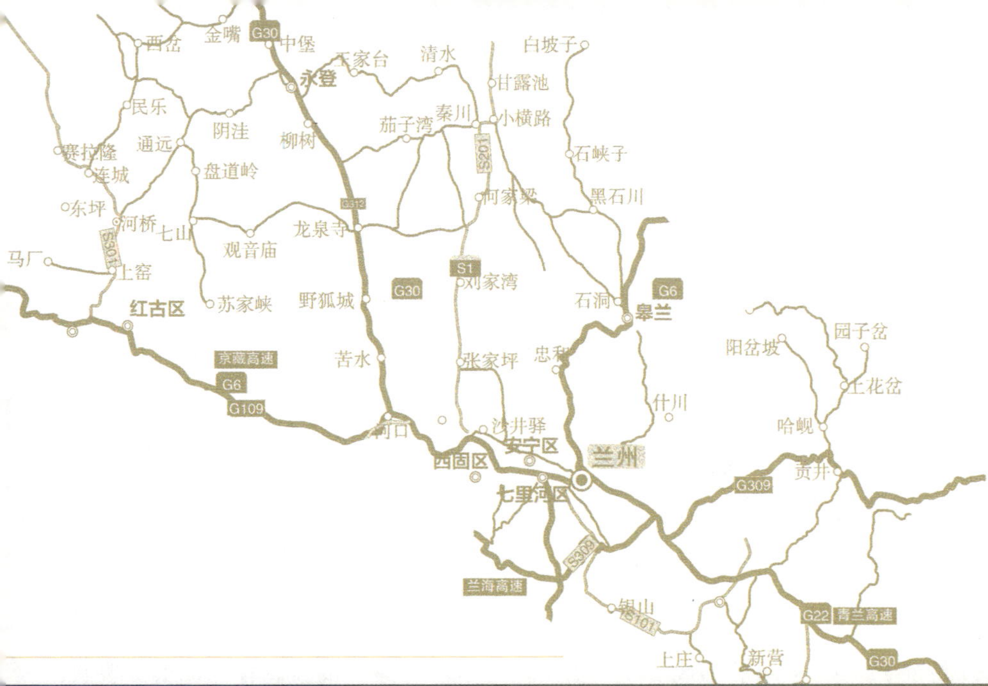
西岔
金嘴
G30
中堡
王家台
清水
白坡子
永登
甘露池
民乐
秦川
小横路
阴洼
茄子湾
柳树
通远
S201
石峡子
赛拉隆
连城
盘道岭
何家梁
黑石川
东坪
G312
河桥
七山
龙泉寺
S301
观音庙
马厂
上窑
S1
刘家湾
G30
G6
野狐城
石洞
皋兰
红古区
苏家峡
园子岔
阳岔坡
京藏高速
苦水
张家坪
忠和
G6
上花岔
什川
G109
沙井驿
哈岘
河口
安宁区
兰州
西固区
贡井
七里河区
G309
S309
兰海高速
银山
S101
G22
青兰高速
上庄
新营
G30

黄河风情线

兰州 / Lanzhou

古人从长安前往西域，遇到的最大障碍是黄河。这条孕育中华文明的大河，从巴颜喀拉山流下来，在青海转了个大“S”形，然后直穿甘肃，向北直上宁夏和内蒙古，正好将通往西域的通道挡住。兰州依山作障，控河为险，自古就是主要的渡口之一。据史料记载，汉代大将军霍去病出征西域、唐玄奘西去天竺就是从兰州渡黄河前往的。黄河经过兰州时，水流湍急，河面宽阔。古时人们必须靠着羊皮筏子或牛皮筏子或小船渡河，相当危险。目前在兰州境内，已有跨黄河的铁路和公路桥 17 座，渡河已不成问题。兰州现已是西北最大的铁路枢纽，东接陕西，西北连新疆，西通青海，北达宁夏，因此又是西北商贸、旅游中心。

兰州市区东西长约 35 千米，南北两山相望，最宽处 5 千米，呈带状分布，黄河从中流过，是全国唯一一座黄河穿城而过的省会城市。沿黄河两岸修建的滨河路上绿草常年吐春，彩灯彻夜织锦；长达数十公里的旅游风景线上分布着不同主题的公园，艺术精湛、材质不同的各种大型雕塑，古老的铁桥，还有供人下水游赏的游船、橡皮艇、羊皮筏子。公园、碑林、钟院内不仅有许多古建筑，还有许多现代化的游乐设施。

兰州市周边有永靖炳灵寺和黄河三峡游览区，白银景泰石林和老龙湾农家休闲村，天祝小三峡和藏族风情游览区，榆中兴隆山大景区、李家庄田园综合体、青城古镇、连城鲁土司衙门等景点。

Tips

- **工艺美术**：雕刻葫芦、黄河石、石枕头、地毯。
- **土 特 产**：白兰瓜、醉瓜、冬果梨、软儿梨、大板瓜子、葡萄、白粉桃、百合、蕨菜。
- **风味小吃**：牛肉面、浆水面、羊羔肉、酿皮、甜醅、牛羊杂碎、灰豆子、牛奶鸡蛋醪糟。
- **出行时间**：5—10 月。
- **出行必备**：太阳镜、遮阳帽。

兰州新区是西北地区第一个国家级新区，主要景点有：西部恐龙园、晴望川民俗文化村、花海、中川小镇等。

兰州是省内东、南、西三条旅游线路和省外周边省份旅游线路的交通辐射中心。312 等公路穿境而过；陇海、兰新、兰青、包兰、宝兰、兰渝 6 大铁路干线交汇于此；中川国际机场辟有通往国内外主要城市的 200 多条航线。

兰州至周边地区短线旅游

以兰州为中心，辐射方圆 200~300 千米的旅游区，集黄河风情、藏族回族民俗风情、草原风光、石窟艺术等于一体。

1—2 日游线路

- 兰州—兰州新区（西部恐龙园—晴望川民俗文化村—花海—中川小镇）（乘汽车）
- 兰州—榆中（兴隆山）（乘汽车）
- 兰州—永靖黄河三峡（炳灵寺—刘家峡水库—恐龙国家地质公园—太极岛湿地公园—水电博物馆，可以做一日游也可住宿一晚做两日游）
- 兰州—临夏（可直接到临夏游览清真寺—大拱北—八坊十三巷，也可与永靖黄河三峡做连线游）（乘汽车）
- 兰州—会宁（会师塔—红军长征景园）（乘汽车）
- 兰州—景泰（景泰石林、老龙湾等）（乘汽车）

2—3 日游线路

- 兰州—天水（麦积山—南郭寺—伏羲庙）（乘汽车或高铁）
- 兰州—漳县（贵清山—遮阳山）（乘汽车）
- 兰州—渭源（渭源灞陵桥—莲峰山—天井峡—太白山）（乘汽车）
- 兰州—松鸣岩—莲花山—临夏（乘汽车）
- 兰州—夏河拉卜楞寺—桑科草原（乘汽车）
- 兰州—合作米拉日巴佛阁—夏河拉卜楞寺（乘汽车）
- 兰州—天祝小三峡—引大入秦渠—吐鲁沟（乘汽车）
- 兰州—吐鲁沟—连城鲁土司衙门（乘汽车）

兰州—平凉（平凉崆峒山—崇信龙泉寺—泾川王母宫石窟）（乘汽车）

兰州—武威天祝（石门沟—金沙峡—朱沙峡—天堂寺—引大渠首—先明峡倒虹吸

兰州—武威（文庙—雷台汉墓—白塔寺—天梯山石窟—海藏寺—罗什塔—沙漠公园）（乘汽车）

五泉山公园

五泉山公园位于兰州东南、皋兰山北麓，离市中心仅 5 千米。公园内层楼叠阁，沿山铺陈，古木参天，环境清幽。

五泉山因五眼泉水而得名。相传，汉武帝派年轻的骠骑将军霍去病前往河西走廊征讨匈奴，路过兰州，屯兵皋兰山麓。时值盛夏，士兵疲惫不堪，焦渴难忍，霍去病情急之下，挥起马鞭，在驻地山坡上狠狠抽了五下，着鞭之处，涌出五股泉水。

这五眼泉水分别为：甘露泉，在文昌宫西边，久雨不淫，大旱不干，水如甘露；掬月泉，在文昌宫东边，泉如井状，中秋之夜，月出东山，月影投入泉心，如掬月盘中；摸子泉，善男信女钻入摸子洞中，用手在泉水中摸索，据说摸着石头生男

五泉山公园

孩，摸着瓦片生女孩；蒙泉，在东龙口下，“蒙”为卦名，含山下有险之意；惠泉，在西龙口下，水质好，宜烹茶且有灌溉之利，施惠于民，故得名。

从正门进山，一路山寺俨然，气氛肃穆。五泉山寺是公园的主要建筑，殿宇轩昂，气象宏伟，其中金刚殿是山上仅存的明洪武五年（1372）的建筑。院有600年树龄的古槐一棵。殿内有铜铸接引佛一尊，高5.4米，眉目匀称，神态恬静，左手托钵，右手微伸，为接引众生的姿态。这是明代初年铸造的，为省级重点保护文物。

五泉寺后院，新建一座钟亭，亭内悬挂一口铁钟，名泰和钟。此钟高3米，口宽2米，计重5000公斤，是金泰和二年（1202）所铸，造型雄伟，声音洪亮。原悬于普照寺，1939年，日本侵略者三次轰炸兰州，具有1300年历史的普照寺被炸成废墟，瓦砾中仅存这口巨钟。1955年，五泉山建公园时，遂将泰和钟迁来，并列为省级重点保护文物。

❤ 游五泉山公园四季皆宜。

兰山公园

兰山公园位于兰州市正南皋兰山上，是兰州市第一座人造森林公园。整个公园依山布景，低处始自五泉山东侧的枇杷岭，高处至三台阁，逶迤10千米之多，占地面积346.84公顷。山上楼台亭阁错落有致，红柱碧瓦相映成趣，是人们纳凉赏景的理想场所。

园内三台阁是兰州市南屏障的顶端建筑，高三层，上建一亭，气势宏伟。傍晚在此俯瞰市容，远山云蒸霞蔚，谷中万家灯火，黄河穿城而过，景象壮观。

公园曲径蜿蜒，游乐项目齐全，卡丁车、八卦阵、迷宫、彩宫、魔窟等设施使人们流连忘返。

公园附近有四千多年前的人类活动遗址、清代军事防御墩台、解放兰州的营盘岭战场等历史遗迹。

❤ 到兰山公园旅游，可乘车直达，也可以在五泉山东门口乘缆车。

兰山钟院

兰山钟院位于兰山公园内。兰山钟院建于 1994 年，钟院主体楼为三层仿古建筑，古朴典雅，风格别致。楼顶悬挂着由南京晨光机器厂铸造、重达 6000 公斤的大铜钟。击之声传百里，悠扬动听，使人想起古人吴可读咏《古刹晨钟》的诗句："唤醒人多少，坐飞古刹纵。不知何代寺，时叩晓天钟。韵逐鸡声远，音催蝶梦浓。敲回残月落，摆罢湿云封……"这里又是一处观兰州市景的最佳处。在此凭栏，远眺群山，千里在目；近瞰蜿蜒黄河、雄姿都市，尽收眼底。游人墨客多集于此，登楼观赏、抒怀言志，留下不少诗、词、文、赋和众多的佳联妙对。

♥ 到兰山钟院，请勿刻画。

滨河路绿色长廊

滨河路绿色长廊位于黄河南岸，是一条东西长数十千米的滨河马路，道路两旁，花团锦簇，草坪如茵，树木森森，被誉为兰州的"外滩"。兰州滨河路绿色长廊，现已成为全国最长的市内滨河马路。在滨河路东段的读者大道北侧正在修建集彩陶馆、悦读广场、水车工艺坊、文化创意园、咖啡休闲吧为一体的"读者公园"。

漫步在滨河路上，既可以欣赏平沙落雁、筏客搏浪、丝绸古道、黄河母亲、西游记等众多精美的雕塑，游览中山铁桥、白塔山公园、水车博览园等景点，也可以乘坐古老的牛、羊皮筏子，感受传统的"吹牛皮，渡黄河"的渡河方式，或坐橡皮艇、游艇，体味黄河风情。

♥ 坐橡皮艇、游艇、牛羊皮筏子注意安全。

兰州碑林

兰州碑林位于白塔山西峰，占地 2.33 公顷，建筑面积 6000 平方米。在高低错落的庭院中，坐落着依草圣张芝而取名的草圣阁、400 米长的东西碑轩、碑亭、张芝雕像、陇右书艺院等。登阁远眺，群山巍峨，黄河如带；鸟瞰市区，高楼林立，车流纵横。这里亦是观赏兰州城市风貌的好地方。

兰州碑林

兰州碑林以地域文化为特色，从书法艺术的角度，展示黄河文化、丝绸之路文化、西部文化的辉煌历史和当代成就。草圣阁一楼，陈列着中国传世书法集萃，草、隶、篆、行诸种书体，历代名家名作，琳琅满目。二楼，陈列兰州碑林镇馆之宝——淳化阁帖、敦煌写经、秦汉简牍。四楼，陈列林则徐、左宗棠、郭沫若、于右任、张大千、舒同、赵朴初、启功的书法碑刻。西廊展示甘肃历代著名书法家的书法碑刻；东廊为当代书法家以咏陇诗文为内容的书法碑刻。甘肃著名碑刻，矗立于碑轩和古碑苑内。陇右书艺院收藏有书法图书、杂志、报纸、拓片等，并不定期举办书法研讨会、书法学习班、书法展览。

兰州碑林可供书法家和书法爱好者学习、交流。

中山桥

中山桥位于白塔山下。明朝以前，流经兰州的黄河上无桥梁，来往行人及运输，主要靠羊皮筏子和木排，交通十分困难。

明洪武五年（1372），征西大将军宋国公冯胜，为便利军运和迅速过河攻击盘踞在白塔山附近的王保保（元将扩廓帖木儿）军，第一次在兰州城西七里处的河面上修造浮桥。其后，卫国公邓愈移浮桥至城西 5 千米处。明洪武十八年（1385），兰州卫指挥杨廉改置浮桥于城北的白塔山下，桥用 24 只大船连接起来，南北两岸竖大铁柱 4 根，大木柱 45 根，用两条长 36 米的粗铁索将 24 只大船拉起来浮于河面，并正式取名为“镇远桥”，号称“天下第一桥”。

清光绪三十三年（1907），清政府根据兰州道彭英甲的建议，在陕甘总督升允

中山桥

的赞助下，动用国库白银 30 余万两，将镇远桥建为铁桥。这座由德商泰来洋行喀佑斯承建，美国人满宝本、德国人德罗做技术指导的铁桥，于宣统元年（1909）建成，保固 80 年。这是我国黄河上最早的铁桥，初名为“兰州黄河铁桥”。1942 年，为纪念国父孙中山先生，改名为“中山桥”。

大桥因长期失修，不到 80 年，车马行人走在上面已有所晃动。1954 年，国家拨款 60 万元对铁桥进行了全面维修加固，并增加了五座弧形拱梁钢架，使铁桥更加气势宏伟。

观赏中山桥的最佳时间是傍晚华灯初上之时。

白塔山公园

白塔山公园位于市中心黄河铁桥北侧。白塔山因山顶上的元代白塔得名，塔内埋有西藏喇嘛之遗骨。成吉思汗建元后，致函西藏喇嘛教法王，法王乃派一名大喇嘛去谒见成吉思汗，不幸病逝于去往兰州的途中。成吉思汗下令修建白塔安葬。此塔上部是中国传统的密檐式，共七层，下部则是印度早期的覆钵状，乃印度佛教建筑与中国传统建筑相融合之一例。

白塔山原系黄土山岭，一片土黄，毫无绿色。20 世纪 50 年代后，植树造林，并利用市内拆建古建筑构件在山上建成一、二、三台（层）园林建筑，总面积超过 8000 平方米。

❤ 白塔山公园是兰州俯瞰黄河的最佳景点。

羊皮筏子

黄河水上游览的项目，最有意思的莫过于乘坐羊皮筏子了。

皮筏有用羊皮囊扎的，也有用牛皮囊扎的。古时，筏子用皮囊少则十来个，多则 600 多个。一只用 600 多个气囊扎成的大型皮筏，无异于一只大船，筏工们借助河水的流动，一天就能航行 100 千米。过去从兰州乘皮筏顺流而下到达包头，只需十一二天，比骑骆驼的速度要快几倍。皮筏不仅可以承担货运，而且还能承担客运。但皮筏只能顺流而下，不能逆流而上。

羊皮筏子

❤ 黄河两岸的水车园、中山桥一带可以找到专为游人服务的筏子客。

甘肃省博物馆

甘肃省博物馆位于甘肃省兰州市七里河区西津西路 3 号。该馆是国家一级博物馆、全国爱国主义教育基地和全国科普教育基地。其前身是 1939 年成立的甘肃科学教育馆，1956 年迁入新馆，更名为甘肃省博物馆。甘肃省博物馆是全国规模较大的综合性博物馆。建筑面积 2.1 万多平方米，展览面积 1.3 万多平方米。可供参观的有 18 个展厅及搬迁复原的嘉峪关魏晋墓画。

凭借甘肃丰厚的文化底蕴和陇原大地留下的大量珍贵文化遗存，甘肃省博物馆拥有得天独厚的馆藏资源。馆藏珍贵历史文物、自然标本共计 8 万余件，其中国宝级文物 16 件（组），国家一级文物 686 件（组），二级文物 2606 件（组），三级文物 48164 件（组）。汇集了甘肃从远古时期到近现代的大量文化珍宝，尤以新石器时代之冠的甘肃彩陶、汉代简牍文书、汉唐丝绸之路珍品、佛教艺术瑰宝、古生物化石等珍贵文物独具特色。特别是东汉铜奔马、魏晋墓“驿使图”画像砖，已分别被定为国家旅游标志和邮电事业的标志。目前，向社会推出的展览有《甘肃丝绸之路文明》《甘肃彩陶》《甘肃古生物化石》《庄严妙相——甘肃佛教艺术展》《红色甘肃——走向 1949》五个固定陈列，反映甘肃厚重的历史文化。

需要提前预约。

文溯阁《四库全书》藏书馆

文溯阁《四库全书》藏书馆坐落于兰州北山九州台。该馆建筑面积 5757 平方米，按照国家特级文物馆藏标准与安全要求建设，继承四库七阁的传统风格，为外二内三的仿古建筑，设计独特，构思精巧，馆内功能齐全，设施先进，是丝绸之路甘肃段上又一颗璀璨的明珠。

《四库全书》是清乾隆年间编纂的我国历史上卷帙最多的一部丛书，文溯阁《四库全书》是我国现存的《四库全书》三部半中的一部，这部书原保存在沈阳，1966 年为了备战，文化部决定将文溯阁本《四库全书》拨交甘肃省图书馆收藏，10 月由沈阳运到甘肃保管，存放在连城鲁土司衙门大经堂内。从此，文溯阁本《四库全书》便成为甘肃省的镇省之宝。1971 年 6 月，文溯阁《四库全书》从永登连城迁移至新书库——甘草店战备书库。为了更好地保存祖国文化遗产，2000 年，甘肃省政府决定重新选址，新建文溯阁《四库全书》楼。2005 年 7 月 8 日，新建成的仿文溯阁《四库全书》藏书馆正式开馆。这个坐落于兰州北山九州台的文溯阁《四库全书》藏书馆，投资 5000 多万元，占地 3.126 公顷，总建筑面积 5757 平方米，历时两年多建成。这里凉爽干燥，背山面河，环境优美，交通便利。

链 接

《四库全书》是集中国数千年文化大成的图书典籍，是清朝的乾隆皇帝挫扼强敌、完收十全武功之时，依托鼎盛的国力，组织全国数百名优秀学者，花费十余年的时间编纂的一部丛书。《四库全书》集中国古代文化经典之大成，是中华五千年灿烂文明的象征，是中华民族的文化瑰宝。该书分经、史、子、集四大类，收书 3400 余种，计有 79000 余卷，分成 36000 余册，纳为 6000 余函，约有 8 亿字。汇集了乾隆以前的历代重要著作，基本囊括了到那时为止的各学科领域的优秀典籍。其规模之宏大，卷帙之浩繁，亘古未有，是我国历史上最大的一部丛书。

《四库全书》由纪晓岚等任总纂官，各科学者 360 人参加编纂，历时 10 年，乾隆四十六年（1781）第一套《四库全书》缮竣，贮藏于北京紫禁城内的文渊阁。到乾隆五十二年（1787），又有 6 套全书相继缮竣，分贮于奉天（今沈阳）故宫内的文溯阁、京郊圆明园内的文源阁、承德避暑山庄内的文津阁、扬州大观堂的文汇阁、镇江金山寺的文宗阁、杭州圣因寺的文澜阁。200 多年来，《四库全书》历经战乱，文源阁本、文宗阁本、文汇阁本全毁，文澜阁本损毁不全，完整保留下来的只

文溯阁《四库全书》藏书馆

有3套，即分藏于台北的文渊阁本，北京的文津阁本和兰州的文溯阁本。

文溯阁本《四库全书》是第二部缮写完成的《四库全书》，文溯阁在北四阁中起建最晚，但早于南三阁。文溯阁藏本系内府写本，装潢精美，书写上乘，书函均配有特制的楠木书匣。每册首、尾二页，均钤有“文溯阁宝”和“乾隆御览之宝”玺印。全书各册均用开化榜纸，质洁白坚韧，工楷书写，字体绢秀，墨色古雅，并附有金题玉册之阁记，是现存各本《四库全书》中收书最多的一部。文溯阁本《四库全书》历经坎坷，1954年，文溯阁本《四库全书》第三次复运沈阳。1966年，文化部决定，文溯阁本《四库全书》拨交甘肃省图书馆收藏，从此，文溯阁本《四库全书》便成为甘肃省的镇省之宝。

水车博览园和老水车园

2005年8月26日，被誉为“水车之都”的兰州建起了一处水车博览园，再现了50多年前黄河两岸水车林立的壮观景象，这就是兰州水车博览园，它位于百里黄河风情线滨河东路黄河南岸。水车博览园由水车园、水车广场、文化广场三部分组成，是一个展现水车文化的主题公园。

兰州水车，又名天车、翻车，也叫老虎车。据《重修皋兰县志》记载，是由明代兰州段家滩人段续所创。段续于明嘉靖二年（1523）中进士。他出任云南道御史期间，对当地的水车产生了浓厚的兴趣，于是就派人绘制成图样，保存在身边。晚年回归故里，开始了对水车的仿制，公元1556年获得成功。兰州地处黄土高原，干旱少雨，自明代起有了水车之后，兰州两岸的农民就把水车创建人段续的名字刻在了心中。第一轮水车架设在现今广武门外的黄河北岸，以后又在现今镇原路北口架设了三轮，以灌溉附近的17公顷的菜畦果园，“水车园”这个地名由此而来（老水车园所在地）。从明代中期起，到清代末期止，兰州黄河沿岸的水车，由一轮逐渐增加到157轮（1891年统计数），其中北岸41轮，南岸84轮，河滩32轮。尤其是皋兰的水川，为水车麇集之地，最多时曾达200余轮。及至1952年，全市水车进而猛增到252轮，只见黄河两岸到处巨轮林立，流水欢歌不绝于耳。提灌

水车博览园

面积也扩大到67平方千米，可谓盛极一时。

现新建的水车广场以驰名国内外的兰州水车为主体，并荟萃中外不同形式、风格迥异的水车数十轮。因此，兰州水车博览园是世界上水车品种和数量都最多的主题公园。其中，兰州水车以其独到的构造、精湛的工艺、雄浑粗犷的风格成为中国水车的代表。

兰州水车直径16米左右，16对辐条由车轴向车缘辐射构成巨轮，辐条顶端置刮水板，刮水板之间置40个长方体水筒，其下为凌空架设的木槽，可引水流。车轴固定在水巷石坝之上，河水涌入水巷，形成急湍，刮水板受力，驱动水车转动，水筒“倒挽河水”，倾入水槽以灌田，一轮水车可灌溉田地2万平方米。

水车广场上展现着各具特色的水车，如脚踏水车、手推水车等。在众多的水车旁有一座水磨房。水磨是电力磨面机出现以前广泛使用的磨面工具。由引水道、叶轮、磨轴、磨盘、磨具等部分组成。它以水为动力，带动叶轮旋转，叶轮之上安装石磨，用来磨制面粉。在水磨房出水处有一条蜿蜒小渠，名为“曲水流觞”，再现九曲黄河内水车林立、悠悠旋转的景象。在水车广场西端有一组水池，它由三级七阶大小不等的水池组成，形成一组美丽、壮观的瀑布群，与兰州水车遥相呼应，展现出美丽如画的景观。

温馨提示：水车在冬季和枯水期不转动。

滨河路雕塑群

滨河路雕塑群位于兰州市黄河南岸的滨河公园，东西约 10 千米范围内，矗立着一组组雕像，给兰州增添了浓厚的文化韵味。

丝绸古道

这座以张骞开辟“丝绸古道”为题材塑造的雕像，以丝绸古道的一峰骆驼为核心，由花岗岩雕成，高 6 米，长 7 米，重百余吨，集中反映了盛唐时期的丝路盛况。雄驼满载绸缎，上骑身着披风、右手搭凉棚瞭望的长者。驼右前部一深眼虬髯的胡商牵缰倒行。驼右后方一青年右手做喇叭状呼喊后续驼队。雕塑构图古朴，整体凝重，气势恢宏，令人顿生朔漠苍凉之感。

“丝绸古道”雕像立于兰州城关区黄河大桥南端、南滨河路东路“绿色公园”，系龙绪理创作，四川都江雕塑社朱孝学于 1987 年 3 月 9 日雕成。

黄河母亲

黄河母亲雕塑位于滨河路中段，小西湖公园北侧，是目前全国诸多表现中华民族的母亲河——黄河的雕像艺术作品中最漂亮的一尊，具有很高的艺术价值。雕塑由甘肃省著名的雕塑家何鄂女士创作，北京雕塑厂于 1984 年雕成。该雕塑系一长 6 米、宽 2.2 米、高 2.6 米的花岗岩圆雕，总重量达 40 余吨。由“母亲”和一“男婴”

黄河母亲雕塑

组成构图。母亲秀发飘拂，微微含笑，神态慈祥，身躯颀长匀称，曲线优美，微曲右臂，仰卧于波涛之上，右侧偎依着一裸身男婴，头微左顾，举首憨笑，显得顽皮可爱。雕塑构图洗练，寓意深刻，象征着哺育中华民族生生不息、不屈不挠的黄河母亲和快乐幸福、茁壮成长的华夏子孙。雕塑基座上刻有水波纹和鱼纹图案，源自甘肃古老彩陶的原始图案，体现了甘肃悠远的历史文化，也反映了黄河流域的先民们对自然现象敏锐的观察力。

筏客搏浪

筏客搏浪位于滨河路东段白塔远眺小游园中。1986 年 10 月由汪兴中所作。雕塑通高 6.15 米，总长 8.6 米，基座由钢筋混凝土镶嵌以黄河卵石铸成，呈黄河巨浪翻卷状，皮筏斜飞于浪尖之上，有破浪追风之感。青铜铸成的筏客跪姿昂首挥桨，其后有一跪姿少女，右手拢鬓，神态安详。这一雕塑再现了昔日黄河上以皮筏为渡的交通方式。

平沙落雁

平沙落雁又名“芳洲思雁”，位于滨河路东段，滩尖子南面，由王志刚作于 1987 年 10 月。雕塑呈现在不规则形浅水塘中，3 只大小不等的不锈钢大雁呈离水展翅奋飞状，塘西畔点缀以 5 枚“雁卵”，错落有致。总体采用抽象派手法，略加变形，显得新颖别致。这一雕塑取材于兰州新十景之一的“芳洲思雁”景观和雁滩的传说，寄托了兰州人民希望生态恢复平衡、大雁重返雁滩的愿望，并使人们联想到大雁从孕育到雄飞的生命过程。

绿色希望

绿色希望位于黄河母亲雕塑东侧约 180 米处。1987 年 7 月，由甘肃 130 多万青少年捐资，王志刚、王铁城制作。主像分别由高 11 米、8 米、3 米三株汉白玉圆锥体变形树组成，高低参差，疏密有致，矗立于园林绿地之中，有三木成“森”之意，反映了甘肃人民种草种树、绿化陇原的伟大壮举，象征着陇原青少年茁壮成长。侧像两座汉白玉浮雕，呈弧形对称，分布于主像两侧：东侧为“采种支甘”，西侧为“绿化陇原”，以突出烘托主像，起提示主体的作用。

邓家花园

邓家花园也叫“慈爱园”，坐落于市区广武门后街 4 号。1922 年，甘肃督军张广建的副官韩鲁在此建亭种花。1932 年，邓宝珊购建别墅，种植了众多名贵花木。1941 年，邓夫人及其子女遭日军飞机轰炸遇难，葬于此园。于右任为该园门额题写“慈爱园”。中华人民共和国成立后，邓宝珊仍在园中办公、居寝，并会见不少来客。

邓宝珊，甘肃天水人，生于 1894 年。1909 年，湖北新军协统在兰招募新兵，邓宝珊应募赴新疆伊犁。1910 年，邓宝珊加入同盟会，参加了伊犁起义。1916 年，在陕西“华山聚义”，参加讨袁斗争。1918 年，参加三原起义，任陕西国民军前敌总指挥。1924 年，参加冯玉祥国民军，任第二军二师一旅旅长、七师师长、国民联军驻陕副总司令。中原大战时，任反蒋第八方面军总司令。1932 年后，任国民党西安绥靖公署驻甘行署主任。抗战期间，任国民二十一军团长，驻守榆林，与延安中共中央建立了良好的友邻关系。1949 年 1 月 13 日，邓宝珊代表傅作义签署了《北平和平解放协议》。中华人民共和国成立后，邓宝珊历任西北军政委员会委员、国防委员会委员、甘肃省人民政府主席、甘肃省省长、全国人大代表、全国政协常委、民革中央副主席等职。1968 年在北京病逝。

❤ 在园内参观，宜保持肃静。

八路军兰州办事处纪念馆

八路军兰州办事处是中国共产党在抗日战争时期为实现全民族抗战而进行后方发动的一个重要基地。办事处于 1937 年 5 月设立，1943 年 11 月撤回延安。历时六年。期间，在党代表谢觉哉、处长彭加伦、伍修权等同志领导下，在开展营救被俘流落的红军西路军将士、推进抗日民族统一战线、加强同苏联外交代表处和军事代表处的联系、接待我党往返苏联人员、转运抗战物资、输送进步青年到延安、指导中共甘肃工委开展工作等方面发挥了重要作用，被周恩来亲切地誉为“革命的接待站，战斗的指挥所”。

八路军兰州办事处纪念馆是甘肃省唯一一家抗战纪念馆，地处市中心繁华地段。缘于历史原因，现拥有两处旧址，相距约 220 米。酒泉路旧址位置：酒泉路 314 号，占地面积 1378 平方米，建筑面积 2893 平方米，里进三院；甘南路旧址位置：甘南路 700 号，占地面积 1320 平方米，建筑面积 710 平方米，东西两院。两处院落房屋均为仿古建筑，木质门窗，青砖房脊，是典型的兰州传统民居风格。

酒泉路旧址共有两大主题展览：《八路军驻甘办事处与甘肃抗日救亡展览》和《八路军驻甘办事处原状陈列展览》。展览以 7 个单元、512 张历史图片、139 件珍贵文物，从不同侧面系统地展示了“建立统一战线，形成无分前方后方的抗战格局”“进行思想发动，激起民众最坚韧的抗战力量”“实施西北开发，展现近代工业布局的最初端倪”“奔赴抗战前线，铸就陇原儿女的光辉形象”“接待和输送人员，让希望的巨轮不断出航”“奋起空中对决，彻底粉碎侵略者的战略意图”“转运苏联援华物资，把关心支持送到抗日前方”等内容。其中，为突出甘肃抗战的后方特点，还特别在统一战线的框架下，突出了兵源补充、粮秣供给以及思想发动和西部开发的内容。在《八路军驻甘办事处原状陈列展览》中，为强化教育氛围突出教育效果，精心设计和增加了 34 张图片与 35 块文字说明牌，使之与原状房屋及 74 件文物配合，使展览更富历史底蕴和生动厚重的说服力及感染力。

甘南路旧址共有两大主题展览：《巍巍祁连——中国工农红军西路军事迹展览》《营救红西路军原状陈列展览》，展览通过照片 238 张、电文 37 篇、文物 88 件，系统地反映了中国工农红军西路军在征战河西走廊期间，为打通国际路线、策应河东红军、策应“西安事变”和平解决写下的可歌可泣的壮丽篇章。展览共分图片展览和旧址陈列两大部分：图片展览部分为六个单元，包括（一）挥师西渡——单独肩负打通国际路线的历史重任，（二）策应河东——全力完成服务全局的历史使命，（三）血战临高——充分展现中国工农红军血战到底的英雄气概，（四）风雪祁连——前无古人后无来者的极限挑战，（五）多方营救——充满关爱和历经曲折的凤凰涅槃，（六）永恒纪念——黄河东流声不断祁连处处有丰碑。旧址陈列部分分故事墙、名录墙、营救原状、甘工委成立原状、接应与转送组雕等六个部分。

由于“兰州八办”在抗日战争时期发挥的重大历史作用，1981 年被辟为革命纪念馆并正式向全社会开放。期间，先后被中宣部、国家发展和改革委员会、国家旅游局、国家文物局等部门先后命名为全国爱国主义教育示范基地、全国青少年教育基地、全国未成年人思想道德教育基地、国家国防教育示范基地、国家安全教育基地、红色旅游第一批全国百家经典景区和三十条精品线路、全国重点文物保护单位、中国延安干部学院甘肃教学点。

♥ 不要乱摸乱画。

西关清真寺

西关清真寺位于城关区解放门东侧。创建于明万历年间，清康熙、雍正年间曾两次维修。1990 年在原址重建，气势恢宏，庄严肃穆，为全国最壮观的清真寺之一。

♥ 请遵守参观规定。

白衣寺塔

白衣寺塔位于庆阳路东段街北的居民区中，因塔建在白衣寺中而得名。白衣寺内原绘有白衣大士像，尊奉为“白衣菩萨”。寺初建于明崇祯四年（1631），后经多次战乱，只有寺塔保存至今。白衣寺塔为实心砖塔，高约 30 米。塔基呈错牙式方形，长、宽各 7 米，高 2.8 米，四面镌刻花卉图案。塔身下部呈覆钵状，高约 8 米，最大处直径为 6 米。正南与塔基连接处开一佛龛，龛内原供有三佛像，现已无存。塔身上半部为八角形锥体，高 18.5 米，共有密檐 12 层，层数为偶数，在国内罕见。每层每角各开佛龛 1 个，内塑佛像 1 尊，共计 96 尊；每层每角悬挂风铃一个，共计 96 个；塔刹高约 1 米，形若宝瓶，以镀铜的金属制成。

白云观

白云观亦称“吕祖庙”，位于兰州市城关区滨河路 557 号，坐南朝北，与黄河北岸的金城关相对峙，占地 20000 多平方米。清道光十七年（1837），陕甘总督胡松额捐俸修建，供祭吕洞宾，并于 1839 年列为祀殿。

当年的白云观，整个建筑群比较宏大，自北向南依次为山门、东西望河楼、戏楼、牌坊、前殿、中殿、后殿，东西两侧为云水堂、钟鼓楼、道院；后殿南部为花园，中为三层高的八仙阁，四周分列潇洒轩、鹤鹿亭、聚仙亭、来仙轩、群仙楼、四照亭等，昔日为兰州胜景。在 150 年的岁月中，除花园北部的古建筑群基本完好外，不少建筑已不复存在。1984 年，维修彩绘山门、戏楼、前殿、东西云水堂及钟鼓楼。青砖山门额雕楷书“升云得路”四个大字，门梢悬原甘肃省省长邓宝珊楷书“白云观”木匾，左右壁为镂空砖雕。戏楼两侧有清咸丰年间镌刻的“白云观行述碑”“金城白云观香火老社碑记”。

石佛沟

石佛沟位于兰州市七里河区南部，距市中心 16 千米，既以悠久的名胜古迹和佛教圣地闻名四方，又是“四季常青，三季有花”的天然森林，是融自然风光、人文景观为一体的自然型城郊公园，也是国家级森林公园。

石佛沟风景区由天沟、石佛沟和天都山等景点组成。相传，清代有一位高僧游方到此，看到这里峰奇崖峭、林茂谷幽、烟云缭绕、石水鸣琴，认为是一块难觅的风水宝地，于是就联络周围的佛教信徒筹资建寺。在纵深数丈的悬崖洞穴中，他们依山布局，先雕刻了一尊石佛像，又盖起了殿堂，取名“石佛寺”。崖下依山傍水还建起了几座大小不同的庙宇，衬托着石佛寺的俏丽。神奇的是深谷中的古井，水深莫测。沿沟爬坡而上，便是风景秀丽的天都山景点。它与天沟相连，因山形奇异，从正面看像笔架，从侧面观似大象鼻子，故俗称“笔架山”或“象鼻山”。山上四季常青。明朝建筑毁于明末清初的战乱之中，近几年建有二郎庙、菩萨殿等庙宇。

游览时注意路标，不要走错方向。

仁寿山公园

仁寿山公园位于安宁区刘家堡北部，距市中心 15 千米。西汉时期，安宁堡就已经成为盛产名桃的“桃乡”。现有桃树达 30 万株之多，面积超过 534 公顷，品种达 184 个。安宁堡多有八九十岁的长寿老人，当地居民说，这是由于他们经常吃桃子的缘故。仁寿山，依“仁者寿”而得名。仁寿山是中华人民共和国成立后兰州开展人工绿化的典型，近几年被辟为公园，重建了山门、凌云阁、祖师庙、仁寿亭、喷水巨龙、翠红堂等景点，十分壮观。过去，每年农历三月，粉幛初开，锦云远列，鸟语花香，一些达官显贵、才子佳人，或骑马或乘轿，到安宁堡赏花行乐。李少陵在诗中写道：“山前山后花如簇，园里园外人如玉；家家户户看花忙，人面花容看不足。”自 1989 年举办第一届桃花会以来，每年游人不断增加，除了赏花，还有丰富多彩的文艺活动、书法绘画展览等。

注意赏花的最佳时节。此外，要爱护花木。公园附近有很多农家乐和民宿，食宿方便。

天斧沙宫地质公园

天斧沙宫地质公园位于安宁区九合镇北环路（桃花园仁寿山东面的龙凤峡里），这是兰州市最独特的自然景观。天斧沙宫为距今约 2500 万年的红色砂岩，经过长期的风化水蚀形成了一组“类丹霞地貌”奇观，因成自天然，如神斧凿成的沙宫宫殿而得名。

这是一条曲而平的沙沟，沿沟 4 ~ 5 千米，迷人的丹霞地貌奇景布列两旁，宛如结构严谨、形体壮丽、建筑精美、布局和谐的建筑群，虽自天工，宛如人开。

早在清光绪十七年（1891），地理学家陶保廉考察过这里，在《辛卯侍行记》中有对这一奇特地貌景观的记载。西北师范大学地理系教授黄可光先生根据其地层结构和形态特征，称之为“类丹霞地貌”。

参观前最好了解丹霞地貌的概念（见“相关名词解释”）。

西部恐龙园

西部恐龙园位于兰州新区经二路以东，纬七路以南，南绕城快速路以北，经四路以西，距兰州市区 67 千米，占地 2200 亩。是以“东方侏罗纪乐园 + 室内外水乐园 + 温泉度假村 + 游憩型商业公园 + 主题酒店”等业态构架的文旅园区，创造性地构筑了兰州作为“西北旅游”目的地和集散地的又一高地，已成为国家 4A级旅游景区。现已开发的园区项目有西部恐龙水乐园、恐龙主题乐园、恐龙主题酒店、少年宫、温泉度假酒店、丝绸之路风情商业街等。引进世界顶级游

西部恐龙园

乐设备，由国内顶尖设计团队打造了集观光、旅游、度假、科技体验展示为一体的国际化一站式的乐园项目。

吐鲁沟

吐鲁沟是一条神秘莫测的山谷，也是一条毫无人工斧凿痕迹的自然风景区。吐鲁沟的风景之雄、险、奇、秀，在黄土高原并不多见。这座绿色山谷，深约 15 千米，除少数地段比较开阔外，大多数地段都很狭窄。谷底有一条便道，仅能通行一辆汽车。道旁有一条溪流，常年不息。景区分为前沟和后沟两段。通过大通河桥，就是前吐鲁沟森林风景区。前沟有迎客狮子、群峰竞秀、幽谷琴音等，后沟有骆驼峰岭、天窗眼、藏龙洞、卧虎石、半月天、弥勒石、通天门、金刚峰、七夕桥、灯竿石等，共计有 24 处景点。再上行，便到沟掌草原，那里地势平坦，绿草依依，牛羊成群，是迷人的草原游览区。从三岔路口右行，就进入小吐鲁沟林区。沟长约 7 千米，占地 2005.6 公顷，有瞭望台、览秀坪、青蟾观瀑、画廊、层林尽染等 12 处景点。景区内有 1600 多种树木花草，栖息着麝、跑鹿、蓝马鸡、猞猁、石羊等数十种珍稀动物，一片茫茫林海，古木参天，溪流淙淙，到处鸟语花香，俨然一处自然画廊。

❤ 请多注意路标，爱护环境。

鲁土司衙门

鲁土司衙门位于永登大同河畔连城乡，这是目前甘青边界地区众多土司建筑中保存比较完整的一座宫殿式建筑群。

元明清时期，在西北和西南少数民族地区，设置了一种分封各族首领充任并可世袭的官职，叫作“土司”。连城土司是明清时期甘青边界一带颇有势力和影响的土司之一，辖区包括现今永登县、天祝藏族自治县、兰州市红古区和青海省民和县及乐都区的部分地区。鲁土司的始祖为蒙古人，是元世祖忽必烈之侄重孙。元朝即将灭亡时，流落于河西。明洪武四年（1371），脱欢率部投降明朝，被封为甘肃庄浪卫（今永登西）连城土司。明永乐九年（1411），连城第三代土司什伽因建立军功而升任庄浪世袭掌印土司指挥使，并赐姓为鲁，名叫鲁贤。鲁氏土司共传袭19世22代，计558年，直到1932年“改土归流”时才告结束。连城土司为武职土司，有常规士兵500人，因维护封建统治有功，被列为皇帝的随驾部队，各代土司先后任甘肃副总兵、延绥镇左都督将军、南京九门督、陕西都督总兵等军事要职。

鲁土司衙门始建于明初，重建于嘉庆二十三年（1818）。衙门坐北向南，依山傍水，自然环境十分优美。中轴建筑由大照壁、牌楼、六扇门、仪门（提督军门）、大堂、燕喜堂、神堂院和祖先堂构成，布局严谨，规模宏大，雕梁画栋，绚丽夺目，具有鲜明的民族风格。整个衙门占地15000平方米，其中建筑面积约4000平方米。

位于衙门东侧北门的大观园，是土司的内宅花园。园内建筑精美，布局奇巧，其中有“千眼观花”的绿照亭。

妙因寺是土司的家庙，也是甘青一带有名的藏传佛教寺院，大经堂可同时容纳800名僧人念经。

1982年9月，有关方面在连城宣教寺（明代藏传佛教寺院）的顶棚内，发现了一批藏传佛教的水陆画，共100幅，大部分保存完好，现由妙因寺珍藏。水陆画，是佛教寺院和道教庙观举行宗教仪式和水陆道场时悬挂的一种画卷。这批出自清代民间画师之手的水陆画，一般长约105～109厘米，宽48厘米，有很高的艺术价值，是研究我国古代绘画艺术的珍贵资料。

除了衙门、花园、家庙以外，还有墓葬区。鲁土司的墓葬区，按其所处方位，可分为上享堂、下享堂和西享堂三处。

♥ 请勿乱摸乱画。

兴隆山大景区

兴隆山大景区距兰州45千米，距榆中县城5千米。是国家级自然保护区，也是4A级旅游景区。原名“栖云山”，出自清代道人刘一明的《栖云笔记》，清康熙年间取复兴之意，改名“兴隆山”。兴隆山大景区内有兴隆山、栖云山、马衔山、官滩沟景区，三十多处景点。

兴隆山境内，群山环抱，清溪涓流，海拔 2400 米，登顶可远眺“御山积雪”，远观松涛叠浪；西云峰海拔 3021 米，登此顶巅，榆中县城尽收眼底。青龙溪流从中穿过，两山一谷之间有云龙桥，亦称“卧龙桥”“送善桥”，为乾隆二十八年（1763）修建，因木质腐朽，现已改为水泥钢架结构。此桥西侧，即为西云峰，有牡丹亭、混元阁、避暑楼、通天柱等景观。跨过云龙桥，登东峰即兴隆山。入山门后，便是第一胜景——滴泪岩。再攀登，曲径小道旁边，有一颗千年柞树，上留一代天骄成吉思汗在攻打西夏之前表示决心刀砍柞树时留下的痕迹。再往上是大佛殿即娘娘殿，此殿雄伟壮观。

远在西周时代，就有人在此修行，加之兴隆山是一座道教名山，东汉时，沛国人张道陵先生来此传道；南宋时，湖南衡山人秦致道（原名秦保言）和河南嵩山人李致亨（原名李元，曾为朝廷谏议大夫）相约来到兴隆山

兴隆山卧龙桥

修道；1160 年，山西云游客人张梅，择兴隆山顶平处修建玉帝行宫。唐贞观年间，曾以民众捐款、道士募化方式集资，修建和扩建了不少殿宇。明初又捐资兴建补修。清康熙年间，山西曲沃人刘一明（道号悟元子）在此活动达 30 年之久，又补修、重建。清光绪年间，又有香客余君英、道士李至陛、陕甘总督魏光焘等人修建和维修；民国时期，还建了蒋介石避暑宫；西北行辕主任张治中修建了“西松亭”；国画大师张大千也来此旅行作画。中华人民共和国成立前，当地人民又集资，在原地重建大佛殿，不仅恢复了原貌，还特意设置了成吉思汗灵柩。

兴隆山不仅遍布林海松涛，山清水秀，气候宜人，而且有松花、木耳、蘑菇、蕨菜“四大山珍”，雉、鹰、鹞、鸢、土百灵、狐狸、豹、豺等珍禽异兽，以及驰名中外的党参、麝香、三七、贝母等中药材。

近年来兴隆山旅游资源得到进一步开发，景区基础设施进一步完善，冬天还开放滑雪场。

走路不看景，看景不走路。

李家庄田园综合体

李家庄田园综合体坐落于兰州榆中县兴隆山大景区 2 千米处的栖云山上。这是国家财政部 2017 年确定的全国首批 8 家田园综合体建设试点之一，也是西北地区唯一的田园综合体。园区总占地面积 2.65 万亩，这里有千亩花海、栖云田园小镇、生态田园区、养生养老区、亲子体验区、生态养殖区、榆兴农庄体验区、智慧农业生产区等 9 大功能区，有西坡精品民宿、设施农业、特色餐饮、亲子体验、休闲娱乐、作坊一条街等 34 个子项目。栖云田园小镇为田园综合体的核心，面积达 8300 亩。

在这里可沿着三条轴线向上而行，北部是农家风情体验区，南部有乡村生活体验区，南北向是一条景观带。深入园区又有 6 个功能不同的区域：走进非遗文创区，22 间非遗文创传统工坊让你目不暇接；在休闲娱乐区，有裸眼 3D影院，可观赏囊括甘肃主要景点的 3D电影和许多儿童喜爱的远古动物、宇宙星空、未来世界科幻片，还有丝路瓷苑、戏台、商业中心、儿童活动中心等等；手工作坊区，有油坊、面

李家庄田园综合体

坊、醋坊、辣椒坊、腐竹坊、酒坊等 17 间作坊；特色餐饮区有 60 多家特色小吃，如兰州牛肉面、天水凉粉、陇西腊肉、洋芋搅团、静宁烧鸡、洋芋炒疙瘩、烤土豆、馓子、油香、甜醅子、灰豆子等各类特色餐饮，还有手工巧克力甜点、音乐啤酒餐吧；如想过夜可在特色民宿区下榻，这里既有特色农家院——汉族小院、回族小院、东乡小院、撒拉小院，也有趣味满满的特色精品酒店。

青城古镇

青城古镇位于兰州市榆中县北部的崇兰山下。据史书记载，青城古镇为宋仁宗年间秦州刺史狄青巡边时所筑，所以叫青城。2007 年被公布为中国历史文化名镇，2016 年入围全国首批特色小镇。这里有甘肃省内最集中、最完整的古民居建筑群，民宅整体布局以四合院为主。历史上的青城是以水烟为主的货物集散地，水陆交通发达，北京、天津、太原等外地客商云集，舶来文化使得青城古民居既有山西大宅院风味，又有北京四合院的形式。现存的 50 多处民宅四合院古建筑，具有一定的文物价值和观赏价值。这些民宅绝大多数是清康熙、乾隆、嘉庆、道光时期的建筑，主要分布在城河、青城、新民三个村。古民居的砖木雕刻艺术也非常精湛，从大门到照壁，从堂屋到厦房，从墙壁到屋檐，从门扇到窗户，处处都有精美的图案，这些图案大多通过象形、会意、谐音等手法构成艺术语言来托物寄情。在这里，游客既可看到古色古香的明清民居，又可欣赏动听的青城小曲《西厢调》，还可观看精彩刺激的斗羊表演，体会独特的黄河古镇水岸民风。

城隍庙，原址初为秦州刺史狄青的议事厅，故又称“狄青府”，始建于宋仁宗宝元年间（1038—1040）。明神宗万历二十五年（1597）改为守备府，是守备军指挥部的所在地。清世宗雍正二年（1724）改建为城隍庙，占地面积 1000 平方米，大殿保存基本完好。又集资修复了门楼及戏楼，这里成为当地人文化交流、休闲

青城古镇

娱乐的场所。

此外，保存较好的还有高氏祠堂、青城书院、罗家大院等明清时期的建筑。

水烟是青城特色之一。种植水烟始于明代，青城是兰州水烟的主要产地之一，至今仍然完整地保留着制作水烟的场地、工具和工艺。

吃着青城干面，配以豆腐、黄花、木耳等勾制的臊子汤，再调以青城陈醋，外加八碟地方小菜，别有风味，这已成为远近闻名的一大特色。

什川古梨园景区

被誉为“世外梨园”的古镇什川镇位于兰州东北部约 20 千米处，黄河在这里掉头北上，给这方土地留下亘古不变的沃野。

古镇南北青山作屏，东西湍流横亘，风光秀丽，气候宜人，不过，最令人叹为观止的是那一片目前中国规模最大的万亩梨园，被称为“世界第一古梨园”。园内梨树千姿百态，景象十分壮观，堪称“中国一绝”，日本植物学家称之为“世界植物界的奇迹”，全球罕见的“活植物标本”，难得的“梨园博物馆”。在什川，百年以上树龄的古梨树尚存数千株，虽古茎虬曲，历经沧桑却依然枝繁叶茂，百媚千娇。一般来说，梨树寿命就是几十年，而什川梨园却是一个奇迹、一个谜。以兰州什川万亩梨园、绮丽风光、黄河风情为依托形成了以梨园美景观赏、黄河风光游览、农家休闲娱乐等为主的新型休闲农业旅游区。

什川古梨园景区

西线 West Route

——河西走廊、丝路精华、绿洲戈壁、大漠风情旅游线

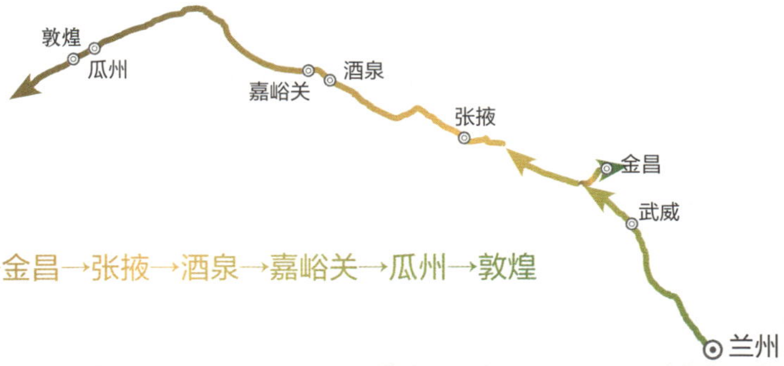

兰州→武威→金昌→张掖→酒泉→嘉峪关→瓜州→敦煌

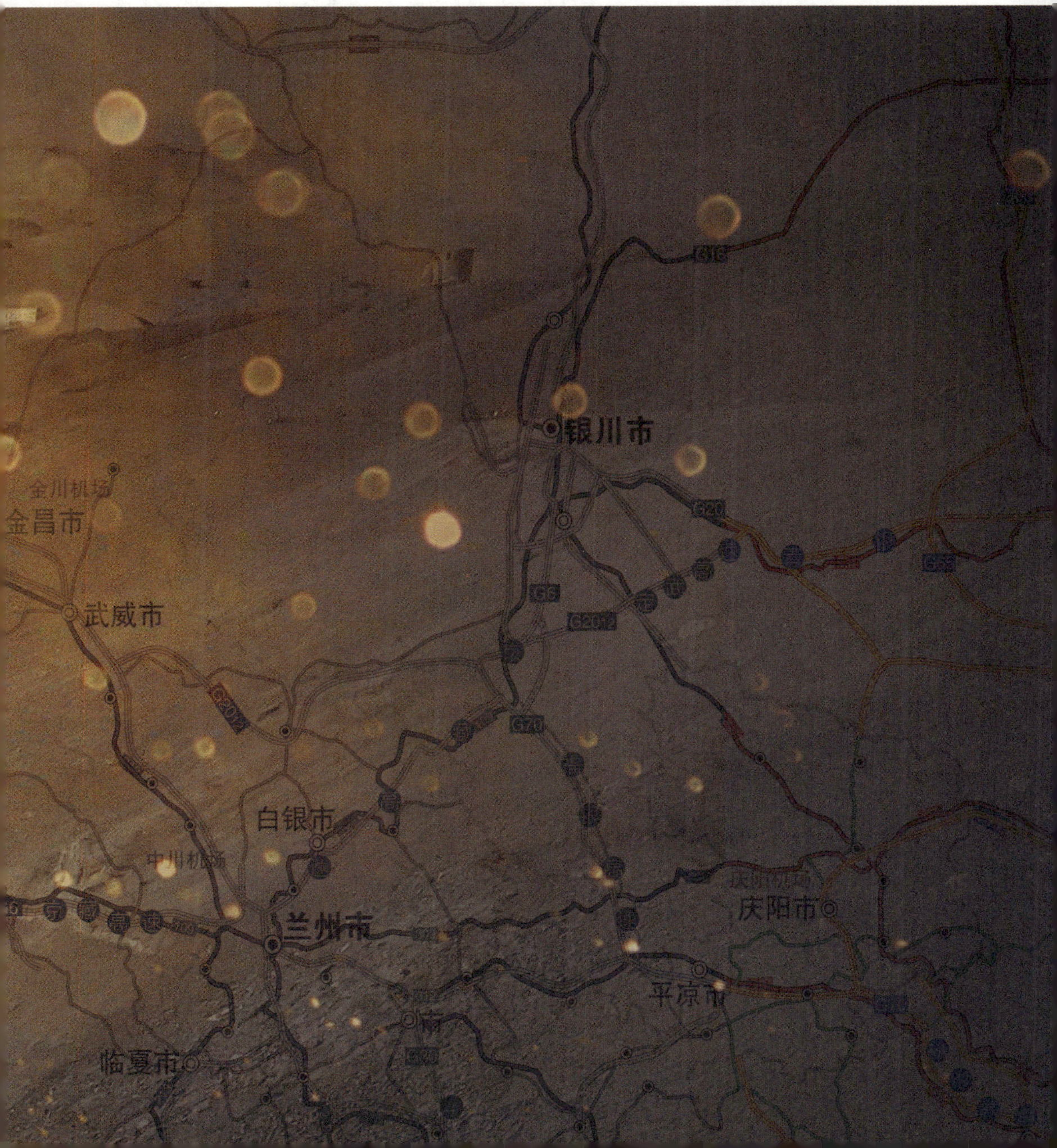

祁连山

Qilian Mountains

无论乘火车还是乘汽车西行，进入河西走廊之后，在您的左手方向，总有一座起伏连绵的大山在陪伴着您，或远或近，那座大山便叫祁连山。

祁连山在甘、青两省交界处，东起乌鞘岭，西至当金山口，西北—东南走向，全长 1000 千米，宽 250 ~ 300 千米，因位于河西走廊之南与北山遥遥相对，又称

“走廊南山”，或称“南山”。主峰团结峰高达 5808 米，共有冰川 3306 条，面积 2063 平方千米。最近发现的祁连山最大的冰川，叫“土尔根大阪平顶冰川”，直径达 10 千米。其中，七一冰川是世界上距城市最近的冰川。

祁连山东部北侧气候湿润，海拔 2500 ~ 3200 米，有云杉林分布，森林上限愈朝西愈升高，酒泉以西已不见森林，呈半荒漠景观。据调查，山区生长的木本类植物有 199 种，草本类植物有 939 种，野牦牛、野驴、雪豹、黑鹳、白唇鹿、白尾海雕、藏雪鸡、斑尾榛鸡等被列为国家一级保护动物。北麓山前有平原，经冰雪融水滋润，形成绿洲。

斗转星移·河西兴衰

The Rise and Fall of Hexi with the change of time

一代又一代的夷夏统领，像星星一样在河西的天空闪过，留下无数恢宏杰作：长城、烽火台、关隘、石窟、古城、古墓、人物传奇……

河西，早有人类在此生息。酒泉、张掖等地都发现有火烧沟类型文化遗址。战国以前，河西是羌戎等民族活动的地区，到战国、秦汉时期，月氏、乌孙和匈奴是河西的主人。秦末汉初，匈奴东平东胡、西平月氏、南破楼兰，建立起东起东北，西连新疆的强大的奴隶制游牧国家，时常侵扰汉朝边境。汉武帝凭借着汉初几十年休养生息日渐强大的国力，开始发动大规模的反击战：骠骑将军霍去病统帅大军出陇西，汉军取得两次河西战役的胜利，逼迫匈奴浑邪王杀休屠王，率4万余人归顺汉朝。从此，东起兰州，西至罗不浑尔（今罗布泊），纳入汉朝版图。汉王朝在河西走廊设立了酒泉、张掖、敦煌、武威四郡，并在走廊的北边修筑了一条与走廊平行的长城（从今永登县修筑到酒泉），在长城上又筑关隘——玉门关和阳关。

阳关

西晋建立后，全国有过短期的统一，河西也得以安定，但很快又进入了一个大分裂时期，河西先后出现了地方性政权。

北魏孝文帝时期推行均田制度，河西又得到恢复。魏晋时期的河西虽不

玉门关

及两汉时繁荣，却留下了很多文物遗迹——酒泉、嘉峪关的壁画墓和石窟等。魏晋时期，佛教虽在河西广泛流传，石窟中有了中西融合的壁画和造像，但墓葬中却只有道教题材的壁画。从魏晋后期到隋唐时期，河西历史上出现了第二个大发展时期。隋朝立国虽短，但河西却是中原与西域交易的地方，因而颇受重视。隋炀帝来到张掖，西域高昌国、伊吾等二十多个国家的首领、使者和商人朝谒于焉支山。唐初，古凉州、甘州、瓜州、沙州，已是中西贸易大城市，胡商摩肩接踵。安史之乱后，河西空虚，吐蕃因此乘虚而入，沙州（敦煌）陷落，河西全部落入吐蕃之手。唐宣宗大中二年（848），沙州张议潮率众起义，赶走了吐蕃，但到五代，甘州回鹘的势力已逐渐强大，沙州已成甘州回鹘附庸。至此，甘、肃两州由回鹘驻辖，凉州则为夷夏杂居。到公元 1028 年，西夏攻占甘、凉两州。公元 1036 年又先后攻占了肃、瓜、沙等州，河西全部为西夏占有。从吐蕃占领河西经西夏到元代，河西走了一条迂回曲折的道路，到明清时代才有了迅猛发展，但已关闭了通向西域的大门。

火车离开兰州后，沿黄河一路向西，行一个半小时左右，跨越黄河后攀登海拔 3562 米的乌鞘岭，就进入了被称为丝路咽喉的“河西走廊”。河西走廊是夹在祁连山

与走廊北山（合黎山、龙首山、马鬃山）之间的长约 1000 千米、宽约 100 千米或仅数千米的天然狭长地带，恰如一条长廊。进入这一地段，典型的戈壁绿洲风光就展现出来。这里的天蓝得透亮清澈，布满沙砾和卵石的大地无边无际，没有房屋，没有牲畜，空旷寂静。当您看到绿洲时，也就到了戈壁沙漠人们生活的家园。丝绸之路上著名的河西“四郡”“两关”就这样逐一扑入眼帘。

从兰州西行，经武威、金昌、山丹、张掖、酒泉、嘉峪关、瓜州到敦煌，全长 1148 千米。此线路以丝路文化遗迹、戈壁沙漠绿洲、草原雪山冰川和裕固族、藏族等少数民族风情为特色，主要景区景点有世界艺术宝库——敦煌莫高窟及其姊妹窟榆林窟，丝路关隘——玉门关、阳关和嘉峪关，地下画廊——魏晋壁画砖墓，中国旅游标志铜奔马的出土地——武威雷台汉墓，陇右学宫——文庙，藏有中文与西夏文对照善本“词典”西夏碑的西夏博物馆，张掖丹霞国家地质公园，保存有国内最大室内卧佛的张掖大佛寺，裕固族风情、草原风光和石窟艺术融为一体的肃南马蹄寺观光旅游区，酒泉丝路胜景——西汉胜迹，酒泉卫星发射中心、沙海奇观——鸣沙山与月牙泉，世界罕见的雅丹地貌——玉门关魔鬼城，沙漠动植物观赏及游乐系列公园、民乐扁都口万亩油菜花盛景、金昌城市紫金花海、火星 1 号基地等。该线向西沿至吐鲁番、乌鲁木齐，向南经格尔木可到拉萨或西宁。

西线旅游交通方式：可选择兰州经嘉峪关或直达敦煌的飞机，或乘兰州经西宁至张掖、酒泉、嘉峪关、敦煌的高铁，或乘兰州至武威、金昌、张掖、酒泉、嘉峪关、敦煌的普通火车，每个主要景点城市都有站点。如坐高铁，行程将不经过武威，而是向西南经过西宁再向西过民乐、山丹县到达张掖。在兰州汽车东站和汽车西站还可乘兰州至各城市的长途汽车，沿途各城市也互有班车相通。不过，如果时间充裕，走这一路线最好的方式是乘汽车（自己租车或加入旅行团）一站一站地走，才能尽情体验丝路文化风情和自然风光。

雅丹地貌

武威 *Wuwei*

——铜奔马的故乡

雷台汉墓

车过乌鞘岭后看见的第一片绿洲，就是武威。武威东、西、北三面环沙，绿洲内部土壤肥沃，气候温和，有“银武威”的美称。

武威历史悠久，西汉张骞到西域后设郡，汉代开发河西是从武威开始的。当时河西走廊有匈奴阻隔，汉朝从西南岭开一条通西域之路。骠骑将军霍去病两次入祁连山进逼匈奴，得胜后，河西走廊归入西汉版图。为了体现国威，西汉统治者将河西一县命名为武威，兴旺昌盛一时，被称作“小长安”。武威在十六国时，五凉国中有四凉建都于此，是西凉文化的中心，所以武威又称凉州。中国石窟鼻祖在此开凿。北魏时，孝文帝拓跋宏将凉州昙曜为首的一批雕塑家、学者、工匠 3 万余人，迁至国都山西大同。后国都又迁至洛阳。大同云冈石窟、洛阳龙门石窟都被专家称作“凉州风范”。北魏文化中心的转移，对后世隋唐文化起到了巨大的启蒙作用。唐朝时这里再次成为商贸重地，留下许多歌咏凉州繁华的诗篇。西夏时武威被立为别都，元代，西藏萨迦派宗教领袖萨迦班智达应蒙古汗国皇子、西路军统帅阔端的邀请，在白塔寺成功地进行了历史性的“凉州会谈”，从此，西藏正式纳入中国版图，成为中国领土不可分割的一部分。明代建造了西北最大的孔庙，享誉全国。

Tips

工艺美术：铜奔马。

土特产：大黄、白兰瓜、鹿茸、猪头梨、薄皮核桃、软儿梨。

风味小吃：沙米粉、大卤面、凉皮。

武威至周边地区短线旅游或娱乐项目

（1—2 日游，以下线路也可按照兴趣任意组合）

- 武威—凉州古钟楼—罗什塔—文庙—西夏博物馆—雷台景区—白塔寺（城区东—东南区域）
- 武威—唐弘化公主墓群—天梯山石窟（正南区域）
- 武威—武威神州荒漠野生动物园—沙漠公园—汉明长城遗址（东—东北区域）

- 武威—天祝小三峡（天堂寺—石门寺）—马牙雪山地质公园（东—东南区域）
- 武威—古浪战役纪念馆（东北）
- 武威—海藏寺—皇娘娘台遗址—民勤沙生植物园（城区西—西部区域）

凉州古钟楼

武威城东北隅有一座古钟楼，其上悬一口古钟，俗称“凉州钟”。本名“大云钟”，或称“武威唐钟”。

这是一口淡黄色铜钟，上细下粗，腹部微鼓，高 2.4 米，下端直径 1.45 米。说是铜钟，实为铜合金铸成。钟声洪亮，用力撞击，声闻几十里外。

钟上有优美的飞天、威严的天王、凶恶的夜叉和忍冬花纹及龙的图案，雕工精细。没有铭文。

因武则天自封皇帝之后，命天下所有州府都修建大云寺。大云钟就是那时铸造的。

♥ 注意保护文物。

鸠摩罗什塔

鸠摩罗什塔坐落在武威城北大街西侧，八角形，共 12 层，每层悬有铜铃 8 枚。塔顶是葫芦形的铜制宝瓶，在阳光照射下，金碧辉煌。

1927 年的大地震，罗什塔遭破坏，仅存半截，1934 年重修。重修时从土中掘出一块石碣，上刻“罗什地基四至临街敬德记”。由此推断该塔是唐代大将军尉迟敬德主持修建的。

此塔是为纪念十六国时期高僧鸠摩罗什而建。罗什原籍印度，生于西域龟兹国。幼年出家，精通佛学。前秦国王苻坚慕名欲请罗什到长安，派大将吕光征龟兹，迎罗什。罗什到了武威，一住就是十七年。后秦国王姚苌迎罗什到长安，从事译经工作十几年。

♥ 在佛教史上，他是与玄奘、真谛齐名的三大翻译家。

西夏博物馆

西夏博物馆与武威文庙毗邻，占地面积 3570 平方米，建筑面积 2900 平方米，为二层仿古式建筑，主要展示凉州出土的西夏珍贵文物。

西夏是公元 11 世纪初出现在中国北方的一个王朝，是党项族首领李元昊创建的，定都兴庆府。西夏王朝建国长达 189 年。最强盛时，地域包括宁夏、陕北、甘肃西北、内蒙古西南及青海东北部。因位于宋朝的西北方向，故史称“西夏”。李元昊“通晓蕃汉文字”，他与亲信广惠王野利仁荣创制的西夏文十二卷，盛传一时。西夏文为方块形，字的结构与汉字有些相似，而且也分草、隶、篆书。西夏文在北方广大地区流传了两个多世纪之后失传。

西夏碑，即“重修护国寺感应塔碑”，碑高 2.6 米，宽 1 米，厚 30 厘米，刻于西夏第四个王朝天祐民安五年（1094）。清嘉庆九年（1804），由著名金石学家张澍发现于武威大云寺内。1898 年法国学者德维利亚考定此碑正面为西夏文，近代，我国著名文字学家、金石家学罗福成破译了碑文。碑正背面分别刻着篆书西夏文和对照的汉文，大约 1600 字，是一部珍贵的西夏文与汉文对照的活字典。碑文大意是称颂祖先的功德和护国寺富丽堂皇的景象。碑上汉文有这样的字句：“武威当四冲地，车辙马迹，辐辏交会，日有千数。”短短数语，描写了古武威作为丝路重镇的盛况。西夏碑为人们打开了认识这一古老失传民族文字的大门。有人说，如果西安碑林是世界上最大的石书库，那么西夏碑则是未被石窟收藏的一部“珍册善本”，对研究西夏语言文字和社会经济具有十分重要的价值，被中外学者称为研究西夏文的活字典。除文字外，碑上另刻有多种图案、花卉、人物等，雕刻技巧高超优美，具有很高的工艺水平。西夏碑于 1961 年 3 月 4 日被国务院列为全国重点文物保护对象。

♥ 参观前最好积累历史知识。

文庙

文庙，亦称“孔庙”，位于凉州区崇文街 43 号，建于明代，占地面积 15300 平方米，是一组造型雄伟的仿皇家宫阙古建筑群，气势不凡。历经扩建修缮，雕梁画

文庙状元桥

栋，雍容典雅，檐牙高啄，碑匾林立，庙内古柏参天，散发着厚重的文化气息。

文庙以其深厚的历史文化、独特的人文景观而享誉全国，号称“陇右学宫之冠”，是全国三大孔庙之一，为历代文人墨客修学和祭祀孔子之地，由儒学院、孔庙、文昌宫三部分组成。中部孔庙以大成殿为中心，前有泮池、状元桥、棂星门、戟门，后有尊经阁。大成殿，是孔庙主殿，也是祭祀孔子的正殿，面阔五间，质朴素雅不失庄严，可以想见当年的雄伟壮丽，空前盛况，此外，这里有中国印刷博物馆武威分馆。印刷术迄今已经经历了长达一千余年的发展历程，至唐代中期，雕版印刷术得到了广泛应用；至宋代，雕版印刷已经发展到全盛时代，对中国和世界文明的发展都产生了极其重要和深远的影响。展馆通过古代印刷术的发明传承、雕版活字印刷历史文献真品及武威西夏泥活字等内容的展览，展示出中国印刷史的独特魅力。

雷台旅游景区及铜奔马

中国旅游标志“马踏飞燕”的出土地——雷台旅游景区，位于甘肃省武威市凉州区北关中路，占地面积 12.4 万平方米，包含了汉文化一条街、汉风格大门、大型音乐喷泉、天下第一马“马踏飞燕”以及凝聚汉文化精萃的巨型浮雕、牌楼、图腾柱和堪称“世界之最”的整体放大6倍的99件铜车马仪仗俑队列，展现天马艺术风采的汉文化博物馆。主要景点有汉墓、雷台、雷台公园等。

雷台距今已经有1700多年的历史。据史料记载，雷台为前凉（301—375）国王张茂所筑灵钧台。《资治通鉴》中记载：东晋元帝大兴四年（321）始筑“周轮八十余堵，基高九仞”。现雷台保存基本完好，长106米、宽60米、高8.5米。台上有明清时期的古建筑雷祖殿、三星斗姆殿等10座大殿，因其建筑雄伟、规模宏大，故称“雷台”。

1969年，在雷台下发现一处东汉晚期（186—219）的大型砖石墓葬，墓道长19.34米，墓室分前、中、后三室及左右耳室各三处。发现时，墓室已被盗过，但仍保留了220件文物，多数是工艺水准较高的铜器，其中最突出的是铸造精致的99件铜车马仪仗俑，最罕见的珍品是铜奔马。

铜奔马又称“马踏飞燕”，或称“马超龙雀”，呈发绿古铜色，马高34.5厘米，长45厘米，重17.5千克。天马形神兼备、气韵生动、矫健剽悍，呈飞奔状，右后足巧妙地轻踏在一只展翅奋飞、回首惊视的飞鸟背上，既改变了传统天马的造型

雷台汉墓/铜奔马

手法，又符合力学平衡原理，并赋予了奔马以旺盛的生命力，使整件铜器具有强烈的震撼力。铜奔马蕴含着极高的艺术、科学和历史价值，并具天马文化内涵，而且铸造技巧精湛，堪称青铜艺术极品。1971 年 9 月，全国著名考古学家、人大常委会副委员长郭沫若陪同柬埔寨王国民族团结政府首相宾努亲王在甘肃省博物馆参观时发现铜奔马，称其为“马踏飞燕”。

1983 年，铜奔马形象被中国国家旅游局定为“中国旅游标志”。同年，雷台汉墓被公布为甘肃省重点文物保护单位；2001 年，被公布为全国重点文物保护单位。

铜奔马和西安的“昭陵六骏”以及古丝路各地出土的马俑都是东西文化交流的产物。

♥ 墓道内不可以拍照。

白塔寺

白塔寺，藏语称夏珠巴第寺，又名百塔寺，位于甘肃省武威市城东南 20 千米的武南镇白塔村，为藏传佛教凉州四寺（白塔寺、莲花山寺、海藏寺、金塔寺）之一。白塔寺是元代凉州最大的藏传佛教寺院，号称“凉州佛城”。萨班灵骨塔为主体建筑，始建于元，明、清重修。白塔寺是藏传佛教的重要寺院，也是西藏纳入中国版图的历史见证，在中国统一的多民族国家形成的进程中具有深远而特殊的意义。

清乾隆《武威县志·建置志》载：“内有大塔，四环小塔九十九，因得名。”公元 1247 年，西藏萨迦派宗教领袖萨迦班智达应蒙古汗国皇子、西路军统帅阔端的邀请，在白塔寺成功地进行了历史性的会谈，即“凉州会谈”，颁发了《萨迦班智达致蕃人书》。从此，西藏正式纳入中国版图，成为中国领土不可分割的一部分。主要景点有复建的白塔寺塔林、白塔寺遗址、萨班灵骨塔、荷花池、凉州会谈纪念馆等。

此外，这里还举办“白塔灯展祈百福，丝路大观贺新春”新春灯展。期间，艺术灯展、灯谜竞猜、光影互动、社火表演、凉州舞狮、攻鼓子、焰火晚会、灯具售

白塔寺

卖等活动贯穿整场灯展，集赏灯、游乐、观景为一体，有看头、有玩头、有买头，武威历史民俗文化可见一斑。春节期间若来武威观灯展是不错的选择。

天梯山石窟

出武威城向南走 50 千米，就到了天梯山石窟。天梯山山峰巍峨，陡峭峻拔，高入云霄，山有石阶，拾级而上，道路崎岖，形如悬梯，故称天梯山。

石窟在天梯山南面黄羊河水库沿岸，开凿于东晋十六国北凉时期，有“中国石窟鼻祖”的说法。当时的天梯山石窟有 230 多名僧人，以后各代多次兴建，明清为藏传佛教寺院。现存的主体建筑是一座高约 30 米的大佛窟，内有大佛如来坐像。大佛左右两边站立迦叶、阿难二弟子，普贤、文殊二菩萨，广目、多闻二天王，造像技艺很高，形态逼真。大佛两侧延伸数十米，砂岩崖壁上凿有三层洞窟，大小佛龛 17 个，佛像超过 100 尊，以及魏、隋、唐时期的汉、藏写经和初唐画像等珍贵文物，其中的大部分因修建水库已搬到了甘肃省博物馆。

天梯山石窟前，夏日湖光波影，冬日冰封数十里。初春，冰湖上时时传出水下冰块融裂撞击的声音，如雷声，入耳不绝。

♥ 到这里游览，一要携带广角镜头拍摄；二要注意冰上安全。

弘化公主墓

弘化公主墓在武威城南 15 千米的南营水库山巅。

弘化公主又叫“光化公主”，武则天时，改封“西平太长公主”，公元 622 年即唐高祖武德五年，出生在唐王朝的宗室之家。弘化公主才貌双全，为了汉与吐谷浑两族之间的团结，年仅 18 岁就远离长安，来到遥远的异乡，与吐谷浑青海王诺谒钵成婚，使唐与吐谷浑的关系很快得到改善，友好往来频繁。弘化公主活了 76 岁，于圣历元年（698）去世，公元 699 年 3 月 18 日安葬于凉州南阳晖谷之山南。

汉明长城遗址

凉州区长城镇位于凉州区东端，三面为腾格里沙漠环绕，是沙海中的一片绿洲。保存较好的月城墩汉明长城遗址就在这里。

汉明长城遗址

举世闻名的万里长城，是中华民族的伟大创举，被称为“世界上最伟大的军事防御工程”。汉辟河西四郡后，汉武帝为了保住河西，切断匈奴与羌族的联系，保证丝绸之路的畅通，开始修筑长城。每隔五里或十里筑烽火台，设戍卒瞭望。在武威境内沿沙漠边缘而筑的汉长城，东与古浪县境内圆墩子滩汉长城相接，沿红水河岸，向西至九墩滩，计约100千米。其中，长城乡月城墩一段，保存较好，残高6米，基宽2.5米，有烽燧20余座，现仍可见。

明万历年间，朝廷为了巩固和加强武威军事防御能力，防御元朝残余势力的进攻，又在汉长城基础上增修了百余里坚固的“边墙”。现在，武威境内明长城大部分完好。

汉、明长城可谓河西走廊一大奇观。

沙漠公园

沙漠公园位于武威城东22千米处的腾格里沙漠前缘凉州区长城镇，面积约800公顷，是我国第一座融大漠风光、草原风情、园林特色为一体的沙漠公园。被誉为“沙海第一园”，是甘肃省沙生植物自然保护区。

这里沙丘起伏，百草丛生，栽植沙生植物500多万株，20多个品种，绿化率达80%以上。放眼四望，满园里开满了马兰花、长穗柽柳花、沙枣花、野枸杞花、白刺花、花棒等。沙漠公园里不但有成片的白蜡、椿树、柳树、文冠果，还有稀有濒危的荒漠植物刺山柑、山冬青、白梭梭等。沙生植物中，除引自河西走廊外，许多是来自国内外的旱生植物和园林观赏植物。有阿尔及利亚的沙拐枣、黎巴嫩的旱生油瓜、德国的水飞蓟。

园内亭台不绝，趣味多多。沙漠公园内有占地4000平方米的游泳池、高32米的观景塔以及跑马场、赛驼场、沙浴场，有陶心阁、鸳鸯亭、桃花亭等风格不同的亭台建筑，登高东望又可见万顷沙海和迤逦于沙海中的汉、明长城烽燧。还可体验沙浴、水浴、滑沙、骑骆驼、游泳、狩猎以及观看沙漠日出、日落等一系列独特的活动。

古浪战役纪念馆

古浪战役纪念馆

古浪战役纪念馆（前身为红军西路军古浪烈士陵园）位于武威市古浪县，占地面积 15 万多平方米，馆藏革命文物有 926 件 。

在红军西路军西征过程中，红 9 军 6000 多人取道古浪南部山区西进，经干柴洼、横梁山、古浪三场艰苦鏖战，2400 多名将士壮烈牺牲，军参谋长陈伯稚、25 师师长王海清、27 师政委李德明、继任政委易汉文等 20 多名军师团级干部英勇献身。

为缅怀先烈、激励后世，从 2002 年起，古浪县委、县政府筹资近千万元建成西路军烈士纪念碑、红 9 军烈士墓、展览厅、军英亭、缅怀广场等建筑。陈展内容有鏖战古浪、鱼水情深等，集中展现了红西路军在古浪境内浴血奋战的革命历程。

为进一步发挥纪念馆的宣传教育作用，古浪县于 2012 以来建成建筑面积达 4300 平方米的纪念馆、占地 2000 平方米的纪念广场。2015 年 5 月，古浪县又启动实施了纪念馆陈展布展项目，展厅分两层，陈展面积 2800 平方米，设有“挥师进河西、组成西路军、突围干柴洼、阻击横梁山、血战古浪城、血染战旗红、丹心

昭日月、浩气永长存”等 8 个部分 33 个单元。纪念馆以厚重的历史、翔实的资料、新颖的形式展示了红军西路军当年在景泰、古浪、永昌、高台等地浴血奋战的悲壮战史。先后完善了基础设施建设项目，并配套完成硬化、绿化、亮化等附属工程。

近年来，古浪战役纪念馆不断延伸红色纪念馆的教育功能，在馆内增设《会说话的文物——西路军遗物》《铭记西路军——奋进新时代》等专题展览，在讲解中融入时代楷模“八步沙六老汉”接续奋斗让荒漠变绿洲的奉献精神，通过近 40 多块展板和 200 多幅照片以及党旗、党徽、党章实物，让文物“说话”，让历史“发声”，全面准确地回顾和重温党的建立过程、党旗的诞生历程、党徽的丰富内涵、历届领导人对西路军的评价、新中国的成立及改革开放的成果，再现了一幅幅波澜壮阔的红色历史画卷。

为了让广大游客在体验中感悟、在感悟中提升，古浪战役纪念馆充分利用现有的声、光、电、微电影等现代化设备，创新宣传方式，丰富宣传内容，提升布展效果，通过现场讲解、专题讲座、情景再现等方式，向广大党员干部和游客讲述红军西路军将士在古浪县境内“干柴洼突围战”“横梁山阻击战”“古浪城争夺战”中为民族解放英勇奋战的红色故事，将故事讲述与情景再现和专题布展有机融合，强化沉浸式体验，让珍贵的史料、图片成为鲜活的红色教育课堂。

自 2002 年以来，古浪战役纪念馆（遗址）先后被命名为“全国红色旅游经典景区”“甘肃省中共党史教育基地”“甘肃省爱国主义教育基地”“甘肃省精神文明先进单位”、国家AAAA级旅游景区、驻甘、驻武部队红色教育基地、“武威市国防教育基地”“古浪县党员干部党性教育基地”、武威市首批旅游研学基地，已成为广大党员干部接受革命传统教育、弘扬红军精神、坚定理想信念、加强党性锻炼的重要基地。2011 年 4 月，红军西路军古浪县战役遗址被列入全国红色旅游经典景区名录。

神州荒漠野生动物园

神州荒漠野生动物园于1994年经原国家林业部批准，在甘肃省濒危动物研究中心基础上设立，位于武威城东北约20千米处，是一个集生态观光、动物观赏、休闲度假和科普教育为一体的大型野生动物园。主要景点有动物展览观赏区、沙产业馆、钓鱼池、室外游泳池、沙漠赛车场、啤酒广场、神州休闲园等。在野生动物园，存养的珍贵动物有赛加羚羊、普氏野马、金丝猴、野骆驼、野驴、扭角羚、白唇鹿、梅花鹿、棕熊、黑熊等国家一、二级保护动物16种200多头（只、匹）；建成百鸟苑、鸵鸟馆、羊馆、雄鸡馆、宠物馆等动物馆舍2100平方米。引进孔雀、大天鹅、黑颈鹤、鸳鸯、鸵鸟、红腹锦鸡、岩羊、阿拉伯狒狒、浣熊等各类观赏动物41种300多只（头）；建成800平方米的标本展览馆，制作展出各类动植物标本800余件。

天祝小三峡

天祝藏族自治县在武威以东132千米处，是武威地区距兰州最近的一个县。这里地势险峻，多森林和湖泊。从兰州一路走来，可看见马牙雪山、乌鞘岭。近年来，已开发天祝小三峡、石门沟和天堂寺、华藏寺、石门寺等藏传佛教寺院，与兰州境内的吐鲁沟、鲁土司衙门、现代的都江堰——引大入秦工程（渠首）成环线游程。

从天祝县城西北前往祁连山纵深途中，有一条近于平行的、长达数十千米的峡谷群，即朱岔峡、先明峡、金沙峡，十分壮观。这是在四亿年前造山运动强烈挤压作用下，所呈现出的一系列的断裂形态。朱岔峡自北向南排列，为天祝三峡之首，它全长20千米，是三峡中最长的一条峡。

进入园区，从东头到西口，全是山势高峻、河道深切的峡谷。谷底幽深、森林茂密、草绿水清，时而开阔，时而狭窄；两岸奇峰突起，绝壁高悬，瀑布飞霞，气势磅礴；峡谷陡窄处，两面山峰林海遮天蔽日，蓝天如带。除自然景观外，区内尚有丰富的人文旅游资源。其中有令人神往的藏族草原风情、雄伟壮观的藏传佛教圣地名刹——唐代的天堂寺、宏伟的“引大入秦”自然灌溉水利工程等以及天祝高原藜麦网红打卡地——哈溪。

再前行便是天堂寺，可参观寺旁的引大入秦工程渠首。南距天堂寺 10 千米，便是金沙峡，这里以奇险峻秀著称，农家山庄设有夜宿帐篷旅店。看完金沙峡，折回峡口，继续沿着大通河南下，便来到先明峡口。峡内峰峦叠嶂，松柏盘根岩隙，姿态奇特。此外，这里可参观引大入秦工程落差达 107 米的先明峡倒虹吸。入三峡，有如置身于天然的艺术长廊之中。

从先明峡南行，顺道可游览永登吐鲁沟森林公园，并参观连城鲁土司衙门，然后经海石湾返回兰州。

天祝森林

冰沟河景区

冰沟河景区是集自然风光、生态旅游、休闲度假为一体的国家4A级旅游景区。位于武威市天祝藏族自治县西北部，祁连山东端，距武威市区45公里，属天祝藏族自治县祁连镇管辖。景区因祁连山冰川融化形成的河流——冰沟河而得名。

景区总占地面积为9310公顷，地势西南高东北低，海拔在2050～4874米之间，高气温25℃左右，低气温零下20℃左右，年平均温度5℃左右，空气富含负氧离子，是城市的近千倍。景区内涵纳了祁连冰川、阿弥完智雪山、柴尔龙海天池、尼美拉大峡谷、马兰花大草原、弘化牧场、原始森林、高山草甸等自然景观。

景区内度假村、特色餐厅、购物街等接待设施一应俱全，是休闲、度假、疗养、健身、拓展训练、民俗体验的理想之地。

马牙雪山峡谷地质公园

在通往三峡的途中，有雪峰耸立云霄，这就是为地质学家所向往和关注的马牙雪山峡谷。它呈西北—东南走向，东西长约45千米，南北宽约10千米，地处祁连加里东期造山带中段，介于北中祁连之间的复杂构造区域。区域构造形迹多样，岩石变质变形强烈，完整地保存了4亿年前的古老造山运动及其地壳演化记录，

哈溪藜麦

是我国早古生代造山带最典型的发育地，是解析大陆板块构造及其动力学机制不可多得的天然场所。2006 年 1 月，被批准为甘肃省级地质公园。

雪山脚下有绵延 10 余千米的茵茵草场，每年农历六月十三日，当地牧民都要在马牙雪山举行盛大的祭天池活动。天池被峭壁和悬崖紧紧拥抱，面积约 50 万平方米，形似月牙，池水清澈湛蓝，四季如常，被牧民视为圣池。有一巨石耸立于马牙雪山山顶，中间裂开一缝，仿佛利刃劈就。相传格萨尔王当年出征时，曾用此石试剑，故名“试剑石”。每到七八月份，若在山顶大声喧哗或大吼一声，立时便会雷声大作，云雾密布，顷刻间大雨直泻而下，令人防不胜防。须臾，又雾消云散，那白雪皑皑的雪峰在碧绿草原的映衬下，重新呈现眼前。

天堂寺

位于天祝县城南约 120 千米的天堂寺，是天祝藏族自治县的大寺之一。寺院背靠八宝山，大通河由西向东从天堂寺前流过。这里气候温和，森林茂密，素有“天祝江南”之雅称。天堂寺历经沧桑，几度兴衰，从唐以来一直为藏传佛教圣地。1978 年该寺重修，现有僧人 30 名。

石门寺

出天祝县城西行 10 千米，两座山峰突然靠拢，两道陡立的石壁巍然屹立在眼前，这就是石门。石门寺建于明崇祯初年（1628），清顺治九年（1652），五世达赖进藏途中，曾到过石门寺。

入石门，蜿蜒的公路从高山峡谷中穿过，天地豁然开朗，呈现在眼前的是一幅迷人的草原风光，这里便是土城草原。漫山遍野的牛羊、五彩缤纷的野花缀满草原，前呼后拥的峻峭峰峦，萦绕在耳畔的百灵鸟的欢歌，会使人感受到大自然的美妙情趣。

海藏寺

在武威市西 2.5 千米处，因寺周围林茂泉密，犹如海中藏寺而得名。据推测，寺庙建于宋、元之间，后遭兵燹，明代成化十七年（1481）复建，明宪宗赐名“清化禅寺”。

寺庙占地面积 13464 平方米。寺前有一座三间三层的木牌楼，古意盎然。进山门依次是大殿、灵钧台、天王殿、无量殿。寺周围溪流纵横，绿树环绕，现已成

海藏寺藏经阁

为当地的公园。

♥ 请勿大声喧哗，勿随意刻画、乱摸。

皇娘娘台遗址

皇娘娘台，原名“窦融台”，位于武威市西郊 2.5 千米处，与甘肃凉州皇台酒厂毗邻。武威已发现新石器时期的文化遗址约 20 处，皇娘娘台遗址就是其中具有代表性的一处，属齐家文化遗址。

民勤沙生植物园

中国最大的沙生植物园——民勤沙生植物园，始建于 1974 年。植物园占地 67 万平方米，长 1100 多米，宽 550 多米，是我国第一个建在北方荒漠里的植物园，是沙生、旱生植物的引种培植中心，主要从事发掘沙区野生植物资源、选育良种和繁殖推广等工作，同时开展荒漠植物的生物学、生理学、生态学的特性观察、测定及探索经济利用途径的试验研究，为发展荒漠地区的林牧农副业提供优良种苗、技术支持和科学依据。

高大的胡杨树如绿色的屏障把植物园层层围护起来，园内规划有引种圃、育苗圃、收集区、选育区、采种区和自然保护区。引种圃里有从北美引进的火炮树、从德国引进的水飞蓟、从西亚引进的阿目浑子，还有从黎巴嫩引进的旱生油瓜等；育苗圃内，培育着非常珍贵的 30 多种沙生植物，有阿尔及利亚的沙拐枣，有俄罗斯的银槐；收集区是植物园最重要的部分，现已从海内外收集乔木、灌木和草本植物等 450 多个品种；自然保护区内，高大的沙包接连不断，沙包上长着红柳、白茨和梭梭。美丽的沙生植物园中，鸟儿欢唱，狐狸、金雕出没，蜜蜂、蝴蝶盘桓于花间草丛。爬上横穿园内的明代长城烽火台，远望这栽满各种沙生植物的林园，感觉整个林园就像瀚海中的绿色群岛，显示出无穷的魅力。

金昌 *Jinchang*

——看火星的地方·世界的镍都

火星1号基地

过了武威，向西再行100千米左右就是金昌市。这里四周山塬丘漠合围，地形复杂险要，东沿沟川达武威，南出祁连通青海，北过龙首山可达内蒙古，西连山丹、民乐县，为扼河西走廊之“蜂腰”。

金昌市辖金川区和永昌县。金昌市原属武威地区永昌县，古称“番和县”，1958年在白家咀发现仅次于加拿大萨德伯里的世界第二大硫化铜、镍等多金属矿后，迅速崛起为中国西部重要的工业城市，有“镍都”之称。新建的火星1号航天科普基地使金昌旅游大热。此外，这里有新建的紫金花城、金水湖景区、骊靬古城大景区，有新石器时代的鸳鸯池遗址、二坝遗址、西汉的鸾鸟城遗址、汉明的长城及城障烽燧，有为数众多的汉墓群，有晋代的焉支城遗址和云庄石窟、盛唐的圣容寺塔、西夏的石刻、元代的斡耳朵城，有明代的钟鼓楼、北海子塔，有巴丹吉林沙漠魔鬼城等胜迹。此外，从金昌还可驱车去内蒙古巴丹吉林沙漠巴丹湖景区探险旅行。

Tips

金昌至周边地区短线旅游

- 金昌市—钟鼓楼—花文化博览馆—紫金花城—金水湖景区
- 金昌市—永昌骊靬古城遗址与古城景区
- 金昌市—火星1号基地
- 金昌市—北海子—圣容寺
- 金昌市—镍矿工业旅游
- 金昌市—巴丹吉林沙漠探险

钟鼓楼

在永昌县城中心的四街交汇处，有一座建于明代万历十五年（1587）的钟鼓楼。楼建于高台之上，台平面呈方形，为夯土版筑，四周包砖，东西南北中轴辟门，贯通四条大街。楼高 24.5 米，东西宽 22 米，南北长 23 米。楼阁重檐，庑殿顶二层三檐，檐柱和门旁镌刻着王萌薛撰写的楹联，一联为："拔地而起，擎叩钟楼开文运；顶天立地，襟揽日月育英才。"另一联是："四百年名胜，尽揽氤氲佳气；八千里山河，普度馥郁新风。"联语简短明快，令人回味无穷。

站在楼上极目远眺，可东览凉州胜景，南望祁连冰雪，西看云庄铺翠，北赏柳池漾月。

紫金苑

紫金苑是金昌市的核心景点之一。这里曾是杂草丛生的戈壁滩，在金昌人的努力下，变成了今天紫金花飘香的浪漫花海。景区南北长 660 多米，东西宽 570 多米，总占地面积约 38 万平方米。这里既有波光粼粼的紫嫣湖、朦胧的樱花岛，还有各具特色的香草花卉园、药膳花卉园、"不能忘却的记忆"人文主题园。景区种植了 40 多个品种的各类香草花卉，绵延成片的薰衣草、马鞭草、波斯菊扑面而来，琉璃苣紫气袭人、油葵花金灿夺目、百日草清风徐徐，真是绿色如歌，花海如诗，恍如身处普罗旺斯。除此之外，还有一片片其他各类花草，如千屈菜、蓝亚麻、矢车菊、松果菊、醉蝶花、麦仙翁、连翘等，群芳斗艳，场面壮观。

每年春夏秋可观赏不同时节的花卉。

景区还配套建设了集装箱铺、蜂巢宾馆、列车餐厅、木屋别墅、记忆主题休闲园、花文化博览馆等休闲服务设施。为广大游客提供吃、住、行、游、购、娱乐等全方位的周到服务。

花海休闲角落

金水湖景区

金水湖景区位于金昌市市区东部，总占地面积约236公顷，是西北最大的完全由人力建造的人工中水蓄水景观带。景区蓄水池由5个不同面积的湖面组成，水面面积约60公顷，蓄水容量约230万立方米。该工程是为了解决城市污水处理厂建成后的中水储存、利用问题，以中水蓄水池为依托建设的集休闲、观光、生态保护为一体，兼具储存、调蓄和景观三大功能的城市景观工程。金水湖景观建设突出了"自然、野趣"的总体风格，营造了万方安和、骊靬烟云、者来静泊、飞龙点滩、莳天卉屿、渔舟唱晚、水木自清、滨河绿带、生态康体活动区、老年活动区、生态教育区、拓展运动区等景区景点。

花文化博览馆

坐落在市区的花文化博览馆是一个以花文化为核心的主题展馆，是紫金花城景区的重要艺术载体。博览馆分为上下三层，有“花之序曲、千古流芳、花意栖居、花满人间、花事清赏”5个板块，内分设13个展区。徜徉在这里，各种仿真的名花奇卉让你目不暇接、美不胜收。同时，展馆又以多种展陈方式和先进科技手段为载体，将科学、文化与艺术相融合，充分阐释了世界上主要花卉的历史、花与城市、花与生活以及花与艺术等方面的内涵，让金昌这座紫金花城既有花的身影，又有花的灵魂。

如果说在户外看到的是花的形态、色彩等外在的美，而在室内您可以更为全面地了解花的世界、花与人的联系，若与紫金苑、金山湖景区做连线游可互为补充，相得益彰。

火星1号基地

火星1号基地位于金川区北部的宁远堡镇，距离市区约20千米，距离兰州市300余千米，交通网络全面覆盖，与周边城市能够实现快速连接。“火星1号基地”初期是为配合太空探索生存挑战类节目《挑战吧！太空》拍摄而建设的，现已规划为“中国航天员科研训练中心金昌市地外生存技术实验基地”，同时，将打造集航天文化、航天旅游、生态保护、军民融合等为一体的国际旅游示范太空小镇。

项目规划研究区面积为67平方千米，其中，核心区为5平方千米。总建筑面积约为1.3万平方米，包括密闭生态保护系统实验场、室内星球表面环境模拟实验场、室外星球地形地貌模拟及生存训练实验场、星球基地建设技术实验场、地外能源供应技术实验单元和后勤保障单元等六个功能单

火星1号基地

火星车、航天服和探测器

元模块。

文旅项目规划有“太空交流、太空探索、太空生活、太空开拓、航天地外生存实验基地”等五大功能区，及“太空总署、航天地外生存训练实验基地、太空探索营、时空走廊、火星登陆、火星根据地、穹顶之下商业区、星际舰队与银河穿越”等八大核心项目。

中国青少年航天科普项目“太空C计划”以文化、创意、社群三个维度为核心，以文娱、文创、文旅的模式为基础架构，为航天探索这一既遥远又神秘的超级工程增添人文温度，让科技与人文相结合，是向青少年传递航天精神、普及航天知识，激发青少年崇尚科学、探索未知、敢于创新的热情的独特的研学基地。

以上全部项目计划将于 2023 年完成。

圣容寺

圣容寺在永昌县城北 5 千米的青山脚下，它南临湖泊、北濒河谷、西望长城，蜿蜒壮观，为当地的著名游览区。

圣容寺建于公元 561 年，公元 609 年改为“感通寺”。唐时，有数以千计的和尚、丝路过客在此食宿。后历经沧桑，惨遭破坏，但唐塔至今威风犹存，风格与西安市的小雁塔极为相似。

圣容寺的山坡上怪石林立、千姿百态，有石人、石峰、石柱、石猴、石虎、石龟、石蟾。寺周围绿草如茵，渠水清流，林木参天，环境十分幽雅。

圣容寺唐塔

北海子风景区

位于永昌城北 1 千米的北海子风景区，楼阁参差，庙塔相映。穿过幽静的树林，首先映入眼帘的是一座六角重檐彩亭，亭上高悬写有“马踏泉”三个大字的横匾，非常醒目。相传，骠骑将军霍去病西征匈奴，路过此地，兵困马乏，口渴无水，不料马踏沙地，泉水涌出，长年不息，故取名“马踏泉”。

张掖 *Zhangye*

——两条线路的交叉口

七彩丹霞

从武威西行，走出绿洲就进入戈壁沙漠，再次见到绿洲时，就到了河西走廊的另一重镇——张掖。公元前 121 年，汉武帝派霍去病西征，打败匈奴后始设张掖郡，取“断匈奴之臂，张中国之掖（腋）”之意而得名。古为河西四郡之一，是通往西域和南下青海的必经之地。张掖水草丰茂、物产丰饶，有“金张掖”之誉。马可·波罗曾醉心于此，停留长达一年之久。在古代，张掖是东西和南北两条大道的交会点，以至在隋代成为西域诸国前来互市的地方，是当时全国重要的对外贸易场所。盛唐时期，拥有全国最大的军马场。

东西大道是中原通西域的要道，南北大道则是青海西宁至居延和蒙古的大道。由祁连山冰川供应水源的黑河，浩浩荡荡流经张掖绿洲直下沙漠中的居延海。黑河灌溉的绿洲是风光绮丽的地带。古人描写张掖：“一城山光，半城塔影，苇溪连片，古刹处处。”

Tips

土特产：临泽小枣、苹果梨、乌江大米、洋葱。

张掖及至周边地区短线旅游

- 张掖市—七彩丹霞景区
- 张掖市—冰沟丹霞景区—中华裕固风情走廊
- 张掖大佛寺—木塔寺—镇远楼—平山湖大峡谷—市区小吃一条街
- 张掖市—肃南马蹄寺石窟群（如去金塔寺，从马蹄寺出发，沿金马公路东南行约 20 千米便可到达金塔寺）——肃南裕固族民俗度假区
- 张掖市—山丹军马场—焉支山景区
- 张掖市—艾黎捐赠文物陈列馆—大佛寺—山丹新河驿明长城
- 张掖市—张掖国家湿地公园—公航旅·张掖国际露营基地—芦水湾景区

↗张掖市—民乐扁都口生态休闲旅游景区—滨河九粮液文化旅游景区

↗张掖市—高台中国工农红军西路军纪念馆—大湖湾文化旅游风景区—月牙湖景区

镇远楼

镇远楼位于张掖市中心。俗名“鼓楼”，又名“靖远楼”，仿西安鼓楼建造。是河西走廊现存最大的鼓楼。楼为三层，木构塔形，飞檐翘角，雕梁画栋，典雅庄重，完全是中国的传统建筑形式。

镇远楼于公元1507年由都御史才宽负责兴建，清康熙、乾隆、光绪年间曾数次维修。楼上四面悬有匾额：东为“金城春雨”，西为“玉关晓月”，南为“祁连晴雨”，北为“居延古牧”。楼内悬有唐代铜钟一口，由合金铸造，工艺精湛。楼上北面树立着“重修甘州吊桥及镇远楼碑”一块，至今保存完整。

镇远楼

西来寺

西来寺坐落在张掖城内西南隅，是张掖市佛教协会所在地。寺初建于隋朝，后称“慈云精舍”，是普觉静修国师阿扎木苏所创。康熙五十一年（1712），国师将自己的住宅慈云精舍改为寺，建楼五楹，以作藏经之所。雍正十年（1732），定边大将军、平郡王福彭，公务之暇游览此寺，赐金赐额，令喇嘛刘劳藏重修，命名“西来寺”。现在看到的大殿是唐代建筑，殿内壁画是唐、明、清各代留下的。

木塔寺

木塔寺又名“万寿寺”，坐落于张掖甘州广场。始建于公元582年，隋文帝时重建，明、清均有补修。

木塔

木塔是张掖城内五行（金、木、水、火、土）塔之一，为木石结构。塔高32.8米，八面九级，每级八角有木刻龙头，口含宝珠，下挂风铃。塔主体为木质结构，外檐系楼阁式建筑。塔身内壁是空心砖砌，每层都有门窗、楼板、回廊和塔心，窗上雕有花饰，门楣嵌砖雕匾额。整个塔没有一钉一铆，全靠斗拱、大梁、立柱纵横交错相互拉结，是完整、坚固的木质结构造型。塔内附有楼梯，供人攀登，每层都有回廊、扶栏，可倚栏远眺。整座塔高大巍峨，体现了我国独特的楼阁建筑艺术的特点。最上一层有古钟一口，叩之，钟声隐约若在天际，四野皆闻，曾是甘州八景之一。现在全寺经过多次修缮，已成为一个比较完整的古建筑群。

古塔十分珍贵，别忘了留影。

张掖国家湿地公园

张掖国家湿地公园位于张掖市区北约 3 千米处，占地面积 61622 亩，其中湿地 25995 亩，是沼泽湿地、湖泊湿地、动流湿地的复合体。公园内有清澈的湖泊、大面积的芦苇荡、葱郁的树木和草坪花园等众多环境优雅的景观，在西北地区十分少见。湿地公园的观赏内容十分丰富，春天有鸟类迁来，夏天有荷花，秋天芦苇金黄飘荡，冬天还有美丽的雪景。另外，园内是全国距离城市最近的天然湿地，具有丰富的生物多样性，其中有各类植物 195 种，常见动物 116 种。有湿地博物馆、游客接待中心，也是西北内陆最具特色的湿地公园。还有垂钓、观鸟台、自行车、观光车、漂流、游船等众多游乐项目，是张掖市区休闲娱乐的绝佳去处。公园内的景观以湿地芦苇荡为主，有多条清澈的小河在园内纵横交错，几个碧绿的湖泊坐落于河道的中心，在小河和湖边便是茂盛的芦苇荡，每年春夏时，葱绿的景色十分美丽，秋冬金黄的芦苇也是摄影的好景观。除了芦苇之外，园内还有很多树木，

成了一片优雅的湿地风光，在景色粗粝的西北十分少见和独特，沿着木制栈道漫步其中，心情十分舒畅。每年春夏两季，园内便会迁来很多鸟类，天鹅、野鸭等一起游弋在湖水之中，适合喜欢观鸟的游客前来观赏。同时园中的很多花朵也都在此开放，春天有各种野花和沙枣花，夏天湖水中有荷花开放，此时前来拍摄花朵，是拍出佳作的良机。

芦水湾生态景区

芦水湾生态景区位于张掖滨河新区水源涵养区，总占地面积约 3 平方千米，其中水域面积 1.5 平方千米，蓄水量 265 万立方米。景区由 9 个休闲广场、8 座旅游公厕、20 余千米健身步道、1.19 平方千米绿化林地及燕然、云中、居延三湖组成。目前景区内旅游基础设施不断完善，水天一色、碧波荡漾、绿树成荫的基本景观框架已初步形成，生态成效逐步彰显。优美的水域风光和原生态的自然景观给广大游客和市民提供了一处休闲观光、健身运动的绝佳场所，同时为张掖滨河新区的快速发展提供了良好的营商环境和居住条件，现已成为张掖城市发展最靓丽的风景线，被形象地喻为张掖城市的“后花园”和“加湿器”。

张掖国际露营基地

张掖国际露营基地位于甘肃省享有“金张掖”之称的张掖市滨河新区，是西部一流的露营基地。区域内设有游客接待中心、房车住宿区、集装箱住宿区、木屋住宿区、帐篷露营地，是继康县长坝露营地、北海子湿地自驾游露营地、黄河三峡露营地之后，甘肃省公航旅集团投资打造的省内第四个自驾车房车露营地，也是甘肃省公航旅集团打造的首个标杆性综合露营基地，是甘肃投资最大、功能最齐全、业态布局最完善的旅游综合体，其定位为“丝绸之路河西走廊段自驾游交通枢纽集散中心”“西北青少年知名研学旅行标杆基地”，集“自驾+露营+研学教育+户外拓展”的经营模式，是集城市健身休闲、体育拓展、露营住宿、餐饮购物、娱乐观光、自驾车维修补给等功能为一体的露营基地。该区占地面积 24 万平方米，

总投资19亿元。一期投资额4.7亿元，主要完成了国际露营基地工程，二期工程正处在前期设计阶段。一期工程游客服务中心、接待中心、露营住宿区、公共游乐区和汽车配套服务中心、生态停车位六个功能区已完成建设，经济型酒店即将投入使用。其中，游客服务中心结合域情，依托省内优质自然资源、丝路文化资源、民俗文化元素，打造集“民俗、人文、历史”于一体的、不同于普通住宿的文化集中体验场所；露营住宿区打造房车、木屋、集装箱、大型户外帐篷等特色多元的露营地住宿文化体验；公共游乐区设有老少皆宜的“贝乐谷游乐园”以及为研学教育打造的集中训练区；接待中心包含接待室、办公室、商店、医务室、卫生间和其他必要的服务设施，为露营者提供入住、结账、网络预定、信息咨询和对周边旅游胜地的观光介绍等服务项目。

张掖丹霞国家地质公园

丹霞是指红色砂砾岩经长期风化剥离和流水侵蚀，形成的孤立的山峰和陡峭的奇岩怪石。张掖丹霞地貌发育于前侏罗纪至第三纪，距今已有一亿八百万年至两亿四千万年，是国内唯一的丹霞地貌与彩色丘陵景观复合区，被称为“活的地质史教科书”。

张掖丹霞国家地质公园位于临泽县和肃南县及甘州区平山湖蒙古族乡，分为北、南两大群，中间夹张掖绿洲盆地，二者遥相呼应。北群地势相对平缓，主要以单斜脊为主，以山体纹理、脉络清晰见长；南群以交错层理、四壁陡峭、垂直节理、色彩斑斓而称奇，是张掖丹霞地貌的主要分布区。张掖丹霞群构成了我国干旱地区最典型和面积最大的丹霞地貌景观，是中国丹霞地貌发育最大最好、地貌造型最丰富的地区之一。现已开发以下三处景区。

七彩丹霞景区

七彩丹霞景区，是国内唯一的丹霞地貌与彩色丘陵景观复合区。地处祁连山北麓，位于甘肃省张掖市临泽县城以南 20 千米，专家认为是中国丹霞地貌发育最大最好、地貌造型最丰富的地区之一，是中国彩色丹霞的典型代表，具有很高的科考和旅游观赏价值。2011 年，张掖丹霞地质公园被美国《国家地理》杂志评为世界十大神奇地理奇观之一。2015 年，张掖丹霞地质公园被全国多家知名网站评选为全球 25 个梦幻旅行地之一。

张掖七彩丹霞地貌色彩之缤纷、观赏性之强、面积之大冠绝全国。

♥ 在这里可以开展峡谷探险、地质科考、民族风情体验、自驾越野等活动。

丹霞口小镇 · 情景剧《回道张掖》

2019 年，在张掖丹霞国家地质公园门外，建起了一座大气的旅游度假石头小镇，旅人至此仿佛一下子就嗅到了西北久远的烟火气。

这座小镇面积达 200 亩，投资已达 6 亿元。庞大而规整的院落群，蜿蜒有序的街道，宛如古丝路上的一座城池。旅人下榻的客栈由 6 座四合院和 2 座阁楼组成，所有的外墙全部由鹅卵石建成，内墙则是原木包裹。连通整座小镇和院落的大路小径也都由石板、鹅卵石铺就。每一座四合院又都院子套着院子，房间是上下二层的小楼，因为院子大小不同，每个院落里有小楼四座到五座，每座小楼里面有客房四间到五间。目前共有客房 125 间，除了传统的大床房、标间、三人间之外，还有适合家庭出游的亲子间、亲子套间等多种房型。

七彩丹霞景区

《回道张掖》剧照

这座小镇又是充满温柔和时尚的，高高的院墙似乎采撷了马头墙向着云端的美。从外面走过，能感受到这种拙朴中的清雅。沿着主街有一条长长的小河穿城流淌，一座雕花廊桥好似河上的眼睛，引人顾盼，也衔接起了往来岸上的脚步。岸上垂柳依依、鲜花丛丛，相拥着随河流蜿蜒，阁楼上酒肆里飘着老白干的浓烈和咖啡的馥郁，河畔每晚还有大型音乐喷泉、弱水喊泉、水上拓展、篝火晚会等活动，这些项目仿佛融化了西北粗犷的硬度，旅人们既可在恣肆中宣泄，又能于超然中放松。

一段长480米的“张掖味道”的美食街热闹非凡。在这里，汇集了50多家店铺、上百种美食，是西北最大的美食汇集地。其中油泡泡、搓鱼面、蒸饼、牛奶醪糟、红焖牛筋、羊肉垫面卷等西北传统风味是小镇内游客赞不绝口的美食。当然，各种地道的小吃离不开地道的有机食材。河畔餐厅则是目前张掖最大的团餐厅，面积2400平方米，可同时容纳800～1000人用餐，并配备3个贵宾接待室。菜品除了西北菜，也有鲁菜、川菜、京菜。

徜徉于石头镇里，历史的光影会在不经意间照进眼帘。这里有与整体建筑融为一体的民俗展厅。按照朝代布展，分为宋、明、清以及民国四个时期。内容主要表现当时的时代特征以及人们的生活、风俗习惯，使人可以领略到河西手工制作、农耕文化的过往风貌。此外，还在河西走廊主题街区举办以历史真实故事为原型，融入现代化表演方式创作而成的开城迎宾、彩楼招亲等五大主题氛围演艺，生动而又富有民族特色，能让人触及张掖民俗文化的灵魂。

让人意想不到的是这里有一座有着相当水准的剧场和一台震撼人心的情景剧《回道张掖》。整部剧把汉武帝“张国臂掖”的经略基点放在北方匈奴与整个西域各民族博弈的广阔视野中，而非仅仅是中原与匈奴的较量，揭示了古丝绸之路开通的重要意义，使这部剧胜在了高处。再者，舞美、表演也都有相当的亮点。整部剧由“天赐丹霞、张国臂掖、古邑甘州、炀帝西巡和邦国会盟”五幕组成，以西汉至隋唐时期张掖的光荣与梦想为创作背景，通过

丹霞口小镇

“天之道、兵之道、商之道、和之道和回道”五个独特的视角，采用蒙太奇手法，结合当代最先进的舞台设计，展现沙尘暴、暴风雪、海市蜃楼、山崩地裂、市井繁华等极度震撼的视觉效果，让观众身临其境，如梦如幻。如果说，走进小镇，通过民俗展示，对张掖的历史还只是浅显的认识，而《回道张掖》则把您带向历史的深处。

丹霞口旅游度假小镇地理位置优越，距七彩丹霞景区北门 2.8 千米，距冰沟丹霞 19 千米，距康乐草原 36 千米，距大佛寺 45 千米，距张掖国家湿地公园 38 千米。无论客从哪里来，这里都是掸掸旅尘即可落脚安歇的自家宅院。

冰沟丹霞景区

冰沟丹霞景区位于甘肃省张掖市肃南县境内，东距张掖市区 45 千米，西距肃南县城 41 千米。冰沟丹霞景区是张掖丹霞国家地质公园主要景区之一，属于南群部分，它是中国干旱地区最为典型的丹霞地貌，同时也是中国发育最完整、造型最为奇特的丹霞地貌之一。

冰沟丹霞海拔在 1500 米至 2550 米之间，景区总面积达 300 平方千米，景区内广泛分布着丹霞崖壁、石墙、石柱、尖峰、丘陵等地貌形态，尖峭挺拔，连绵不断，气势宏伟。冰沟丹霞以“雄险神奇”而著称，被誉为“天下第一奇观”。

景区核心游览区约 120 平方千米，分为小西天景观区和大西天景观区。

冰沟丹霞以砂岩地貌遗迹景观为主体，是国内窗棂状宫殿丹霞发育最好、规模最大的地质地貌遗迹，是砂岩窗棂状构造的命名地，被评为“窗棂状宫殿式丹霞地貌中国第一”，有极高的观赏和科研价值。这里还是影视人和摄影家的天堂，诸多影视作品也在冰沟丹霞取过景。

在悬崖峭壁之上，细观山体，会发现无数形似佛宫、佛塔、佛龛、佛像的景物，形象各异，栩栩如生，令人拍案叫绝，是世界上第一个基于丹霞地貌的与佛教相关的文化地质公园，被誉为“天成佛国”。

冰沟丹霞另一个神奇的地质形态，就是宫殿式丹霞地貌。这种地貌由山峰和巨石组成，犹如欧洲中世纪的城堡和宫殿，这些宫殿布满了核心景区的各个角落，

冰沟丹霞景区

惟妙惟肖，气势磅礴，成为整个景区一道靓丽的风景。景区里宫殿式地貌的精华，是一座叫作“卢浮魅影”的山峰。

站在冰沟之巅，不仅可以将丹霞美景尽收眼底，还可以远眺变化莫测、气象万千的皑皑雪山。冰沟丹霞风景区地处裕固族风情走廊旅游线路的起点，景区周边居住着裕固族和蒙古族居民。

在大西天景观区依次可以游览“祁连火炬、鹰头岩、金驼情深、金蟾观霞”等生动形象的景观。

景区已建成游客服务中心、裕固族特色酒店冰沟山庄、演艺中心、停车场、商铺、厕所等配套服务设施，可最大限度地满足游客吃、住、行、游、购、娱等方面的需求。

平山湖景区

平山湖景区位于张掖市甘州区平山湖蒙古族乡，距离市区约 56 千米，是迄今为止中国离城市最近的集自然奇观、峡谷探险、地质科考、民族风情、自驾越野等于一体的复合型旅游景区。被《中国地理》杂志及中外知名地质专家和游客誉为

张掖平山湖地质公园

“比肩张家界”“媲美科罗拉多大峡谷”的丝绸之路新发现。

张掖平山湖大峡谷海拔高度在1500至2550米之间。大峡谷形状极不规则，峡谷两岸北高南低，蜿蜒曲折，大致呈东西走向，长约45千米，宽度在2千米至25千米之间，总面积约150平方千米。

峡谷以流水沟壑为基本特征，山势低且平缓，以沙石山为背景。主要以红白和赭红色为主色调。其地质构造属于红层地貌，所谓“红层”是指在中生代侏罗纪至新生代第三纪沉积形成的红色岩系，一般称为“红色砂砾岩”。这种特殊的地貌特征是经过亿万年地壳抬升，大自然风蚀、水蚀和化学溶蚀作用而形成的。在侵蚀期间，高原中比较坚硬的岩层构成河谷之间地区的突起，而河谷里侵蚀作用活跃，就造成了平台型大山或堡垒状小山。大峡谷从谷底到顶部分布着从寒武纪到新生代各个时期的岩层，层次清晰，色调各异，并且含有各个地质年代的代表性生物化石，又被称为“活的地质史教科书”。

肃南草原上的裕固人家·马蹄寺石窟群

裕固族是甘肃省独有的民族，起源于古代回鹘（回纥）和蒙古族。在祁连山北麓，到处可见一顶顶白色的帐篷点缀在连绵起伏的草原上，犹如朵朵白云飘落大地，那就是裕固人家。裕固族男女能歌善舞，服饰最具特色，民族风情独特。

回鹘原来驻牧在仙娥河和温昆河流域，唐代，回纥遣使入朝，请求唐朝允许改称回纥为“回鹘”，“意取回旋捷如鹘也”。公元9世纪中期，回鹘一支由温昆河流域迁来河西走廊，史称“河西回鹘”，曾和唐、宋王朝有密切往来。11世纪中叶，河西回鹘因和西夏交战，各部落迁往嘉峪关外放牧。明初，为了便于统治，朝廷将关外官民迁入关内安置，定居在祁连山一带。中华人民共和国成立后，取与“尧乎尔”语言相近、兼取汉语富裕巩固之意的“裕固”为族名。

复杂的民族渊源使裕固族语言有东、西部之分，西部裕固族使用“尧乎尔”语，属阿尔泰语系突厥语族；东部裕固族使用“恩格尔”语，属阿尔泰语系蒙古语族。有语言无文字，口头文学极为丰富。裕固族在历史上信仰过萨满教、摩尼教、佛教，明中叶以后信仰藏传佛教格鲁派。

裕固人头戴毡帽，妇女的毡帽前缘镶有两条黑边，帽顶缀着红线穗子，很有古代巾帼英雄的风度。她们到了结婚年龄，就把头发编成许多小辫，再合编成三条大辫，两前一后垂放；还用珊瑚珠、海贝、绿或蓝色的石片和各色丝线编织成各种几何图形作为发饰。裕固族服装的特点是高领、大襟、宽腰、大袖。妇女的衣领、袖口都有刺绣花边，绣着花鸟虫鱼，色彩鲜艳，形象生动。

裕固族姑娘出嫁时，新娘和送亲者骑着大马和骆驼，途中边行边唱边饮酒。路上，男方要铺一块毡毯，专设一顶接待新娘的帐篷，并在不远处准备好款待客人的羊肉、酒和敬送的哈达。人们休息一会儿，送亲的主事者要指定他们中的善骑者两人组成一组，先由第一组挥鞭纵马，直奔到接待新娘的帐篷外绕三圈回来，再由下一组依次而行。这时，男方家的妇女在帐内敲打帐篷，以惊吓送亲者绕跑的马匹，帐外的男人们个个奋力去抓客人的马匹，互相逗乐，并有人手持一破碗去打客人的马后腿，这样是“避邪”。当送亲的客人再次启程后，仍一路高歌饮酒，直奔男方住地。新娘到大帐篷门口时，新郎取下新娘帽顶上的蓝布条，随即系在箭头上射出，然后折损弓箭抛弃。

裕固族牧民十分好客。每当家中来客，他们先用奶茶招待，随后用手抓羊肉和青稞酒款待。但客人必须记住，进帐篷前要把随身携带的枪支、弹药、牧鞭和生肉取下交给主人代管。进帐篷入座时要男左女右。当主人请人用餐时，客人不得走动。

裕固族牧民的日常饮食是一天三茶一饭，即喝三次酥油炒面茶，吃一顿面片或米粥，有时也吃烤馍或烤花卷等。

来到康乐草原，参观石窟、古遗址之余，融入记忆中最深刻的印象莫过于裕固族风情了，从欣赏服饰、饮酒对歌、参加婚礼到在篝火边和裕固同胞携手跳舞，无一不奇，无人不陶醉。

马蹄寺石窟群

马蹄寺石窟群位于肃南裕固族自治县马蹄区境内，距张掖市区 62 千米。石窟群包括金塔寺、千佛洞、南马蹄寺、北马蹄寺和上、中、下观音洞等 7 个小石窟群，每个石窟少则两窟，多则 30 余窟，总共有 70 多个洞窟。

驱车出张掖南行，穿过一个绵延数千里的戈壁滩，就来到了祁连山脚下，再翻过几道山梁便到了祁连山系的支脉临松山区。这里草原起伏，山环水绕，满地青草。“天下名山僧多占”，自汉以来，一座座大大小小的佛龛寺洞便被开凿在方圆 5 千米高高低低的悬崖峭壁间，最后组合成了壮观的石窟群落。

离马蹄区政府不远，有一面南北走向、坐西朝东的马蹄山巨型灰白色峭壁。峭壁间隔一道小山冈，洞窟开在悬壁上，便分成了南北两寺。南寺窟少而多浮雕石塔。北寺石窟群的前面，是一片平坦的坝地，据说这里原建有一所很大的寺院。北寺石窟有 30 多个，其中，有一洞窟集群，俗名“三十三天”。“三十三天”北去不远是藏佛殿，大殿的木构建筑早已毁坏，只留下一个构造复杂、规模宏大的洞窟，深度 20 米。

窟分内阵、外阵两部分。内阵为大拜殿，正壁高处开 3 龛，龛前设有高坛；外阵是三道回廊，三面连通，供巡礼者绕行。道宽约 3 米，两面壁间都开龛，共计有 46 龛。北寺中的这种独特构造形式，在我国石窟营造史上是绝无仅有的。

从马蹄寺下山行二三里，便到千佛洞。千佛洞石窟层层叠叠有大约500个佛塔窟龛，外面崖壁上的雕刻石塔，多数已遭风化。此处石塔造型优美、古朴，似为北魏早期作品。塔下方有洞窟，为僧人修禅处。

上、中、下观音洞在马蹄寺东南约10千米处的褐红色石崖上，存有10多个洞窟，沿途可以游览。金塔寺离马蹄寺约10千米，进入一个幽静开阔的峡谷，大堵麻河从峡谷中静静流过。金塔寺在河西岸一条名叫“刺谷沟”的山谷深处。从刺谷沟越向里走，地势渐高，像走进了一条长长的画廊。半小时后，眼前就会出现一片高约百米以上的土红色砂岩峭壁，金塔寺就开凿在距地表约60米的崖壁中部，有一条211级陡峭的石梯可达。两个洞窟均坐北朝南，中有楼道相连。

金塔寺东西两窟的形状、塑像、壁画的风格大体相同，都属北魏时期作品。石窟内容、题材和复杂多变的雕塑是马蹄寺又一精华。

❤ 游“三十三天”时，因洞内路窄，需注意安全。

中华裕固风情走廊旅游景区

中华裕固风情走廊旅游景区是集冰川雪山、原始森林、天然草原、湿地湖泊、瀑布河流、峡谷深涧、丹霞地貌于一域的地貌大观园，为张掖国家地质公园的重要组成部分。景区起点距张掖市区50千米，沿景区榆康路，串联高车穹庐、万佛峡、红西路军纪念碑、裕固文化体验基地、裕固歌舞表演场等，至裕固部落所在地，全长近27千米。景区独享优越山水资源，脉承淳朴人文气质，是集中展示原生态裕固族历史文化和祁连山自然风光的大型活态博物馆。景区以祁连风光为形，以裕固风情为骨，以历史文化为魂，汇聚七彩丹霞之苍茫、旖旎草原之辽远、原始森林之静美、浩渺雪山之圣洁。

裕固族民俗度假区

裕固族民俗度假区位于肃南县红湾寺镇。景区占地面积10平方千米，由隆畅河风情线将景区内各个景点串联起来，形成了集自然风光、人文景观、民族风情、宗教文化为一体的旅游景区。

景区贯穿隆畅河风情线，建有“裕固风情苑、裕固族特色村寨、裕固族非物质文化遗产传承保护中心、红色记忆主题公园、游牧文化中心、裕固族歌舞保护中心、中国裕固族博物馆、裕固民俗博物馆、红湾寺、索朗格赛马场”等重要景点，展示着裕固族千百年来的民俗风情，形成了集自然风光、人文景观、民族风情、宗教文化为一体的旅游景区。

“红色记忆主题公园、石窝会议纪念馆”向世人展示着当年红西路军浴血河西的光辉战斗历史，镌刻着当年西路军魂和革命激情，让我们感悟红色文化的神圣与光辉，追寻革命遗迹，汲取人生的动力。

“中华裕固风情苑自驾游、房车露营基地”隆重推出“气泡星空户外帐篷”、民族歌舞表演、特色美食等旅游服务项目。游客可以亲自体验裕固族民俗活动，奶食、肉食制作过程，品尝喷香的奶茶和独具风味的特色食品。

吉祥的转经轮和肃南县历史悠久的宗教建筑红湾寺，共同造就了一个静谧祥和、庄严神圣的佛教圣地，让你感受宗教文化的神秘与空灵，以及繁华落尽时内心的温暖与宁静。

入夜，熊熊的篝火燃起，裕固族姑娘翩翩起舞，炉火上烹制着烤肉，酒杯里斟满青稞美酒……一洗都市中的凡俗尘嚣，你会感受到无比的惬意。

山丹汉明长城——新河驿旅游区

在山丹县境内，可以看到汉明长城并驾齐驱的壮观场面。山丹明长城全长将近 93 千米。这段长城始终在 312 国道北侧，一直向西延伸到张掖。

新河驿是明清时期的一个古驿站。乘汽车走 312 国道到 2642 千米里程碑时正好穿越古城墙豁口即新河驿路口，那座正方形黄土夯筑的古驿站就在向东 2000 多米处。车到之处可以顺访长城和古驿站。

新河驿已建成一片景区，有一个供游人攀登瞭望的烽火台和一座仿长城而建的小型长城博物馆，还向游人推出骑骆驼或乘木轮马车走一段丝绸古道的旅游项目，并提供简单的食宿、购物、车辆修理等服务。

艾黎捐赠文物陈列馆

“发扬国际主义精神，共仰艾黎；效仿助人为乐胸怀，同建山丹。”这是陇原人民深切怀念路易·艾黎的一副对联。

路易·艾黎，1897 年 12 月 2 日出生于新西兰克赖斯特彻奇市，父亲是一位教师。第一次世界大战期间，艾黎在法国战场上两次受伤，回国后，曾垦荒办牧场。1927 年他远渡重洋，来到中国，从此，把自己的事业同中国人民的命运紧紧联结在一起。1938 年，他同斯诺一道，发起创办了支持抗日战争的“工业合作社”，并得到英、美、新西兰等国进步人士和海外华侨的热烈响应。在不到 4 年的时间里，他建起了西北、西南和东南三个地区的“工业合作总部”和 3600 个规模大小不等的工厂及作坊，容纳了达 30 万的难民、学生与工人，向抗日前线输送了 4 万多名技工及大批帐篷、担架、药品、手榴弹、军毯、军服以及日常生活用品等，直接支持了前方抗日将士。1942 年，他又和英国人乔治·何克在陕西凤县双石铺创办了“培黎工艺学校”。1944 年 12 月，学校由双石铺迁往甘肃省山丹县。在山丹的日子里，艾黎把精力都花在了办学校和培养孩子身上。在当时极为艰难的条件下，他不知疲倦地工作，完全把自己当成了山丹人。1953 年，由于大地震破坏，“培黎学校”被迫迁往兰州，交国家石油工业部继续经办，更名为“兰州石油技工学校”，艾黎仍担任学校的名誉校长。艾黎迁居北京后，仍对山丹眷恋不忘，先后六次重访山丹。1980 年 3 月，他又将自己在中国收藏的 4000 余件文物（包括新石器时代的陶器、甲骨文和历代印章、铜镜及各种兵器、瓷器、玉器、雕塑、货币、写经、古字画等 20 余类）全部赠给了他的第二故乡——山丹。为了表彰这位国际共产主义战士、新西兰杰出的社会活动家、中国人民的老朋友做出的杰出

路易·艾黎

贡献，甘肃省人民政府拨专款在山丹县城兴建了占地 4200 平方米，并以艾黎命名的文物陈列馆。

民乐扁都口生态休闲旅游区

从张掖市区驱车向东南行约 90 千米就到了祁连山一个重要的山口——这就是地处民乐县东南的扁都口。因为祁连山天然地将甘肃河西地区与青海隔开，人们要南北穿越山脉中段，除扁都口一地易于通行外，其余地段都是三四千米以上的雪峰横岭，根本无法通行，所以自古以来扁都口就是河西走廊南部天造地设的

一个重要门户，是扼青海西宁至张掖的要隘。从河西走廊进扁都口，通过一条长约 28 千米的峡谷，穿过祁连山，就到达了青海的俄博。从青海来的商队，出扁都口可以前往张掖，或西行去新疆，或北行去蒙古。西汉张骞出使西域、霍去病征战河西走廊、东晋法显和尚西行求法、隋炀帝西巡会见西域 27 国使节、王震将军挥师解放民乐及一路凯歌西进均取道扁都口。

扁都口现已建起了生态休闲旅游区。生态休闲旅游区位于民乐县东南部，地处祁连山腹地，北距县城 28 千米，海拔 2800 米左右，自然风光得天独厚，万顷油菜花、高原牧场、大斗拔谷、石佛岩画、娘娘坟、黑风洞、诸葛碑等景观靓丽明艳。尤其到了六七月油菜花盛开时节，景色醉人。现建有国际自驾游营地、胶囊宾馆、

扁都口景区

汽车旅馆、烧烤木屋、草地露营基地、生态马道等娱乐设施，是享有盛誉的赏花观景、避暑度假胜地，还是中国西部自驾游示范营地和全国山地户外运动训练基地、甘肃摄影家协会采风创作基地 。自驾游营地入选2013年中国旅游风云榜“自驾游宿营地”十强，万顷油菜花入选中国美丽田园推介活动“十大油菜花景观”。

站在扁都口北望，在辽阔的草原尽头，立着一座与祁连山对峙的焉支山。西汉时年轻的骠骑将军霍去病讨伐匈奴曾在此屯兵。这一代古墓出土有汉五铢钱以及铜箭头和铜弩机。

焉支山出产大黄，故又称“大黄山”。焉支山下草原优美，有3000多年牧马历史。自西汉以来，这里以当地蒙古马为基础，又引进了各种西域良马，杂交培育出了挽、乘、驮兼具的良骥。隋代在此地放养官马10万余匹。盛唐之时，牧马达70万匹。目前拥有1万多匹马。

中农发山丹马场

中农发山丹马场距离山丹县城55千米，总面积2190平方千米。现在是中国最美的六大生态草原之一，是国内最大的油菜连片生产基地，号称“世界第一、中国马都”的山丹军马场就在这里。其绝佳的草原风光，在20世纪80年代被《牧马人》的导演选中拍片以后，《蒙根花》《文成公主》《王昭君》《和平年代》等30多部影视作品也相继在此拍摄，成为远近闻名的拍摄基地。盛夏时节，在雪山映衬下，蓝天白云，草原碧绿，油菜金黄，花海如潮，把酒临风，纵马驰骋，令人心旷神怡，顿觉天地之博大和心灵之净美。目前山丹军马一厂（大马营向东50千米）已开辟骑马旅游、野营、参观赛事马术表演等旅游接待点。

焉支山国家森林公园

焉支山国家森林公园，建于山丹县城南 40 千米处，占地面积 6.81 平方千米，平均海拔 2919 米。景区有“天然氧吧”和“河西小黄山”的美誉，是消夏避暑、度假休闲的旅游胜地。

这里可谓历史名山，人文景观众多。西汉时骠骑将军霍去病率万余大军逐匈奴于大漠之北，匈奴失此山而歌曰“亡我祁连山，使我六畜不蕃息；失我焉支山，使我妇女无颜色。”隋炀帝西巡时，登焉支山诏见 27 国王公使臣，成为历史上有名的“万国博览盛会”；唐代韦应物《调笑令》中写道“胡马，胡马，远放焉支山下。”李白《幽州胡马客歌》留下了“虽居焉支山，不道朔雪寒”的诗句；唐天宝年间（742—756），唐玄宗封焉支山神为宁济公，河西节度使哥舒翰在焉支山修建

山丹马场

了“宁济公祠”；明代，曾修葺该寺，称后寺；万历二十年（1592），山丹卫指挥使朱冠主持修建一寺，称前寺，明代曾任甘肃巡抚的田乐、侯东莱都督和知县张成曾铸大钟一口悬于寺中，后人又称钟山寺。每年农历六月初六，为钟山寺庙会，张掖、民乐、永昌及本县善男信女来此地朝山观景，求神拜佛，习俗一直流传至今。

焉支山自然风光秀美，生长有1000多种植物，生活有鹿、麝、獐、岩羊等几十种野生动物。区内重峦叠嶂，松林密布。山上林海松涛，碧波无际；山下沟壑纵横，清泉淙淙；峡谷两侧崇山峭立，奇石列阵。焉支山峰拔地而起，悬崖峭壁直插云霄，岩如斧削，壁如林立；四周山壑纵横，怪石嶙峋，石涧溪流潺潺，如鸣环佩，崖峰松柏苍翠，碧绿欲滴；山中腹地，獐鹿、岩羊等野生动物出没其间，谷底绿树藤蔓，参差披拂。是消夏避暑、度假旅游不可多得的自然风光游览胜地。

大佛寺

山丹大佛寺旅游景区

山丹大佛寺旅游景区，是国家 4A 级旅游景区，位于县城西 5 公里的嘹高山下，是以山丹大佛寺和祁店水库为依托的游览区。

整个景区南北宽 1000 米，东西长 1500 米。景区内的山丹大佛寺，又名土佛寺，始建于公元 425 年北魏时期，距今已有 1500 多年的历史。据史料记载，本寺在历史上屡遭战火，又屡次重建，仅在明正统五年（1440）至清光绪十三年（1887）的 440 多年间，就先后修缮六次。明英宗朱祁镇曾为该寺题写“土佛”二字，制匾额悬挂山门。自 1992 年开始，时任主持释觉慧大师八方化缘，在香港宝莲禅寺著名佛教活动家圣一大师的支持及捐助下，共耗资 1700 多万元对山丹大佛寺进行重建，并于 1998 年正式开光。寺院分前庭、后院，120 多间古朴典雅的房屋点缀其中，错落有致。建有气势恢宏的大雄宝殿、天王殿、五百罗汉堂、观音庙、地藏菩萨殿，拥有世界上最大的室内泥塑坐佛。山门前有大青石条铺就的十八层台阶，拾级而上，给人以威严之感。

祁店水库有 6 平方公里的水面，清流碧波，萦环绕缠，愈显佛山度地之胜。每年农历四月初四举办山丹大佛寺庙会，时适春夏之交，风和景明，游人如织，车马连属，盛况非凡。

♥ 大殿内不可以拍照。

滨河九粮液文化旅游景区

滨河九粮液文化旅游景区位于民乐县生态工业园区，总占地面积 11 平方千米，北距张掖机场 25 千米，南离民乐高铁站 22 千米，距离张掖市区 37 千米、民乐县城 28 千米，交通条件便利，区位优势明显。景区以酒文化为主体，发挥传统工业、有机农业、特色林业的优势，融合食品工业、种植农业、文化博览、旅游娱乐、餐饮住宿等相关产业为一体，形成多功能、复合型、创新型的三大产业高度融合、互相促进、可持续发展的生态型工业旅游景区。

滨河九粮液产业园

景区有生产区和生态园区两大核心。生产区内已建成神泉岭、调味酒库、解忧湖、科研中心、制曲车间、万吨酒库、制酒车间、包装车间；生态园区可参观北岭、玫瑰观赏基地、酒坛大道、酒海不干瓮、万寿菊观赏园、有机高粱观赏基地、有机玉米观赏基地。这里基础设施完善，建有游步道、观景台、烧烤营地、汽车自驾游营地等各类设施和游客中心。

黑水国遗址

在张掖城区西北 20 千米处的戈壁沙滩上，有两座南北对峙的城堡，相距 1 千米远，建筑风格基本一致，城堡外围都加筑了瓮城。这就是当地人呼为“老甘州”的黑水国。

黑水国先为北方民族小月氏国，后被匈奴所据，汉时是张掖古城，唐时叫“巩笔驿”，元代叫“西城驿”，明代叫“小沙河驿”。

在两座古城遗址中都发现了铜镜、陶壶、五铢钱、兵器、子母砖等文物，特别是北城散落着小铜扁针、绳纹陶片、黑釉瓷片等。在城附近还发现了马厂类型的陶片和新石器时代文物数件，因此，考古学家断定这里在史前就有人类活动。1956年，经国家地质勘查队勘查判断，遗址之下有一座古城。

黑水国周围还有大量汉墓，多数掩埋在沙土之下。曾发掘一处汉墓，墓深23.7米，墓壁是砖砌成的，分前室后室，有散乱骨架和殉葬品。

流沙河旅游景区

从张掖市区向西行37千米就到了临泽县城，流沙河景区位于临泽县城区东南，东至丹霞大道，南至312国道，西至滨河路，北至五湖桥。

流沙河是全国第二大内陆河黑河的支流，多年来，平均径流量2.3亿立方米，河道总长143千米，其中流经临泽县51千米，在临泽县鸭暖镇野沟湾处注入黑河干流。

景区以丹霞山、生态植物园、特色林果园、西游文化苑、丹霞广场、浙商广场、七彩宾馆和丹霞山庄等为主，是集地域文化感悟、水域美景观光、健身休闲娱乐于一体的综合性旅游景区。现已建成集线路推介、导游讲解、咨询投诉、商品展销、智慧旅游、教育培训等功能于一体的流沙河游客中心。

中国工农红军西路军纪念馆

中国工农红军西路军纪念馆（前身是高台烈士陵园），位于高台县城东南角，始建于1957年，占地面积8.8万平方米，园内掩埋着红西路军转战河西、血战高台而壮烈牺牲的红五军军长董振堂、政治部主任杨克明等3000多名红西路军革命烈士的忠骨。

2008年，对纪念馆进行了改扩建。改扩建后的中国工农红军西路军纪念馆沿中轴线由西向东依次递进排列，建有通透式大门及大门组雕、“血战高台”英雄群雕、红西路军纪念碑、红西路军阵亡烈士公墓、展陈馆。前园南、北建有对称的双层五角无名烈士纪念亭各一座。纪念碑南北两侧分别建有董振堂、杨克明纪念亭。

中国工农红军西路军纪念馆

展陈馆建筑面积3662平方米，陈展内容以“理想高于天、热血铸祁连”为主题，设8个展厅、1个影视厅及接待室等附属设施，将传统的文物、图片、照片展示与多媒体景观箱、光电模拟场景、壁画、雕塑、投影等现代陈展方式相结合，增强了感染力和传播力。

2011年，又建设了游客接待中心，第二陈展室，军魂广场，红五军、九军、三十军纪念林。第二陈展室展示主题为参加过西路军战斗的共和国老一辈将帅及英烈展览，整个展览由序厅及四个单元组成，以人物照片和简介文字为基本陈列素材，以环幕电影、雕塑、多媒体景观为辅助陈列方式，通过声、光、电等科技手段匹配移动互联网技术进行陈列。

纪念馆现已成为集革命传统教育、爱国主义教育、国防教育、廉政教育、青少年德育教育、党员干部党性教育、当代革命军人核心价值观培育为一体的教育基地。

月牙湖景区

月牙湖景区位于高台县城西郊 1 千米处，由月牙湖公园和垂钓园两部分组成，占地面积 37 万平方米，其中水域面积 12 万平方米。景区原是一片沼泽苇湖湿地，是野鸭、鱼鹰等野生鸟类生长栖息的场所，自古就是"高台十景"之一，素有"湖映月牙"的美誉。1992 年，县委、县政府决定利用天然湖塘建设公园，先后建成了巨龙腾起的中华湖、鸟语花香的生态园、古色古香的仿古四合院、休闲娱乐的老干部活动中心、民族景点及展现高台民俗文风的民俗珍藏馆和国家级标准垂钓园，形成四湖、五岛、九桥、十六亭的功能布局。如今的月牙湖景区风景秀丽，小桥流水如画如织，林荫小道曲径通幽，水上娱乐项目其乐无穷，已成为远近游客旅游休闲度假的好去处。2015 年被评为国家 4A级旅游风景区。

大湖湾文化旅游风景区

大湖湾文化旅游风景区由黑河湿地公园和大湖湾景区两部分组成，总面积 25 平方千米。是一处集水产养殖、农业灌溉、旅游度假、休闲娱乐为一体的自然湿地景区。2014 年被评为国家 4A级旅游风景区。

黑河湿地公园东起新开渠首，西至大湖湾风景区，全长 8 千米，总面积 15 平方千米，由东区和西区组成。东区总面积 2 平方千米，主要由"曲水"湖区、橡胶坝库区、红西路军纪念林区三大景观组成。西区总面积 4.67 平方千米，主要建设有跑马区、大众活动区、高端休闲区三大功能区，其中跑马区主要建设有马厩、跑马场、游客服务中心，大众活动区主要建设有房车营地、帐篷营地、烧烤营地，高端休闲区主要建设有 12 栋高档休闲会所，同时在高端休闲区的北面建设了户外健身运动场。2012 年，黑河湿地公园被住房和城乡建设部命名为国家城市湿地公园，成为继张掖城北国家城市湿地公园后甘肃省第二处国家城市湿地公园。

大湖湾景区由大湖湾和西腰墩两座水库组成，东西长 4 千米，南北宽 2.5 千米，总面积 10 平方千米，其中水域面积 5 平方千米。景区所辖的水面湖区地势低洼、水量丰富、土壤肥沃，适合各种植物生长，植被覆盖率达 95%左右。优越的自然

大湖湾景区

环境适于多种鸟类栖息繁殖。景区建有崇文楼、水上龙宫、湖心岛、乘船码头、度假别墅、小广场、环湖观光路和多处钓鱼台，配备画舫、快艇、皮艇、摩托艇、水上降落伞、龙舟、碰碰船、电瓶船、情侣船、电动观光车、三人自行车等多种游乐设施，在崇文楼前配建了广场、左右廊亭及东、西别墅，广场占地面积 13900 平方米，东西两侧铸有状元马和如意钟，绿化景观以桃树、杏树、梨树、桑树、梓树为主，寓意为桃李满天下，造福桑梓。大湖湾文化旅游风景区连续多年举办了大湖湾旅游文化艺术节、“端午游湖”龙舟赛、自行车环湖赛等活动，尤其是大湖湾旅游文化艺术节被张掖市政府评定为全市十大品牌旅游节会之一，已成为群众文化生活中的传统盛会，也是该地推进旅游、文化、体育、医养融合发展的重要节会。

七一冰川

七一冰川是祁连山区众多冰川中的一个，在肃南裕固族自治县境内，离嘉峪关市仅 116 千米，是亚洲距城市最近的一座冰川。

从嘉峪关市驱车南行，约两小时便可到达七一冰川脚下的营地。营地海拔 3700

多米，再向前步行攀登 5 千米便到达海拔 4300 米的冰舌前沿。从七一冰川石碑处抬头望去，蓝天白云下一片晶莹耀眼的冰雪世界。七一冰川斜挂在坡度小于 45° 的山坡上，全长 30.5 千米。冰层平均厚度为 78 米，冰峰海拔 5150 米，最厚处达 120 米，年蓄水量为 1.6 亿立方米，融水量约 70 ~ 80 万立方米，成为一大固体淡水库。

七一冰川景观奇特，远望似银河倒挂，白练悬垂；近看则冰舌斜伸，冰墙矗立，冰帘垂吊，冰斗深陷，神秘莫测。冰川处修建有 5 千米人行山道，立有“青山不老，为雪白头”纪念碑，旅游区域约 4 平方千米。夏秋季节旅游，但见冰舌处雪水消融，水流如注，瀑布飞泻，声震山谷。山坡上时有雪鸡栖息，雪莲与冰晶争芳斗艳；山下草坡上牛羊遍野，牧人的帐篷炊烟袅袅。

早上 6 点从嘉峪关市区火车站乘车（7529 次列车），9 点钟到达镜铁山车站，从镜铁山车站到七一冰川接待站有 26 千米的路程，17：00 乘坐 7530 次列车返回至嘉峪关，有旅游车接送。此外，营地内建有“冰川环保探险旅游服务中心”，能为游客提供服务。

七一冰川

文殊寺石窟群

文殊寺万佛塔

文殊寺石窟群景区坐落于祁连山主峰素珠链脚下的文殊山，属全国重点文物保护单位。距西汉胜迹酒泉、天下雄关嘉峪关20多千米，交通十分便利。因山中有峪，风景甚佳，自古为西陲神佛栖息之胜境，也是魏晋南北朝以至隋唐以来，汉传、藏传佛教和道教等多种宗教艺术的荟萃之地。据史书和碑文记载，文殊寺石窟群始凿于东晋明帝太宁时期，距今约有1500多年历史。经历代开凿、修筑、塑像、彩绘，元泰定三年（1326）太子喃荅失进行了大规模重修。在香火鼎盛时期，前山和后山共建有庙宇360余座，石窟70余窟，被列为肃州八景之一，素有“小西天”之称。

近年来，经不断整理、挖掘、修复和重建，文殊寺又逐渐恢复了昔日风采，百子楼、观音楼、玉皇阁、文殊菩萨殿等古建筑精妙绝伦，建筑内佛像、罗汉、金刚、护法各有千秋；千佛洞、万佛洞、古佛洞等石窟独具特色，景区内新建楼阁殿宇、步道云梯蔚为壮观。景区内现有各类庙宇、道观35座，窟龛100多个，其中有早期中心柱窟8座，禅窟1座，窟前寺院遗址28处。

屋兰古镇旅游景区

屋兰古镇旅游景区位于张掖市甘州区碱滩镇古城村，南望祁连山，北依合黎山，国道312线、227线、连霍高速、兰新铁路复线穿境而过。距张掖市区25公里，在张掖机场以北 6 公里处。

河西走廊作为丝路咽喉重地，古往今来一直发挥着丝路锁钥的重要作用。西汉元鼎六年（公元前 111 年），汉武帝在河西设张掖郡，辖觻得、昭武、删丹、氐池、屋兰、日勒、骊轩、番和、居延、显美 10 县。其中屋兰县就是现在的碱滩镇屋兰古镇所在地，这里民风淳朴，人杰地灵，文化底蕴深厚，是古丝绸之路重要的政治、军事、商业、文化重镇，民间流传着“先有古城，后有甘州”之说。2018 年，中国起源地文化研究中心正式授予张掖屋兰古镇“中国起源地文化产业实验基地”并挂牌。

作为景区主要特色和依托的九曲黄河灯阵，已成为当地特有的一项非物质文化遗产旅游活动。随着历代军事移民进入河西地区，九曲灯阵在流传的过程中形成了张掖本地特色。2019 年 1 月，九曲灯阵被上海大世界吉尼斯纪录评为“中国规模最大的灯阵”。目前九曲黄河灯阵占地 150 亩，阵内游步道全长 2.4 公里，是甘肃省省级非物质文化遗产，有完整的非遗传承规制，截至 2020 年传承人已至第四代，灯阵排布、启灯等各类仪式都已规范化。灯阵内九大殿、十二生肖、二十四节气、二十八星宿图分布其中，人们在祈福、赏灯、观烟花、看社火民俗演艺的同时又能了解中国传统文化知识。

近年来文化旅游、农业产业融合发展，景区已成为集文化、旅游、民俗体验、非遗传承保护、游乐探险、田园度假观光等诸多功能为一体的文化旅游综合体，也是旅游“夜游”的好去处。

嘉峪关 *Jiayuguan*

一半雄浑一半潋滟

嘉峪关关城

从面积上看，嘉峪关市仅 2935 平方千米，就其经济体量，则好比一颗精华浓缩的明珠，这一颗戈壁里的明珠就镶嵌在张掖与酒泉市的连接处，距酒泉市仅 20 千米，开车一眨眼就到了。嘉峪关市是以世界文化遗产明代长城西端起点嘉峪关命名，是因 1958 年国家“一五”重点项目酒泉钢铁厂而建城。半个世纪过去了，当人们怀揣着朝圣天下雄关的愿望走进这座城市时，城市的巨大变化却让朝圣者惊叹了，昔日的戈壁滩，已是一城潋滟，以湖为主的 15 座大型水利生态公园和 110 多处公共绿地已然使嘉峪关变成了“水在城中、城在水边”的江南水乡模样。

Tips

工艺美术：黑山砚石。

嘉峪关至周边地区短线旅游

- 嘉峪关关城—第一墩—悬壁长城—长城博物馆—中华孔雀苑—黑山岩画
- 嘉峪关—嘉峪关紫轩葡萄酒庄园—葡萄园—新城魏晋壁画
- 嘉峪关—方特欢乐世界
- 嘉峪关—酒钢水上欢乐园
- 嘉峪关—草湖国家湿地公园
- 嘉峪关—赤金河花海度假村
- 嘉峪关—国际滑翔基地
- 嘉峪关—祁连山七一冰川

甘肃长城

游览嘉峪关前，首先要了解一下甘肃境内长城的历史，否则，对长城在甘肃的情况很难认识全面。甘肃境内长城具有分布地域广、时间跨度长、体系完整、形式多样等重要特点，被誉为“露天的长城博物馆”。

众所周知，长城是中华民族的历史丰碑和精神象征，也是人类历史上最伟大的建筑奇迹之一。长城东西蜿蜒5000余千米，跨越北方11省区。甘肃是长城大省，战国秦、明两代长城西端起点均位于甘肃境内，历代长城总长度3600余千米，汉代更是从甘肃敦煌延至新疆。分布在省内11个市（州）38个县（市、区）。甘肃境内的长城里程在全国居第二位，不仅有长度，而且遗存规模宏大，保存较好，建筑形式多样，出土文物丰富，为研究西北地区历史、地理、政治、经济、军事、文化等提供了十分宝贵的实物资料。

甘肃境内的汉长城，主要筑于河西走廊，亦称“河西汉塞”。汉武帝时期，随着对匈奴大规模的反击以及中西商路——丝绸之路的开通，汉王朝将战略重点放在甘肃河西地区，置河西四郡，并分段修筑长城。甘肃境内汉长城东起兰州市西固区河口乡，经整个河西走廊直达罗布泊境内，分布在6市17县，全长2000余千米。敦煌境内的汉长城全长136千米，分布汉代烽燧80余座。甘肃汉长城“因地制宜”的特点十分突出，在敦煌西湖一带，生长着大片芦苇、罗布麻、红柳、胡杨等植物，城障多用黄土垒筑，墙体则采用天然红柳、芦苇枝干为筋骨夹杂砂石层层叠压而成。玉门关附近约300米的汉代长城，至今保存完好，残高3米，叠压层为9层，已被列为国家级重点文物保护单位。长城烽隧报警的方式主要是“举熢苣，燃积薪”。敦煌由于得天独厚的自然条件，现存的“积薪”数量之多、保存之完好为全国之最，有一座烽燧周围存放的积薪多达十五堆，排列十分整齐，天长日久，凝结在一起，坚如磐石。汉王朝在甘肃境内建造的长城，因经行于干旱沙漠戈壁地区，人类破坏极少，历经2000年悠悠岁月，仍有许多未探明的长城遗址、遗物湮没于荒漠之中，成为研究汉代长城的珍贵历史遗存。

甘肃境内的明长城分布在全省9市（州）24县（区），总长1738.3千米，走向蜿蜒复杂。主线起自嘉峪关，经肃州（酒泉）直至凉州（武威），在武威市分作两条，一条经古浪、安宁抵兰州市，另一条则从宁夏中卫调头进入甘肃黑山峡，经靖远至白银平川后再入靖远，沿黄河南岸，经榆中、皋兰、城关、西固至临夏州永靖县。甘肃境内还存在明代“固原内边”长城，该长城从陕、甘、宁三省区交界处进入庆阳市环县境内，逶迤于甘、宁交界地区。

嘉峪关关城

秦时明月汉时关。明万里长城“东有山海关，西有嘉峪关”，嘉峪关在历史上负有盛名。嘉峪关是明长城西端的险要关隘，也是长城沿线千余个关隘中保存最完整的一座雄关。从初建到筑成一座完整的关城用了 168 年的时间（1372—1539），号称“天下第一雄关”。整个建筑布局精巧，气势雄浑，与远隔万里的长城东起点山海关遥相呼应。

从飞机上俯瞰嘉峪关是最佳角度。南有终年积雪的祁连山，北有山峦起伏的马鬃山。两山对峙，向嘉峪关延伸，中间形成狭长的咽喉地带。嘉峪关建在咽喉的最窄处，形成河西走廊西端“第一隘口”。

嘉峪关南面的长城，绵延于平沙原野上，一直伸向祁连山的悬崖；其北的长城，一直延伸到马鬃山山腰那无法攀登的峭壁。一南一北的长城，如嘉峪关伸出的铁臂，卡断了东西交通。

嘉峪关关城

雄关之雄伟，在于它不仅是“关”，而且是一座完整的城堡，有内城、外城、瓮城、城楼、角楼、箭楼和敌楼。前后两座关门，就是古代坚固的城堡，强攻难下。

东门叫“光化门”，西门叫“柔远门”，东西两门顶上各建一方平台，台上对称建两座高达 17 米的城楼，各三层。

在西瓮城之西，还有一道“凸”字形围墙，嘉峪关正门就设在此。门顶平台上原有三层楼一座，上题“天下第一雄关”匾额一幅，在民国时被拆毁，匾额也丢失。

晴日到此，极目远望，西面是广袤的大漠戈壁，北面是赤日炎炎的黑山，南面是蜿蜒起伏的祁连雪山，东面是优美靓丽的嘉峪关市区。

嘉峪关关城现已开辟成综合性的文化旅游景区，有长城博物馆、水上乐园、儿童村、仿古集市、休闲别墅等。

万里长城第一墩与讨赖河生态景区

关城以南 7 千米处就是万里长城第一墩，建在讨赖河旁高达 56 米的悬崖峭壁上，万里长城就从此起步，穿戈壁，过沙漠，翻山越岭，蜿蜒东行。

第一墩建于明嘉靖十八年（1539）至明嘉靖十九年（1540）。作为明代万里长城最西端起点的第一座烽火台，此河墩西侧地势开阔，容易看到敌兵动静，是执行烽燧报警的先锋，在古代军事报警中起着重要作用。

整个景区面积 3.22 平方千米，包括长城第一墩、观景平台、地下谷服务区、讨赖河滑索、天险吊桥、“醉卧沙场”雕塑群等游览区。

今日茫茫戈壁上的讨赖河墩，虽看不见烽火狼烟，但仍可遥想当年狼烟四起、焰火报警的肃杀气势。此外，讨赖河绝壁天险，也令人陡增游兴。讨赖河属于黑河水系，“讨赖”是匈奴语的译音，原名叫“呼蚕水”，是上天赏赐的意思，又称“北大河”，发源于本市南侧祁连山中，是一条河西走廊中部较大的内陆河。流经本市境内长达 35 千米。该河中上游区段地处嘉峪关市西南的戈壁荒滩，每年夏季冰雪融化，雪水顺流而下。随着河水及山洪的冲刷，河床逐年增宽和下沉，形成了一条大峡谷，地理位置十分险要。峡谷蜿蜒曲折地通向祁连山，层峦叠嶂的山峰被落日照得像水墨画，峡谷的悬崖也被勾上了金边。周围一望无际的戈壁景色用

"大漠孤烟直，长河落日圆"来形容再合适不过。站在沙丘上远眺，看到浩瀚无际的大漠，想当年金戈铁马，狼烟四起，戍边的将士醉卧沙场思念故乡，不由得对这片荒漠戈壁肃然起敬。一吊索桥横跨峡谷，桥长约百米，一边是仿建的汉代兵营岸，一边悬崖上是戈壁古民居，名叫讨赖寨。流连在这些仿古建筑群里，能深深地感受到戈壁大漠的苍凉与寂寞。

悬壁长城

悬壁长城是嘉峪关西长城的一部分，是肃州西长城的北端，位于嘉峪关城北 7.5 千米处的嘉峪关乡黄草营村西。此段长城从关城东闸门边的角墩起向北延伸至黑山之巅，陡峭险峻，委曲回旋，全长 7.5 千米。气势雄伟，垂若悬臂，有"西部八达岭"之称。

明嘉靖十八年（1539），为了加强嘉峪关的防御，肃州兵备道李涵在暗壁以外、黑山峡南侧的山头上，建筑了一条长 1.5 千米的片石夹土墙。工程完成于嘉靖十九年（1540），关城防御更加严密，古称"断壁长城"。因城墙从山上陡降而下，在山脊上似长城倒挂，铁壁悬空，向下伸展封锁了石关峡口，俗称"悬壁长城"。

张骞、霍去病、玄奘、马可·波罗这些或是和平使者，或是开疆拓野的将军，都曾在这里驻足。刻凿于黑山崖壁之上的古代史书"岩画"是人类文明的印迹。

现存 750 米长城经 1987 年重修，在墙头增筑垛墙和宇墙，首尾各添筑一墩台，在首墩和山坡

悬壁长城

上筑台阶式漫道。游人拾级而上，平坦处如履平地，险峻处如攀绝壁。

长城博物馆

长城博物馆坐落在嘉峪关闹市区新华南路街面上，外观像一座古代城堡，共有 7 个展厅。内有万里长城基本陈列：西起嘉峪关、东止山海关各段的长城、关隘、烽火台等。它将上下三千年、纵横十万里的万里长城皆缩影在此馆中。其中还有古代兵器装备、出土文物和长城书画作品等达 7000 件，并附有文字图表解说。特别是长城工牌、永乐铜炮、嘉峪关关照印版，为研究长城历史的珍贵资料。

1987 年，甘肃省境内的“长城”与其他省份的长城一道被列入世界文化遗产。“万里长城—嘉峪关”于 1961 年被国务院公布为第一批全国重点文物保护单位，保护对象为嘉峪关关城及其周边长城和相关设施。“居延遗址（甘肃部分）”和“玉门关及长城烽燧遗址（包括大方盘、小方盘）”于 1988 年被国务院公布为第三批全国重点文物保护单位。2006 年，甘肃境内“长城”整体被国务院公布为全国重点文物保护单位。

嘉峪关中华孔雀苑

“竹林幽翠清风里，锦羽铺开七彩屏。鸣唱为博谁青睐，婆娑回转舞娉婷”说的就是百鸟之王凤凰的化身——孔雀。

在参观完了雄浑的关城之后，来到关城西 5 千米开外的峪泉镇。只见一座环山绕水的孔雀庄园悠然呈现，这就是中国最大的蓝孔雀主题旅游综合景区。景区集孔雀种群繁育、规模养殖、旅游观光、休闲度假于一体。整个景区占地面积 53 万平方米，总建筑面积 30 万平方米。现存栏种孔雀数量近 3 万只，年种禽繁育能力达到 10 万只的规模。

在此，既能远远地观赏各式各样美丽的绿孔雀、蓝孔雀、白孔雀，可以在太极湖和观景平台上欣赏到“雀跃太极湖”和“千凤祥云”的表演，还能品尝到允许食用的蓝孔雀蛋和地方特色菜。

此外，景区还有一个“丝路梵音”小剧场，不时会有世界各地的小演出轮番上演。每年8月，“丝路·长城（国际）音乐文化节”也会在此举办。孔雀园里还有田园客栈，屋外的小院子和屋内的孔雀元素、木质装饰，都让人有归园田居般的放松自在。

魏晋壁画砖墓

在嘉峪关市东北20千米处的新城乡有10多平方千米的大漠戈壁，向东延伸至酒泉市西部20千米处的丁家闸一带。在方圆10～20千米的戈壁滩上，散布着多至1400座公元3世纪至5世纪的我国魏晋时期的大型古墓群，大部分墓室由画像砖垒砌而成。如果将各墓室连通，俨然一座世界最大的“地下画廊”。这些墓葬

魏晋壁画砖

多为二室墓和三室墓，有斜坡式墓道可通向地面，也有较大规模的多室砖墓。其中 8 座是彩绘壁画砖墓，共出土画像砖 660 块。从 1972 年挖掘以来，吸引了大量的海内外游客和许多考古工作者。墓壁画像砖上的彩绘，大多都早于敦煌莫高窟的壁画艺术，而且是纯粹中国风格的写实艺术，其内容涉及政治、军事、民族、科技和社会风俗等领域，具有很高的历史研究价值。

新城魏晋墓群中，最具代表性的 6 号墓，常年对游人开放。墓葬为前、中、后三室夫妻合葬墓。墓室内砖顶形成大小不等的等腰三角形，顶端正好是一方形，呈覆斗状，用料计算精巧。地面铺有各式花纹砖。墓室象征墓主人生活的宅院，前、中室以砖砌出阁门、突檐等多层楼阁式建筑；两侧耳室表示牛羊圈、车庑、炊房和仓房；后室为主人的“寝室”，发掘时曾保存有较好的两幅棺材和遗体。各室中共有壁画砖 136 块，民俗生活题材广泛，应是墓主人生前生活的缩影。6 号墓是西晋一个有代表性的官宦墓葬，虽有 1600 余年的历史，却依然保持原样，令人称奇。专家们发现，中室顶部有一小洞，一条铜丝自上垂下，原为悬挂油灯之用。封墓人在封墓前先点上油灯，再砌以七层砖封死，油灯燃烧尽墓中氧气后，墓穴自然形成缺氧状态，以至于壁画和古物未被氧化，得以完好保存。

在新城墓区，现建有魏晋砖壁画博物馆，占地 3464 平方米，建筑面积 379 平方米，设有仿古式展室和接待室。

♥ 注意询问最新的参观时间。

葡萄与葡萄酒的前生后世

葡萄酒有着悠久的酿造历史。对于葡萄酒的发祥地有几种不同的说法，但大多数人认可格鲁吉亚是葡萄酒的发源地，因为大量的考古遗址证实，7000—8000 年前格鲁吉亚就已经人工栽培葡萄了。作为古代丝绸之路的重要枢纽，格鲁吉亚将葡萄和葡萄美酒传到了欧洲和中东地区，英文、法文、德文、俄文中“葡萄酒”一词均来自格鲁吉亚语。据考，葡萄自东汉传入中国，在新疆精绝古国尼雅人的家园中有很多葡萄园的遗址，在河西走廊也有种植。自西汉起，我国就有酿造葡萄酒的传统了，唐朝是我国葡萄酒酿造史上的辉煌时期。王瀚《凉州词》写道：“葡萄美酒夜光杯，欲饮琵琶马上催。醉卧沙场君莫笑，古来征战几人回？”说明那时葡萄酒已不是贵不可及之物了。

紫轩葡萄酒庄园

古代河西的葡萄园、酒坊、夜光杯作坊都已化作诗词歌赋，不见踪迹，但今天的河西走廊到处都有葡萄园，大型的葡萄酒庄也有五六座，在嘉峪关、酒泉也都有夜光杯厂。说到酒庄，建在嘉峪关东工业园区内的紫轩葡萄酒庄园就是河西走廊负有盛名的一座酒庄。

紫轩庄园总占地面积为 65.4 万平方米，总体规划年产中、高档葡萄酒五万吨，一期工程建设规模为年产优质葡萄酒一万吨。围绕葡萄酒这一主题，以欧洲小镇的建筑风格为蓝本，配备会员制小型高级休闲会所、主题休闲区、专业地下酒窖和鉴赏中心等特色功能区。

值得一提的是，地下酒窖是亚洲单体结构最大的酒窖，该酒窖占地面积为 13700 平方米，其内部按照国际葡萄酒窖藏标准精心设计，采用欧式风格考究装修，可放置 2.1 万个标准（225L）橡木桶，陈酿窖藏优质原酒 5000 吨，目前已购置 7000 个 225 L橡木桶和 52 个 5000 L橡木桶。酒窖由葡萄酒文化展示区、品酒区、藏酒区、演播厅、休闲厅、酒吧等部分组成，在这里，游客可以团体或个人认购瓶装酒、橡木桶储存的葡萄原酒等。

灌装车间从意大利百特拉索公司引进的每小时 7000 瓶全自动葡萄酒灌装生产线，是世界一流的葡萄酒灌装设备。该生产线由空瓶卸垛机，冲瓶、灌装、打塞三连体机，干燥机，热缩帽机，贴标机，纸箱成型机，装箱机，封箱机，码垛机等相关设备组成，从空瓶上线到成品下线一气呵成。

在发酵储酒车间内，高 16 米，容积从 30 吨至 360 吨不等的 169 个大型不锈钢发酵罐、储酒罐和保温冷冻罐，竞相林立。游客可以体验采摘有机葡萄、学做酿酒师的乐趣。

葡萄基地

嘉峪关紫轩葡萄酒庄园拥有自己的葡萄基地，面积达万亩。葡萄生长在祁连山北麓没有任何污染的戈壁滩上。这里的土壤是钾、钙含量极高的沙砾土壤，与波尔多地区的葡萄种植地极其相似，完全符合高质量酿酒葡萄对土壤高钾、高钙、低肥力的要求。而且日照充足，昼夜温差大，合适的有效积温使这一地区的葡萄积累了非常和谐的含糖量和含酸量，引自祁连山千年冰川的清澈雪水，质地甘醇，富含养分。由于终年气候干燥，少于100毫米的年降雨量和多于2500毫米的年蒸发量，使这一地区的葡萄不受病虫害的侵扰，成为世界上少有的不用杀虫剂、农药的优质葡萄。经过精心选择的世界著名酿酒葡萄品种赤霞珠、美乐、黑比诺、霞多丽、雷司令、威代尔、佳美等，全部采用全球领先的以色列灌溉技术以及科学的施肥技术和全方位立体的科学栽培，表现十分优越，形成了国内酿酒葡萄种植的黄金产带。

夜光杯与夜光杯厂

“葡萄美酒夜光杯”，夜光杯随着《凉州词》而名扬天下，凉州是武威古称，夜光杯这种特产却不属于武威。西汉东方朔《海内十洲记》载：西周（约公元前1046—前771）穆王姬满应西王母之邀赴瑶池盛会，席间，西王母馈赠姬满一只碧光粼粼的酒杯，名曰“夜光常满杯”。周穆王如获至宝，爱不释手，从此夜

光杯名扬千古。据传，那时的夜光杯，其实是西域舶来品，以和田玉制成，运往长安、洛阳等地，后来因为玉杯在运输途中易损，则改为把和田玉运到酒泉，在当地加工成夜光杯再运输。但和田玉渐渐供应不上，就改用在祁连山开采的玉石来制作，从祁连山的最西端延伸至今嘉峪关市的南部，嘉峪关人已把夜光杯作为引以为豪的特产了。

嘉峪关、酒泉夜光杯厂生产的夜光杯样式多种，而且还增加了玉碗、笔筒、茶瓯、茶托和各种形制的玉雕艺术品。玉石是取自祁连山主峰附近河源地带的老山玉、新山玉、河坝玉，质地坚硬，色泽以黑白黄绿为佳，晶莹光洁，玲珑剔透，耐火耐寒，多为手工巧磨细琢而成。

夜光杯在酒泉、嘉峪关和敦煌等地的商场和其他地州市都有。有机会参观夜光杯厂，不妨就地购买，价廉货真。

方特欢乐世界

在嘉峪关有一处与历史遗址相对应的现代主题公园——方特欢乐世界，建在嘉峪关市南市区方特大道。它是目前甘肃规模最大的高科技第四代主题公园，被誉为“东方丝路明珠”。与传统的主题公园不同，方特欢乐世界的游乐项目大多采用交互、体验、参与的表现形式，以中国文化和高科技互动为特色。拥有飞越极限、聊斋、丝路之旅、方特城堡、“熊出没”剧场、“熊出没”历险、生命之光、急流勇进、海螺湾、唐古拉雪山、火流星等二十几个主题游乐项目。以国际最先进的4D动感影像技术为手段，或惊险刺激，或新奇有趣，老少皆宜，寓教于乐，带给游客耳目一新的欢乐体验。在嘉峪关方特欢乐世界，游客可以体验国际一流的高空飞翔体验项目“飞越极限”、中国独创的大型探险项目“唐古拉雪山”、跟踪式立体魔幻表演项目“魔法城堡”，大型主题漂流历险项目“急流勇进”……每一项都各有特色，超乎想象。因为项目很多，外地游客可以精选几项，其中，飞越极限是一个 8 分钟的 4D动感体验，是成年人的必选项目，通过巨大的半球形银幕、灵巧的悬挂式座椅，配合宏大的电影画面，让游客身临其境地凌空飞行于各国名胜，体验前所未有的飞行感受。熊出没剧场是以动画片《熊出没》为原型，综合多块

大型银幕、实物景观和大型机械动作模型的旋转式环形 4D剧场，运用活动机模、烟雾、电光等特技，讲述一个诙谐的森林故事，是孩子们的最爱。

酒钢水上欢乐园

酒钢水上欢乐园位于嘉峪关市中心，充满着南国水域风情，具有亚热带风光的宜人景象，集游泳、戏水和休闲洗浴为一体，是国内一流的室内水上娱乐活动场所。

欢乐园占地 12200 平方米，内有国家标准游泳池一个，并配有水循环处理和喷淋消毒系统，四季水温恒定。戏水大厅有 6 大功能区：水上滑道、儿童水池、造浪池、漂流河、家庭互动区和贵妃珍珠池，桑拿休闲洗浴中心有干蒸、温蒸、冰雪浴、热池、凉池、药理池等，还有泼水节、情景剧等各类休闲娱乐项目。园内还提供美味的餐饮，是周末休闲娱乐的好去处。

嘉峪关国际滑翔基地

嘉峪关国际滑翔基地是与澳大利亚滑翔基地、南非滑翔基地齐名的世界著名

三大滑翔基地之一，在国际滑翔界有重要地位。在中国，西起新疆乌鲁木齐，穿越甘肃、宁夏，东到陕西西安，有适于长途翱翔的强盛波状气流和热力上升气流，可完成国际滑翔科技组织设立的直线滑翔 2000 千米大赛。河西走廊位于这条 2000 千米最佳航线的黄金地段，其热力上升气流以嘉峪关为最。这里有首屈一指的滑翔条件：纬度高、总云量少、日照时间长、地面热感强、温差大、湿度小、气候干燥、积云量适中、暴雨少、热力上升气流强且形成早、消失晚、能见度高，滑翔基地服务设施齐全，适合开展多种滑翔运动。

基地现存 8 架飞机中，有初教六 5 架，初教五 3 架（83 号小马力）；10 架滑翔机中，有国产前进号 7 架，进口扬塔尔高级滑翔机 2 架，罗马尼亚 28 双座 1 架。此外，还有蜜蜂飞机 1 架，热气球 2 具。长期以来，该基地一直深受世界各地滑翔爱好者的青睐。这里曾于 1992 年和 1993 年成功地举办过两届国际滑翔节。

新城草湖国家湿地公园

新城草湖国家湿地公园位于嘉峪关市东北部，是巴丹吉林沙漠和蒙新戈壁的前沿地带，却奇迹般地存在着一片由讨赖河、露头泉水和地下水形成的天然沼泽湿地和人工湿地。在这里，草本沼泽湿地、灌丛沼泽湿地和库塘湿地独特的自然

新城草湖国家湿地公园

地理环境造就了沙漠、绿洲、湿地、湖泊景观共寓一境，蓝天白云、朝霞日落、星月同现的独特气象景观以及丰富的生物多样性资源。草湖湿地内植被以沙生植物和水生植物群落为主，共有4个植被型组、6个植被型、22个主要的群系，有野生高等植物25科48属66种；野生动物27目49科142种，以鸟类居多，鸟类又以水禽数量居多，草湖湿地因此也成了鸟类迁徙的重要停留地、栖息地、繁衍地，形成了一个较为完整的生物多样性综合体。这里水草茂盛，风景秀丽，畜牧业、渔业发达，开设有游泳、划船、钓鱼、养鸭等水上项目，草原野炊、赛马、射箭等草地项目，沙滩上可开展沙滩排球运动。

花海度假村

花海度假村位于嘉峪关市西北42千米处的赤金河下游，是一片绿洲，整个区域被各类树木环抱，郁郁葱葱，气候凉爽宜人，是夏季旅游度假的好去处。

这里的前身是花海农场，经过30多年的开发建设，现已成为粮食、果品、棉花、畜牧、养殖、玫瑰园等农牧业基地，并设有招待所、帐篷、餐厅、狩猎场、钓鱼场、棋牌室、健身房、卡拉OK等娱乐设施。

通往度假村的交通也极为方便，每周一、三、五、日有大客车前往，乘车地点在酒钢园林公司门前和汽车站。

东湖生态旅游景区

东湖生态旅游景区位于嘉峪关市南市区，由 3 个人工湖包围着一座海豚造型的气象高塔组成。景区总面积 165 万平方米，湖面面积 56 万平方米。是西北难得的大湖生态景观，在干旱地带显得格外清新优美。

湖水来自祁连山的雪水，经人工导流，依次注入大小三个湖，形成三个贯通的湖区，并且通过地下管道将水再输送到嘉峪关工业园区和酒钢养殖园，发挥着城市之肺的作用。园内树木茂盛，百花盛开，空气清新，可乘坐区内的观光小火车绕湖游玩；2 号湖是国际铁人三项赛的专用赛场，已连续举办十多届国际铁人三项赛；气象塔总高 94.94 米，是中国最高的气象塔。地上一层是科普教育区，二、三层是休闲区，可乘观光电梯到 14、15 层俯瞰东湖的全景，向南可眺望祁连雪山。海豚顶部的圆球是东湖的天气雷达探测仪，可以监测到半径 200 公里范围内的天气状况，有着超级千里眼之称。它也是一座集防灾减灾、科普教育于一体的塔楼。

酒泉 *Jiuquan*

古代和现代飞天诞生的地方

河西走廊的公路有一大特色，就是直。如果从张掖乘汽车前往酒泉，只觉得整条公路笔直地通过戈壁沙漠，除偶尔出现的骆驼和羊群外，似乎再也没有其他生物了。直到炊烟、树影再次出现在地平线上时，又一片绿洲到了，这就是酒泉——丝绸之路上河西走廊著名的“二关四郡”之一，“五凉”中的西凉国的国都。

酒泉是因“城下有泉，其水若酒”而得名的，但另一传说也为人们所乐道。公元前121年，骠骑将军霍去病讨伐盘踞河西的匈奴取得胜利，汉武帝赐御酒犒赏。霍去病愿与将士共享荣誉，请人倾酒入泉，舀泉水与众人共饮，后来又以此泉为地名。今天为这座城市带来传奇的酒泉卫星发射中心，1970年4月24日，中国的第一颗人造地球卫星在这里发射升空。

Tips

工艺美术：夜光杯、玉雕。

土特产：敦煌李广杏、鸣山大枣、枸杞。

酒泉至周边地区短线旅游

- 酒泉市—西汉胜迹景区—钟鼓楼—酒泉市博物馆—酒泉市工艺美术厂—古墓博物馆（丁家闸壁画墓）
- 酒泉市—瓜州草圣故里文化产业园景区—桥湾城—安西锁阳城—榆林窟—悬泉遗址—东千佛洞—敦煌
- 酒泉市—玉门镇—昌马石窟—石包城—敦煌
- 酒泉市—玉门—干海子鸟类保护区
- 酒泉市—额济纳旗沙漠胡杨林—金塔地湾城—卫星发射中心
- 酒泉市—金塔地湾城—金塔胡杨林

西汉酒泉胜迹

西汉酒泉胜迹，原名酒泉公园，距鼓楼 1.9 千米，是河西地区唯一保存完整的一座汉式园林。1942 年，国民政府命名为泉湖公园，1956 年更名为酒泉公园，迄今已有 2000 多年的历史。

踏进园门，就是绿树环绕的人工湖，湖水取自地下涌出的清泉。泉眼周围砌有汉白玉围墙，像一口井，泉旁树立一块石碑，刻有“西汉酒泉胜迹”几个大字。进园穿过葡萄架组成的走廊，走过月门，有一眼清泉，泉水清澈，这便是充满传奇色彩的闻名遐迩的“酒泉”。此泉原名“金泉”，传说公元前 121 年，汉武帝派骠骑将军霍去病西征匈奴，与匈奴打了一场著名的河西之战，大获全胜，汉武帝从长安赐御酒一坛犒劳霍去病将军，霍将军认为功劳属于全军将士，于是将酒倒入泉中，与将士取而共饮。“酒泉”的美名便流传至今，它是汉王朝凿空西域、开疆扩土的历史见证。

景区的正门，是一座仿汉阙式门楼建筑，主体由子、母阙构成，风格古朴自然，气势恢宏雄壮。中堂上悬挂的两块牌匾，揭示了酒泉公园的独特风光和深厚的历史内涵。其中，“瀚海明珠”是中国书法家协会理事张道兴所题，“泉湖胜景”是曹无所题。匾额的上方镶嵌着一幅牛头浮雕，是采用祁连山深处特有的花岗岩石精雕而成。相传明末清初，酒泉城中经常洪水泛滥，据说有妖魔鬼怪在作祟，人们就在钟鼓楼的西北角和西南角各建了一座寺庙来镇邪。因为两座寺庙与钟鼓楼形成一个牛头的形状，所以人们又把酒泉城叫作“卧牛城”。

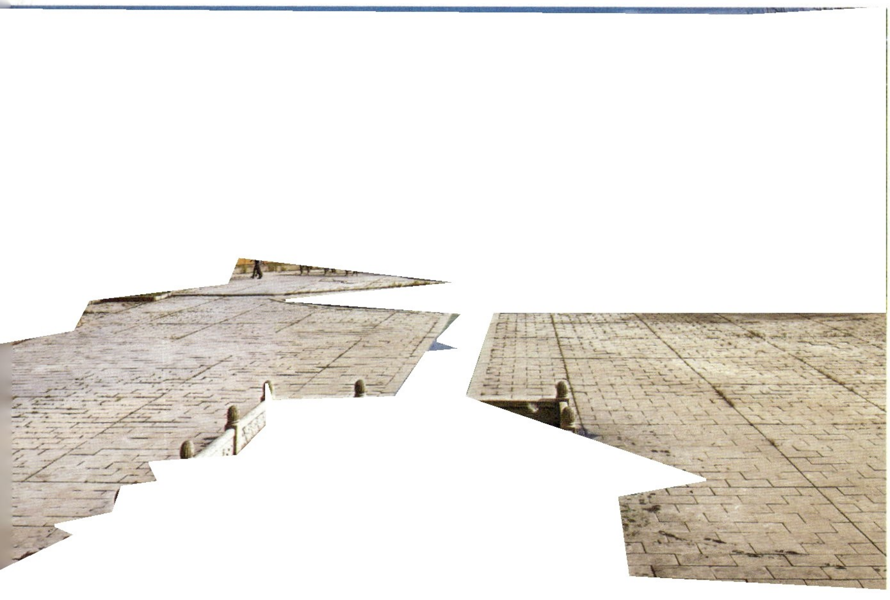

参观前最好积累一些历史知识，观光的附加值会大增。

西汉酒泉胜迹

钟鼓楼

钟鼓楼位于酒泉市中心。钟鼓楼下有四门通四方，行人和车辆可以穿过。各门上题四字——“北通沙漠”“南望祁连”“东迎华岳”“西连伊吾”，这十六字说明了酒泉在丝绸之路上的地理位置，相当贴切。

登上鼓楼四面瞭望，北边的巴丹吉林沙漠和南边的祁连山近在眼前；向西，是通往新疆伊吾（哈密）的大道；向东远眺，巍巍群山也似乎簇拥而来。

钟鼓楼

钟鼓楼，始建于东晋永和二年（346），原置于酒泉古城东门。明洪武二十九年（1396）城区扩建，该楼便居中心，成为卫城的制高点，人们称之为谯楼。清代在上面建了报警报时的大钟大鼓，便称“钟鼓楼”。现在的三层木结构塔形楼，是清光绪年间重建的。据说，清朝先后五次拨款维修，使这座古老的建筑保留了下来。

钟鼓楼，砖包基座，宏伟结实。基座到楼顶高达30米。三层塔形楼全是木结构，雕梁画栋，檐牙高啄。券门通达，楣头砌有两彩重檐龙头砖花，剔透玲珑。其下雕刻砖画，东雕“二龙戏珠”，西镂“丹凤朝阳”，南镌“河图洛书”，北刻“八仙庆寿”，人物神情、造型生动。楼下，拱洞中央俯嵌“伏羲八卦”，马道门额为“云路先登”。二楼西边，高悬“气壮雄关”木匾一块，与万里长城西端的嘉峪关遥相呼应。登楼四面瞭望，倍觉胸襟开阔，胆气豪壮，更能体会匾额上的文心匠意。

丁家闸东晋壁画墓

丁家闸东晋壁画墓位于酒泉城西 8 千米的丁家闸陶家庄，是典型的东晋十六国时期的大型壁画墓。此墓发掘后编为“丁家闸五号壁画墓”。墓室用青砖砌成，前后室相连。前室顶部中心彩绘复瓣莲花藻井，以下分五层，以赭石宽带为界柱，这五层分绘天庭、人间、地下三重境界。天地二界皆为神话传说、圣贤故事、祥瑞吉兆。人间部分是墓主人生前生活富裕与社会地位显赫的形象描画。

壁画颜色有朱红、黄、粉黄、白、石绿、赭石、浅赭等，与莫高窟北魏壁画接近，它上承汉魏以来的传统，下启南北朝画风，构图严谨，造型生动，用墨娴熟。同时，整个墓穴的壁画与装饰又弥漫着浓浓的道教气氛。

丁家闸五号壁画墓，历经 1600 多个春秋，从多个侧面再现了东晋十六国时期河西地区的社会状况、人们的思想意识、人生追求、生产情景和生活内容，对研究河西地区在十六国时期的政治状况、经济发展、文化特色、艺术风格、价值取向和民族交往等，都具有很高的参考价值。

丁家闸五号壁画墓，据专家学者考证，确认为西凉王李暠之墓。

锁阳城

锁阳城又名“苦峪城”，位于瓜州县东 70 千米处的疏勒河流域，是一座具有 1400 多年历史的军事城堡，是丝绸古道上酒泉至敦煌间重要的交通要塞，在古代河西政治、经济、文化以及军事诸方面曾起过非常重要的作用。相传，当年唐太宗李世民命太子李治和名将薛仁贵征西。部队在这里中了埋伏，被哈密国元帅苏宝同的大军包围。在粮尽援绝的情况下，薛仁贵发现名为“锁阳”的野菜可以充饥，靠吃锁阳一直坚持到老将程咬金挥师解围，保住了全军。因此，便将苦峪城改名为锁阳城。

锁阳城最早建于汉代，为敦煌郡冥安县治所，隋属常乐县，唐为瓜州州治晋昌古城，其他各代都不同程度地重修和利用过，至明王朝闭关后遭废弃。

现存城堡为唐初所建，形制保存了典型的唐代古城风格。除此之外，城东北

锁阳城景区

方向还有一座大型寺院系元代建筑，大塔高 14.5 米，千座小塔整齐地排列于一条线上，据说，此塔是双包塔，内塔为唐塔。

锁阳城遗址是我国目前保存最为完好的汉唐古城之一，是集古城址、古河道、古寺院、古墓葬、古垦区等多种类型遗址为一体的古文化遗存地。这里的古代军事防御系统和烽燧信息传递系统是我国保存最为完好的典型范本；这里的古垦区及古代水利灌溉系统是目前我国保存最为完好的典型标本；其沧海桑田的沙漠化演变过程也是中国西部最典型的活标本。祁连雪峰、雅丹地貌、沙丘红柳、大漠落日与多种古文化遗迹有机结合，形成了自然的美、淳朴的美、残缺的美、悲壮的美，它是人类古文化同大自然完美结合的一个奇迹。1996 年，锁阳城被国务院公布为第四批全国重点文物保护单位。2014 年 6 月 22 日，在卡塔尔多哈召开的联合国教科文组织第 38 届世界遗产大会上，锁阳城遗址作为中国、哈萨克斯坦和吉尔吉斯斯坦三国联合申遗的“丝绸之路：长安—天山廊道的路网”中的一处遗址点被列入世界遗产名录。

桥湾城

桥湾城，俗称“康熙梦城”，位于甘肃省瓜州县城东 85 千米处的 312 国道南侧。始建于清雍正十年（1732）。桥湾城是集汉长城、汉墓群、魏晋墓群、古庙宇、古城址等多种类型遗址为一体的古文化遗存地，这里东连嘉峪关，南临祁连山，北通蒙古国，西达吐鲁番，自古以来就是通往中国东部、西部和北部的交通要道。

桥湾城呈长方形，南北宽 122 米，黄土版筑，墙体保存较为完整。城四角有角墩，城内有东西大道及房屋庙宇建筑遗迹。城西南角的疏勒河上原有一座天生桥，横跨疏勒河，南北相通，河水从硬质的黄土版筑土桥下流过，车马行人通行桥上，这里逐渐形成了弯环的河流，桥湾也由此而得名。

据《安西县志》记载：“康熙夜梦桥湾城，观音柳上挂玉带。”相传，康熙皇帝做了一个梦，梦见圣驾巡游到西北某地，在荒寂无人的戈壁沙碛中，突然出现了一片绿洲，但见清水弯环，向西流去，河边有两棵参天大树，树上挂着金光耀眼的皇冠、玉带，真似人间仙境。康熙梦醒之后，非常高兴，觉得梦中之境必是龙游圣地，即命朝中大臣按梦中情景绘图查访。大臣们辛辛苦苦来到茫茫戈壁的桥湾一带，忽见疏勒河碧水西流，河边两棵高大的胡杨树上悬挂着草带、草帽，与康熙梦中情景吻合，查访大臣即火速回京上奏康熙。康熙听后龙颜大悦，随即下圣旨，拨巨款，派程金山父子在桥湾督修一座方圆九里九的城池，作为皇帝西巡行宫。程金山父子奉旨来到此地，见这里荒凉偏远，心想，皇帝哪能来此巡游，便见财忘法，贪污了建城银两，只修了一座方圆三里三的小城敷衍了事。后来一钦差大臣西巡河西地区，发现桥湾城与程金山父子禀报皇帝的情况相差甚远，便上奏朝廷，康熙大怒，降旨将程金山父子处死，以警后人。康熙帝夜梦桥湾城的典故便由此而来。

浩瀚的戈壁、神奇的倒流河、奇异的古树、美妙的天生桥、迷人的海市蜃楼、久经战火的烽火台，这一切构成了这里最具西部特色的自然景观和人文景观。

草圣故里文化产业园

草圣故里文化产业园位于瓜州县城。草圣张芝是东汉书法家，出生于甘肃瓜州。张芝擅长草书中的章草，在当时影响很大，有“草圣”之称。瓜州就以草圣张芝为主线，兴建了“草圣故里文化产业园”，一期工程占地45万平方米，投资2.6亿，建有张芝纪念馆、汉阙广场、南北湖岸景观、索靖纪念馆、游客接待中心等。该产业园内含张芝纪念广场、墨祠、张芝塑像、张芝纪念馆等诸多张芝文化元素，产业园的建设促成了“张芝奖”全国书法作品展的面世，并已成功举办多届。目前，瓜州县草圣故里文化产业园是西北规模最大、甘肃首家以“书法园”为主体的文化产业园，吸引无数书法家和书法爱好者驻足。

酒泉卫星发射中心

酒泉卫星发射中心又称“东风航天城”，位于酒泉市东北的额济纳旗巴丹吉林沙漠深处。这里地势平坦，视野开阔，常年干燥无雨，光照时间长，周围人迹罕至。这里是中国创建最早、规模最大的综合型导弹、卫星发射中心，测试及发射长征系列运载火箭、中低轨道的各种试验卫星、应用卫星、载人飞船和火箭导弹的

酒泉卫星发射中心

主要基地，基地并负有残骸回收、航天员应急救生等任务。自 1958 年创建以来，这里曾为中国航天事业的发展创造过骄人的 9 个第一，如 1970 年 4 月 24 日，中国的第一颗人造地球卫星在这里升起；1980 年 5 月 18 日，第一枚远程运载火箭在这里飞向太平洋上空；1981 年 9 月 20 日，第一次用一枚火箭将 3 颗卫星送上太空。2017 年 3 月 28 日，甘肃酒泉卫星发射基地被国家旅游局、中国科学院推选为“首批中国十大科技旅游基地”。2018 年 1 月 27 日，酒泉卫星发射中心入选“中国工业遗产保护名录”。目前，对国内游客开放的景点有：卫星发射场、指挥控制中心、长征二号火箭、测试中心、卫星发射中心场史展览馆、革命烈士陵园、东风水库、沙漠胡杨林等。

天宝景区

天宝景区位于甘肃省酒泉市肃州区富康路 4 号富康园林景观街 4–5 楼，由甘肃富康商贸集团投资兴建。酒泉天宝景区由“天宝万石奇境”“天宝玉酒泉博物馆”“天宝紫檀崖柏文化体验馆”“中国脊梁红色爱国主义教育基地”“天宝崖柏生命旅行”“天宝结晶石地下王国”“天宝雅丹石雕塑公园”“天宝卡通石精灵公社”“天宝木石情缘故事汇”“天宝百味人生创意工场”十大景点组成。集旅游观光、互动体验、地质地理、地球构造、航天航空、艺术美学及红

雅丹石主题收藏研学区，还原再现了戈壁大漠的地貌场景和发现雅丹石的自然环境，并模拟了科考营地的视觉环境来开展地质研学课程。

天宝万石境“中国四大传统名石”主题展示区，供游客近距离鉴赏太湖石、灵璧石、英德石、昆石这四大名石独特的神韵与风采。

天宝石文化博物馆收藏的是来自我国西北地区的奇石珍品，主要展示了酒泉的祁连玉、甘肃的沙漠玫瑰、青海的彩玉石、西藏的藏瓷藏玉、内蒙古的葡萄玛瑙和新疆的风凌石。

色爱国主义教育、文化研究与保护等多项功能于一体。其中“天宝万石奇境”“天宝玉酒泉博物馆”“天宝紫檀崖柏文化体验馆”三个景点已于 2018 年 6 月 28 日全面建成向游客开放，中国规模最大的赏石文化景区也是国家级非物质文化遗产传承和保护单位、中小学生研学旅行基地等众多荣誉。

酒泉天宝景区根植于酒泉千年玉文化，汇集了 168 个品种三万余件来自世界各地的奇石、玉石、化石、矿晶和两万多件紫檀、崖柏、黄花梨等珍贵木制艺术品。其中结晶石、雅丹石、卡通石紫檀、崖柏、黄花梨等藏品数量居全国首位。

天宝万石奇境园，包含 12 个主题展区，以规模化、艺术化展示中国古代四大名石、当代知名观赏石等。打破传统展览模式，采取展架、展柜与情景结合，与雅丹地貌结合，与生态植物结合，与现代科技结合的独特手法将国内外各类名石、水晶、翡翠、根雕、根艺进行展示。所展藏品翡翠如露珠凝滴，水晶如冰清玉莹，幽兰如石中君子，太湖如石中帝王。

天宝玉酒泉博物馆，包含 13 个主题展区，打破传统展览模式，采取情景相融，与雅丹地貌结合，与生态植物结合，与现代科技结合的独特手法形成多种文化风格、地域景观、意境情景。

天宝崖柏文化体验馆，包含 12 个展区，主展区构造严谨、威严肃穆、金碧辉煌，庄严绚丽、雍容华贵尽显皇家气象。全景呈现了满汉全席、后宫花宴、锦绣隆恩的写实场景，深度还原出古宫廷陈设家居。崖柏紫檀艺术展区，有神韵俱存的宫廷舞乐反弹琵琶，笑靥生桃、云堆春髻的宫廷侍女，沉鱼落雁、闭月羞花的四大美女，高贵典雅、飘逸妩媚的嫦娥仙子等，让人观而叹之。

酒泉天宝景区已成为丝绸之路上一处独特的玉石文化景观旅游景区。

胡杨

胡杨，又称异叶杨，属杨柳科多年生落叶乔木，是第三纪残余的古老树种，6500多万年前就已在地球上生存，是一种珍稀濒危植物，被植物学家誉为古代树种的“活化石”。

胡杨主要分布在中国、伊朗、伊拉克、叙利亚、阿富汗、埃及等国家，中国是当今世界上胡杨分布范围最广、数量最多的国家。据统计，世界上的胡杨绝大部分生长在中国，而中国89.1%的胡杨生长在新疆的塔里木河流域，其他分布在甘肃、内蒙古等区域。

胡杨是荒漠地区典型的乔木，适应极端干旱的大陆性气候，对温度大幅度变化的适应能力很强，耐干旱、耐高温及严寒，且耐盐碱能力极强，有“生而千年不死，死而千年不倒，倒而千年不朽”的美誉。千百年来，胡杨用不屈不挠的身躯阻挡了沙漠对绿洲的侵袭，保护着荒漠地区的生态，组成了一条生生不息的绿色长城，维系着连接了中国、印度、波斯、希腊等古代文明的“丝绸之路”，构筑了胡杨与生命的永恒主题。

金塔胡杨林

敦煌和额济纳旗就有面积较大的原始胡杨林。酒泉额济纳旗于1980年5月1日划归内蒙古自治区阿拉善盟。额济纳旗故称居延，夏、商、周时属乌孙。秦朝为大月氏领地。也被国外一些历史研究专家称为匈奴最早的首都。在汉代、西夏、元代时期为军事重镇，境内留有大量遗址，土尔扈特民族300年前东归到这里，在历史上留下了壮丽的篇章。

秋日，这里是摄影家、旅行者们的天

金塔胡杨林

堂。活着的胡杨金灿灿的树叶映衬着湛蓝的天空，枯死的胡杨坚强而忧伤地望着远方……一望无际的胡杨林汇成金色的海洋。额济纳旗已开发了四处原始沙漠胡杨林，其中，“弱水·金沙湾胡杨林风景区”面积达 33 平方千米，分布于弱水河道上游两侧，将沙漠、弱水和原始胡杨林融于一体，有“中国最美秋色”之美誉，一般与酒泉卫星发射中心做连线游。

金塔胡杨林位于金塔县城西 8 千米处，这里曾经是一片荒漠，是严重威胁金塔县的 18 个重点风沙口中最大的一个。20 世纪 50 年代初开始，一代代金塔人愚公移山般开展大规模义务植树和防风治沙行动，终于建成了今天这片河西走廊规模最大的胡杨林，不仅阻挡了风沙，还造就了如诗如画的美景。

这里已建成了观景与服务一体的“一心五区”，有“金波湖—胡杨村”核心游览区，还有“飘香沙漠的桂花”沙枣林观光区、面积 5 万亩的瀚海红柳保育区、沙漠娱乐体验区、沙漠芦苇迷宫和入口综合服务中心，是甘肃 20 个生态大景区之一。

景区第一个景点是金色田园，总占地面积 214 亩，每年 5 月到 10 月，这里便是花的海洋，马鞭草、薰衣草、鼠尾草、牡丹、芍药、菊花等相继争艳；景区的核心区域“金波湖—胡杨村”游览区，总面积达 35086 平方米，有王子庄宾馆、大戏台、展示厅、研究院、风情商业街，更有炊烟袅袅的沙漠人家。体验中心的 360 度环幕影院，通过塑造沉浸式沙漠景观环境，以及利用鼓风机等设备创造出强烈的感观、视觉冲击力，可身临其境感受沙尘暴、下雨、下雪等氛围，了解金塔人民多年来艰苦卓绝的防风治沙过程，感悟伟大坚强的胡杨精神；在回归自然的同时，增强游客生态建设、自然保护、防沙治沙的环保意识。此外还设置有交互式移动屏、“醉美胡杨骑行游”展项、“奇幻720全景”展现、“VR欢乐谷”“金波湖虚拟畅游”“沙漠虚拟摩托车”展项、“沙漠虚拟射击作战”体验、沙漠排球体感互动游戏、“虚拟林场”小游戏等互动体验项目，让游客充分感受科技智慧的无限趣味。

景区里的沙漠、森林、湖泊、农家田园有序地融合在一起。春夏秋冬，景观各异。春季沙枣花清香扑鼻，夏日绿树浓荫遮天蔽日，秋天胡杨一片金黄，严冬万物霜天竞自由，是生态观光、休闲度假和摄影创作的好去处。尤其是冬、春的雪景、雾凇，夏、秋的雨景，大漠的朝霞和落日都非常壮美。连绵起伏的白水泉沙区，时常在中午时分呈现海市蜃楼奇观，气势宏伟。

这里还是研学旅游地。金塔胡杨林丰富的自然景观能带给孩子们最直观的感官体验，孩子们通过观察学习景区内动物、植物，辅以环保公益、写生绘画、手工创作等活动，可开阔眼界、增长见识、陶冶性情，关注环境保护，领略壮美风光。

这里每年都会在9月底举办颇有特色和规模的胡杨文化旅游节。

地湾城

地湾城位于甘肃省金塔县东北151千米的黑河东岸处的戈壁滩上。汉武帝时期，西汉王朝为防匈奴族进犯，在河西“列四郡，据两关”，为进一步巩固边防，经营西域，开始在黑河等处大规模修筑关城、烽、堡等设施，并派守戍卒，置官开渠，移民屯垦。地湾城大约就建于这一时期。

地湾城属居延遗址的一部分，由三坞和一鄣组成，遗址范围100×100米，是汉代肩水候官所在地。地湾城范围内曾出土汉简3000余枚，铜、铁、陶、木器若干。特别是此处出土的汉简中有历简、历谱、医简、算简等，有极高的研究价值。居延历谱，可谓我国最古老的日历之一；居延医简表明，汉代居延地区，中医、中药已得到普遍应用。值得一提的是出土的居延汉简中发现了有关酿酒的汉简，简文中记载有居延古酒酿造“六物”要诀，可知早在西汉时期，居延地区就有酿酒之举、饮酒之风。

地湾城遗址作为居延遗址（甘肃部分）的一部分于 1988 年 1 月又被国务院公布为第三批全国重点文物保护单位。

玉门油田红色旅游景区

玉门油田红色旅游景区位于玉门老市区，距玉门市新区约 77 公里。先后被命名为“全国工业旅游示范点”、被列入全国红色旅游经典景区名录。2020 年，玉门油田红色旅游景区被评为国家 4A级旅游景区。

玉门是中国石油工业的摇篮，“铁人”王进喜的故乡。玉门油田于 1939 年正式开发，到 1957 年 10 月 8 日新中国第一个石油工业基地在玉门建成，玉门油田走过了一条艰辛的民族工业发展之路。玉门油田作为中国石油工业的摇篮，诞生了新中国第一口油井、第一个油田、第一个石化基地，培养造就了“铁人”王进喜等一大批石油工人的楷模和精英，在中国近现代石油工业发展史上的拥有奠基地位和独特的历史文化价值。

玉门油田旅游景区是全国唯一以工业遗址、石油文化、油田精神和民族工业发展史为内容的红色旅游经典景区。主要参观点包括始建于清朝同治二年的老君庙，玉门油田的发现井——老一井，中华人民共和国成立前石油工人在石油河畔住过的窑洞，以及建于 20 世纪 50 年代的苏联专家楼和石油工人文化宫，解放初石油工人住过的窑洞房，复建的解放门、铁人纪念馆、铁人干部学院、“693”人防教育基地等丰富的历史文化遗迹和工业遗迹。

玉门油田红色旅游景区见证了中国石油工业发展史、积淀了内涵丰富的红色文化，传承着“铁人”艰苦创业、实干担当的红色基因，经过八十多年的建设发展，已经成为功能齐全、设施完善，业态丰富、景观优美的集红色旅游、工业旅游、研学旅游、干部培训、休闲避暑、影视拍摄等为一体的红色旅游胜地。

铁人王进喜纪念馆

铁人王进喜纪念馆

铁人王进喜纪念馆位于连霍高速公路赤金服务区。总占地面积 2.2 万平方米，总建筑面积 7020 平方米，其中纪念馆主体结构为二层仿古式建筑，建筑面积 1260 平方米。纪念馆整个展厅分苦难经历、创业玉门、会战大庆、心系家乡、精神永存五个部分，共展出了 260 余幅珍贵的历史照片、图片，以及实物 100 多件，主要分为日常生活用品、生产用品、学习用品、奖品等，其中棕榈箱尤为珍贵，它是铁人王进喜生前遗物，2015 年时被评为“国家一级文物”，是该馆的镇馆之宝。同时还有铁人同时期的物品、奖品。纪念馆通过实物陈列、图片陈列、电子影音设备、场景复原、雕像、沙盘模型等展现铁人王进喜在玉门出生成长的 37 年人生，以及在大庆生活工作的最后十年，介绍了王进喜短暂而不平凡的 47 年人生历程和今日玉门的辉煌发展。

赤金峡旅游景区

赤金峡旅游景区位于玉门市以北 50 公里的赤金镇金峡村，距国道 312 线仅 12 公里。2002 年，甘肃省疏勒河流域水资源管理局花海灌区管理处充分利用水利资源优势，以水库为依托，结合自然景观、工程景观及历史文化背景创建。

赤金峡水利风景区依山傍水，景色独特秀丽，气候宜人。景区内自然景观和人文景观相映衬，有雄伟壮观的水库大坝、气势恢宏的坝后水电站、“红柳仙子救唐僧”的红柳湾、五颜六色的月季坛、争奇斗妍的玫瑰园、具有神奇传说的黑石仙山、妖魔山、窟窿山环抱景区；有公元前121年的玉门关遗址、赤金断水碑记；有林则徐等名人途经赤金峡留下的传说和千古绝句。

游玩项目有“西北第一漂”的河道漂流、游艇冲刺、游轮观光、高空滑索、游泳沙浴、划船垂钓、水上气球、溶洞探险等。装修典雅的游客接待中心，风格独特的别墅、特色茅屋，民族风情的蒙古包点缀在景区的各个角落，可为游客提供就餐、休憩、娱乐活动。

2004年被水利部授予“国家水利风景区”称号，2013年被国家旅游局评定为4A级旅游景区。

玉泽湖生态旅游景区

玉泽湖生态旅游景区位于玉门市新市区中心地带，因园中有“玉湖”和“泽湖”而得名。

景区总占地面积1820亩，由文化之路主轴景观带、玉湖、泽湖、新月湖、凤栖湖、广场健身区、休闲亲水区、湖岛景观区、儿童游乐区、生态观光区等组成；建有中国边塞诗展览馆、沁馨泉、摩天轮、牌坊、九曲桥、青峰塔、张拉膜舞台等，引进了海盗船、碰碰车、大摆锤、青虫滑车、体能乐园等参与性强的游乐设施，2018年被评为国家4A级旅游景区。

敦煌 Dunhuang

——通往西域的门户，丝绸之路的明珠

敦煌雅丹国家地质公园
玉门关遗址
瓜州
瓜州草圣故里
文化产业园景区
布隆吉河
南岔
桥子
锁阳城
瓜州锁阳城景区
S314
敦煌市
鸣沙山 · 月牙泉
悬泉寺遗址
敦煌古城
敦煌党河
生态公园
敦煌沙州
夜市景区
莫高窟
敦煌三危山景区
多坝沟
阳关遗址
南湖
阿克塞
石包城
党成
肃北
和平
民主
危险路段提示

敦煌，位于河西走廊最西端，距省会兰州 1137 千米，距嘉峪关市和酒泉市不到 400 千米。敦煌的面积很大，有 31200 平方千米，但大部分都是戈壁、沙漠和山地。从飞机上俯瞰，有限的耕地和草原，恰似无意中洒在黄色画布上的绿色斑点。

敦煌目前是甘肃省酒泉市下辖的一个县级市，在明代到晚清长达 400 多年的时间里，由于地处偏远，交通闭塞，几乎被人遗忘。20 世纪初，因发现了大量的古代文书和艺术珍品而使其闻名遐迩，同时也引起了世界各国学者追溯其历史渊源的极大兴趣。

敦煌的名称由来学界尚未统一定论。有的学者认为是古代吐火罗语的译音或者吐火罗的族名。吐火罗人是最早定居天山南北的古代民族之一；汉武帝派张骞出使西域，开通了丝绸之路，李广利伐大宛，霍去病攻打匈奴，无不体现了“天子之国”的强盛及广阔。也在此时，汉帝国以“敦，大也。煌，盛也”来形容丝路重镇敦煌，在《史记·大宛列传》中被译为“敦煌”。

敦煌自汉武帝以来是中原通往西域的交通要道和军事重镇。从敦煌出阳关，沿昆仑山北麓，经鄯善（若羌）、且末、于阗（和田）至莎车，穿越葱岭（帕米尔高原）可以进入大月氏、安息等国，这就是著名的丝绸之路南道；而从敦煌出玉门关北行，沿着天山南麓，经车师前王庭（吐鲁番）、焉耆、龟兹（库车），到达疏勒（喀什），然后越葱岭，进入大宛、康居、大夏等地，这条道就是丝绸之路的北道。隋唐时期（581—907），由于中外文化交流的加强，在原丝绸之路北道之北又出现了一条新北道，即出敦煌至伊吾（哈密），再经蒲类（巴里坤）、铁勒部，渡今楚河、锡尔河而达西海（地中海）。由此可见，东接中原，西邻新疆，天山南北两条丝路以及元丝绸之路北道之北的新北道都臻于此，敦煌成为中西交通中的重要枢纽，在文化、商贸、宗教交流中具有极其重要的地位。正如国学大师季羡林先生所说：“世界上历史悠久、地域广阔、自成体系、影响深远的文化体系只有四个：中国、印度、希腊、伊斯兰，再没有第五个；而这四个文化体系汇流的地方只有一个，就是中国的敦煌和新疆地区，再没有第二个。”

丝路以洛阳、长安为起点，从河西走廊抵达敦煌，再分南北两道，北道出玉门关沿天山山脉南麓西进，南道出阳关沿昆仑山北麓西进。两条道相会于喀什，均要穿过大漠与戈壁。所以，从西而来，踏入河西第一块肥沃的绿洲，都要稍事休整再继续东行。由此可以想见当年敦煌熙来攘往、驼铃叮当的繁荣景象。

现在的敦煌是一个绿荫悦目、处处弥漫着文化艺术气息的国际旅游城市。除了莫高窟之外，鸣沙山与月牙泉、阳关、玉门关、雅丹地貌，以及莫高窟的姊妹窟——瓜州榆林窟，都是令人感兴趣的景点。此外，敦煌夜市颇有特色，徜徉在党河风情线上好似进入了沙漠里的秦淮河。

如果从嘉峪关或酒泉去敦煌放弃航空改走陆地，可乘高铁，也可乘车前往，虽然势必要受长途跋涉之苦，却也别具情趣。从嘉峪关或酒泉到敦煌的公路，不到 400 千米，由于戈壁沙漠一望无际，没有障碍，汽车可以每小时 100 千米的速度高速行驶。路途中，前方的地平线会出现湖水、树影的风景。再向前行半小时、一个小时，那湖水、树影似乎永远停在天边，靠近不了，这就是海市蜃楼，一种出现在沙漠中的虚幻景象。古时的商队常会受惑于这样的景象而步入死亡之路，今日行车却只有惊喜而无任何惊险了。

Tips

- **工艺美术：**敦煌地毯、晶石眼镜。
- **土特产：**李广杏、胭脂桃、葡萄、鸣山大枣、黄河蜜、锁阳。
- **风味小吃：**驴肉黄面、酿皮、手工臊子面、泡儿油糕。

敦煌至周边地区短线旅游

- 敦煌市—敦煌数字中心—莫高窟—敦煌民俗博物馆—鸣沙山月牙泉（天气炎热时宜安排在早晨和傍晚）
- 敦煌—阳关—仿宋沙州古城—西千佛洞—敦煌市博物馆—白马塔—夜市民俗/党河风情线
- 敦煌—玉门关—河仓古城遗址—汉长城雅丹魔鬼城
- 敦煌—瓜州榆林窟—锁阳城遗址—酒泉/嘉峪关
- 敦煌—阿克塞
- 敦煌—苏北

敦煌石窟

敦煌石窟包括莫高窟、榆林窟、西千佛洞和东千佛洞，以莫高窟规模最大，保存最好，艺术上也最具代表性。

莫高窟位于敦煌城东 25 千米之外的峡谷间。从公元 4 世纪到公元 14 世纪，人们在悬崖上开凿了上千个洞窟，现存 735 窟，塑像 2400 余尊，壁画 4.5 万平方米。如果把所有的壁画排列起来，可以布置成一个高 1.5 米、长 30 千米的画廊，所以莫高窟被誉为“世界最大的画廊”毫不夸张。它是世界现存佛教艺术最丰富的宝库。1987 年 12 月被联合国教科文组织列为世界文化遗产。

莫高窟

前秦建元二年（366），有一位叫乐僔的和尚，西游到鸣沙山下。这时太阳将要下山，乐僔见对面三危山一片金光耀眼，好像有千万个佛在金光中显现。乐僔认定这是一块圣地，于是决定在鸣沙山悬崖上开凿一洞，并留下来修行。据考证，由于三危山含金属，所以在夕阳映照下，闪耀出一片金色光芒。在这样的巧合下，造出了一座不朽的世界级艺术宝库，是乐僔始料未及的。

王圆箓

第二位来此开窟的和尚名叫“法良”。其后，莫高窟逐渐发展成丝路上最大的石窟寺。来往丝路的商旅，前往西域时，经敦煌必定到莫高窟烧香礼佛，祈祷一路平安；入关的客商则往往捐献钱财开窟感谢佛祖菩萨的保佑。久而久之，莫高窟名气越来越大，石窟也越开越多，数以千计，又称“千佛洞”。

现存从东晋十六国到北魏、西魏、北周、隋、唐、五代、宋、西夏、元 10 个朝代的洞窟有 735 个。

明代以后，随着丝路的衰退，莫高窟也曾被

莫高窟

人遗忘过。直到1900年5月26日，王圆箓道士在16号窟的甬道上清理积沙时，无意间发现墙壁有裂缝，敲打几下，发觉内空。打开墙壁，发现一密闭石窟（如今编为第17窟），内藏5万多件经卷、文书、绢画、法器等，十分珍贵。估计是西夏人入侵敦煌时，僧人逃离前秘藏的。

藏经洞的发现震惊了世界学术界。此后，随着对丝路的考察和研究，敦煌莫高窟的历史和艺术价值逐渐为世人所熟知。

莫高窟是一座色彩斑斓、异常珍贵的文化艺术宝库，它始建于公元366年，迄今已有1600余年的历史。

鸣沙山东麓延伸此处，那蜂房般的石窟便层层叠叠地镶嵌在悬崖峭壁之上。石窟的造型，是中国化了的支提式或毗河罗石窟寺的样式，将木构建筑和石窟巧妙地结合在一起，因此，窟檐和廊道看起来古朴庄重，奇妙独特。经修整过的各个石窟已由水泥石阶的天梯和楼道连接，出入方便稳妥。

现存最早的洞窟是北凉时期的。我们在第268窟看到了古拙、朴实的风格。那一时期，西域文化艺术传入时，敦煌已有了深厚的民族传统文化基础。因而，敦煌佛教艺术一开始便显示出浓厚的民族特性。

莫高窟第 321 窟《药师佛说法图》

东晋十六国时期，河西走廊的古凉州是中国文化的中心之一，敦煌又是凉州文化的中心，儒学尤盛。时至北魏，敦煌艺术与北凉壁画一脉相承，依然散发着汉晋文化的气息；从西魏时期的壁画中我们又看到了西王母、伏羲、女娲、风神、雷神的形象，那时，续接汉晋气息的是中原新的画风，敦煌的西魏艺术由此更加中国化。

从北魏充满原始气息的艺术到富丽灿烂的唐代艺术，其间跨越了隋代。隋代虽然只有 38 年，至今仍看得到当时开凿的近百个洞窟。隋代的洞窟里，菩萨像画得很美，早期那种硬直的西域影像已经消退，打动人的是被世俗化了的菩萨容貌。

一踏入初唐的洞窟，那雄伟的气魄、卓越的造型、丰富的色彩，充分显示出这个时代不平凡的开端。从唐代起，出现了一种通壁的巨幅经变画，规模雄伟，人物众多，色彩绚丽。在 22 窟的《西方净土变》画面中，阿弥陀佛和菩萨躯体比例的大小及地位的不可逾越，表现了现实中森严的等级制度；乐舞的场面，反映了当时豪贵之家伎乐之盛；楼台殿阁更是帝王宫阙的写照。

五代时，石窟增多，规模加大，但壁画已失去了唐代精致生动、神采焕发的特点，显得板滞。莫高窟历史上最沉闷乏味的时代是北宋、西夏。宋代的壁画虽然刻意仿唐，但内在精神趋于空乏萎缩；西夏的作品则千篇一律，平淡无奇。元代洞窟尚存 9 个，其中第 3 窟的千手千眼观音和千手千钵文殊，画工卓越精彩，线条顿挫曲折，功力自然，已达到炉火纯青的程度。特别是那种画在湿壁上的水彩壁画，画法与欧洲壁画有某种直接的联系。大元帝国使中断的丝绸之路再度复苏，新文化的传入直接影响着艺术的风貌。然而莫高窟壁画艺术的创造，可以说到元代已经结束。明代修筑嘉峪关后，敦煌被放弃，成了一段空白。清代翻修过一些洞窟，手艺却不高明……莫高窟被逐渐遗忘了。

无论兴亡成败，盛衰荣辱，以往的年代一如过眼烟云，而敦煌壁画艺术却有着非凡的魔力，一束束光芒似已摆脱了宗教的中心放射开来，照亮了已淹没在千年尘埃之中的一页页历史。

敦煌的彩塑艺术也充满哲学意味，细细端详第259窟那尊东方的“蒙娜丽莎”，她嘴角浮现的一丝微笑，含蓄而典雅，那不就是典型的东方人对妇女的审美标准吗？而众多的飞天也绝不仅仅是司乐的天神，她们的飘带在空中随风飞舞，她们的体态婀娜多姿，所表现的正是一种理想主义的精神。

曾有一位日本艺术家说过：“从敦煌早期的壁画中，可以看到埃及墓中壁画的风尚，看到拜占庭艺术的风尚，看到罗马艺术的风尚。敦煌艺术是人类艺术的曙光。”

这种艺术的确魅力非凡。仿佛它已将千年的历史浓缩，然后又以神奇的力量飞快渗透你的思维和记忆的细胞。

虽然来去匆匆，虽然是浮光掠影，但这一切已使你铭刻在心，永不忘记。

参观莫高窟一定要做扎实的文化知识准备。此外，进窟前，要收起相机交存包处保管，窟内不允许拍照。

莫高窟数字展示中心

莫高窟数字展示中心，是“敦煌莫高窟保护利用工程”的重要组成部分，于2014年8月1日正式对外开放。核心展示内容为“数字敦煌”与“虚拟洞窟”，主要借助当代先进的数字技术和多媒体展示手段，向观众呈现敦煌莫高窟绚丽多彩的石窟艺术经典与气势恢宏的历史文化背景，使观众在进入洞窟之前就能与莫高窟进行全方位、近距离的“亲密接触”，缓解敦煌莫高窟旅游开放与文物保护之间的矛盾，实现世界文化遗产敦煌莫高窟“永久保存，永续利用”的目标。莫高窟

莫高窟数字展示中心

数字展示中心循环播放介绍敦煌莫高窟历史文化背景的主题电影《千年莫高》和展示精美石窟艺术的球幕电影《梦幻佛宫》，两部电影片长均为20分钟。《千年莫高》用有感染力的电影艺术语言，为观众呈现出敦煌莫高窟延续至今1600余年的历史文化背景，展示出一幅波澜壮阔、恢宏壮观的历史画卷，使观众在参观洞窟之前对丝绸之路的形成、佛教东传、莫高窟的营建等内容有较为深入的了解，还能使观众认识和领悟莫高窟巨大的历史和人文价值，带给观众穿越时空的心灵碰撞。《梦幻佛宫》球幕电影是莫高窟数字展示中心最大的看点，这种特殊的球幕技术常被天文馆、科技馆用来播放天文科普片。用球幕电影手法展示璀璨绚丽的莫高窟佛教艺术，在全球范围内尚属首次。18米直径、500平方米超大球形荧幕、鱼眼镜头拍摄的180度超视角逼真画面以及全方位立体声的音响效果使观众恍若置身于一个个异彩纷呈、如梦似幻的洞窟之中。精美的塑像触手可及，绚丽的壁画近在咫尺，细节清晰、美妙绝伦的佛国世界和叹为观止的精彩影像将给您带来强烈的视听震撼和无与伦比的艺术享受。

敦煌石窟文物保护研究陈列中心

敦煌石窟文物保护研究陈列中心与莫高窟隔河相望，相得益彰，也是莫高窟之行的最后一站。陈列中心内有敦煌研究院专家按照1：1比例复制的8个不同时代极具代表性的石窟，并配有详细说明文字，尤其是西魏第285窟，还配有更加清晰详尽的图片和文字，图文并茂地解读窟内壁画重要看点。有别于南区佛国的热闹华丽，北区的僧侣世界一直荒凉清寂，“闲静修寂志，结跏坐林间”，北区安静，是禅居的理想之地，数量可观的禅窟也就应运而生。历久不变的长风是戈壁的主角，年复一年，卷走岁月，幸好，它只是抚平历史，并没有抹尽印记。片纸半页，沙海古卷，仍可复读残存的信仰。不曾记，有多少宗教、信仰、民族、文化在此绚烂交错，只知道，时间的光影投射在某一刻。这里仿佛一个巨大的磁场，感召着四面八方的芸芸众生，涉流沙，行万里，朝圣这个黄沙包围的精神家园。

敦煌石窟文物保护研究陈列中心

西千佛洞

西千佛洞开凿在敦煌市西南 35 千米处的党河河岸崖壁上，因地处千佛洞（莫高窟）之西而得名。石窟形制、壁画和雕塑艺术风格均与莫高窟相似，因而也成为敦煌艺术的一个组成部分。西千佛洞始创年代应早于莫高窟，至少应与莫高窟属同时代建造。

西千佛洞现存石窟 16 个（窟、龛共 22 个），其中 1—3 窟为唐窟，4—8 窟为魏窟，16 窟为晚唐窟，这 9 个洞窟保存较好，其他 7 个洞窟多有坍塌，壁画也剥蚀不清，时代难以确认。专家认为洞窟属北魏至宋代所凿。保存较好的 9 个石窟，每个石窟中央大多有中心座，座四周凿龛，内塑佛像，四壁多绘贤劫千佛、佛趺坐说法图、佛涅槃像。中心座和四壁的佛像下，绘金刚、力士像。北魏一石窟内南壁西段绘《睒字经》故事，东段绘《劳度叉斗圣变》故事，为莫高窟北魏洞窟所没有的佛本身故事，有独特价值。其余窟龛的四壁和藻井则很少绘佛本身故事。

西千佛洞与莫高窟经历了类似的盛衰历程，受各种自然和人为的破坏，艺术宝库损失惨重。近年来，政府全面加固、修缮了洞窟，使面临崩塌的崖体和洞窟保

西千佛洞石塔

持了整体稳定性，崖体回廊保证了游人的安全。如今，西千佛洞得到了有效地保护，有 10 个洞窟开放，成为游人从敦煌至阳关旅游线上重要的参观内容。

榆林窟

榆林窟，又名“万佛峡”，位于甘肃省瓜州县城东南 70 千米处的榆林河水库之上。始开年代无文字可考，但文物考古工作者从中心柱形制的洞窟和第 25 洞前宝天王壁上的“光代三年”题记推断，洞窟当开创于隋以前。洞窟的形制、壁画内容及艺术风格，都与莫高窟同承一脉，是敦煌艺术的一个组成部分。榆林窟由东、西崖两部分组成。东崖现存 32 窟，西崖 10 窟，共计 42 窟，窟内保存彩塑 272 余尊，壁画 5650 余平方米，其中有不少是由唐到元的壁画、彩塑佳作。壁画包括佛、菩萨像和佛教故事画、花卉禽兽、装饰图案、供养人、士庶人物。第 25 窟的大幅彩画——西方净土和弥勒净土，结构严谨，色彩艳丽，神态动人，线条潇洒、流畅，具有吴道子一派的风格，为唐代壁画中罕见的精品。第 29 窟的西夏“供养人”，第 12 窟中的五代“天龙八部”等，除了承袭前代题材，又增加了西夏第 2 窟中的“水月观音”和“密宗曼陀罗”等新内容，为前代少见，风格也不相同。另外还有反映现实生活的耕耘收获、喜庆嫁娶、宴饮欢乐及弈棋、酿酒、舞乐、冶铁等画面，生活气息浓郁。特别是五代、宋初大规模的供养人画像和题名，是研究瓜州（今瓜州县）曹氏统治河西的形象资料。衣冠特殊的西夏人、蒙古人的形象，反映了少数民族的服饰。西夏洞窟中所绘唐僧取经的故事中，孙悟空以猴像在绘画中出现，比《西游记》成书早了 300 多年，是研究古文化的珍贵资料。1961 年，榆林窟被国务院列为全国重点文物保护单位。

东千佛洞

东千佛洞，又名“接引寺”，距瓜州县城 98 千米，洞窟开凿于长山子北的古河道两岸。现存 23 窟，保存有壁画和塑像的有 9 窟，其中西夏 5 窟、元 1 窟、清 3 窟。壁画总面积 486 平方米，彩塑 56 身，其中尤以内容丰富、技艺精湛的西夏窟见长，其密宗佛教壁画可弥补莫高窟、榆林窟之不足。

主要的壁画内容有：净土变、涅槃变、药师变、文殊普贤变、水月观音变、密宗曼陀罗等西夏流行的题材，还穿插有坛城、藻井、鸟兽花边、双龙围凤、趺坐小佛、伎乐菩萨、金刚、力士、火焰、壶门等图案装饰。从绘画技法上看，这里是一座精美的、不可多得的西夏艺术宝库，西夏人俨然自成一家的独特艺术风格在这里得到了完美的体现。尤其是第 2 窟后穿道南北两壁的水月观音，更是精致严整。

千手千眼观音

水月观音变

唐僧

观音悠然自若坐在金刚宝石座上，座后几株紫竹，身边彩云环绕、绿水荡漾，远方天际一轮明月高照，隔水岸边，玄奘双手合十向观音膜拜，孙行者一手搭凉棚、一手牵白马紧跟在后。玄奘取经图是经变特别是水月观音变的组成部分，画师们在创作时把玄奘夜过玉门关、偷渡葫芦河往西去印度取经的历史事实与想象的神灵世界结合起来，形成了瓜州西夏壁画观音变独有的特色。正如著名敦煌学家段文杰先生在1990年敦煌国际学术研讨会上宣讲新作《新发现玄奘取经图探讨》时所说："瓜州榆林窟和东千佛洞六幅玄奘取经图的发现，在研究佛教思想的演变，研究中印文化交流的历史，研究《西游记》成书之前主要人物艺术形象的创造和完善过程，是难得的形象资料。"

鸣沙山月牙泉景区

鸣沙山月牙泉景区位于敦煌市东南3千米处。月牙泉在鸣沙山的环抱之中。古诗云："一弯如月弦初上，半壁清波镜比明。风卷飞沙终不到，远含止水正相生。"月牙泉东西长240米，南北宽窄不等，最宽处39米，深约2米。形状如月牙，故而得名。传说，泉内原产铁背鱼、七星草，服之可长生不老，故当地人又称月牙泉为"药泉"。

使人惊诧的是，在这茫茫的流沙世界中，经常狂风四起、飞沙走石，但千万年来，月牙泉却"泉映月而无尘""亘古沙不填泉，泉不枯竭"，且清澈不腐，这是为什么？据专家研究，因为地下有水源，故不干涸；由于泉水处于循环状态，故不腐坏。泉不被沙子填埋的原因，主要是南北两面沙山高耸，山坳随泉的形状也成月牙形，由于这种特殊的山形，这个环山洼地里的风会向上盘旋，虽遇强风而泉不为沙所掩盖。

当地人相信，端阳节登鸣沙山，观月牙泉，可以消灾避难，医治百病。所以，每年端阳节，男女老幼纷纷结伴而至，热闹非凡。

雷音寺

位于敦煌市南4千米处杨家桥乡，在敦煌市至鸣沙山公路的左侧。传说古时在月牙泉附近有雷音寺，后沙暴横行，寺院为鸣沙山所埋。1989年，由国内外佛教团体和敦煌市佛教徒捐赠，于今日位置重建了雷音寺，1991年6月落成开光，并对游人开放。

雷音寺占地28000多平方米，建筑面积达3000平方米。寺门横额“雷音寺”三字由原全国政协副主席、中国佛教协会会长赵朴初题写。寺门西开，全寺由1个正殿、2个陪殿和僧房、施主客房组成，共有殿阁房舍百余间，供奉佛、菩萨、罗汉、弟子塑像37身。其中，正殿为大雄宝殿，殿内正中为一尊汉白玉佛像，高1米许，系缅甸华侨捐赠。佛像两侧各塑菩萨一身，并有彩塑十八罗汉，形象逼真。

敦煌民俗博物馆

敦煌民俗博物馆位于敦煌市南郊的鸣沙山麓，距莫高窟25千米，占地总面积7920平方米，建筑面积4300平方米。馆内共有各类古建筑风格的房舍126间，充分展现了敦煌的地方民间习俗，是目前敦煌的涉外旅游景点之一。

敦煌民俗博物馆整体建筑采用敦煌民间传统的具有防匪、防盗、防沙作用的古堡式建筑样式，为敦煌民居建筑中最流行的四合院形式。建筑风格古朴、典雅，木结构精雕细琢，宽敞明亮，室内陈设多样朴实，是集中反映户主文化生活和敦煌民间建筑风格的重要场所。敦煌民俗博物馆利用四合院及前院各室分别设置展示敦煌地方民间文化、宗教信仰、人生礼仪、生辰寿诞、岁时节令、衣食住行、饮食起居、风味小吃、婚丧嫁娶、供神祭祖、陶瓷器皿、生产生活、游艺竞技、商业习俗、名人字画、文房四宝、玉雕珠宝、民间刺绣等20余个参观展室。敦煌民俗资料源远流长，古老朴实，内容丰富，潜力无穷，具有很强的知识性、趣味性，在中国具有特殊的地位。历史虽已成为过去，但我们可以通过“敦煌民俗博物馆”这一窗口，了解历史上敦煌人走过的历程，了解他们的生产、生活、思想、风俗。

千年敦煌·月牙泉小镇民俗文化旅游景区

千年敦煌·月牙泉小镇民俗文化旅游景区位于鸣沙山·月牙泉景区接待点，全长511米，总占地面积113525.74平方米，建设面积48800平方米，共有特色商铺266家。这座小镇是一座集聚吃、住、行、游、购、娱一站式旅游服务功能的旅游文化小镇。2015年开街运营。

小镇采用敦煌汉唐时期大气古朴的古建筑风格和开放式走廊商业街设计，集沙漠风光、本真美食、人文情怀于一体，小吃餐饮、特色购物、艺术工坊、时尚休闲、主题客栈等多种业态自然相连。

小镇秉承“传递文化精神，承载历史记忆”的理念，以配套服务为核心，以文化体验为亮点，挖掘敦煌丰富多彩的自然人文资源，展现厚重的历史文化底蕴，在保护和传承中创新发展，倾力打造丝绸之路的第一印象地。

小镇是“丝绸之路非物质文化遗产传承创新基地”“敦煌非物质文化遗产传习保护基地”“甘肃省陇原巧手示范基地”和“酒泉市陇原巧手示范基地”。2016年以来，月牙泉小镇获得“中国最美村镇特色奖”和“‘一路一带’最美驿站最佳目的地”等多项荣誉。

阳关大景区

西汉王朝为抵抗匈奴对边疆的骚扰，经营西域，自公元前121年起，先后在河西走廊设置了酒泉、武威、张掖、敦煌四郡，同时建立了阳关和玉门关。阳关建于汉元封四年（前107）左右，曾设都尉管理军务，自汉至唐，一直是丝路南道上的必经关隘。丝绸之路开辟时，商队从长安出发，到敦煌进行补给后，再从两个关口出发，阳关就是其中一个。阳关位于龙头山（今敦煌山）之南，因“山南水北为阳”而得关名。一般都说，出敦煌就是西域，但确切地说，应该是出玉门关或阳关才是西域。经过阳关后，商队穿过沙漠，到达鄯善（今新疆若羌），再到于阗，接着经过葱岭（今帕米尔高原和喀喇昆仑山）到达安息（今伊朗高原和两河流域）后，和从玉门关出发的商队会合，再到塞琉西亚，最远到达土耳其南部和埃及地区。

自西汉以来，许多王朝都把这里作为军事重地派兵把守，多少将士曾在这里戍守征战，多少商贾、僧侣、使臣、游客曾在这里验证出关，又有多少文人骚客面对阳关，感慨万千，写下不朽诗篇。高僧玄奘从印度取经回国，就是走丝路南道，东入阳关返回长安的。

阳关博物馆

位于敦煌市区西南70千米处的阳关景区，于2001年4月21日动工建设，2003年8月28日正式开馆。该馆占地面积约10万平方米，建筑面积近2万平方米，是由两关汉塞陈展厅、丝绸之路陈展厅、阳关研究所、汉阙牌楼、仿古兵营、阳关都尉府、仿汉阳关关城、仿汉民居一条街、旅游工艺品展销中心等9部分组成的砖混结构仿汉城堡式建筑群。

该馆现存馆藏文物近4000件，包括青铜器、铁器、陶器、玉器、石器、骨器、毛麻丝织品等，其中一级文物21件，二级文物142件，三级文物487件。百分之九十以上为冷兵器，主要有弓、箭簇、弩机、钺、戈、矛、戟、啄、斧、剑、刀、短剑、鞭、锤、叉、削刀、匕首等，其中戈、矛、斧、箭、簇、削刀、短剑具有各种式样，且数量多，又自成体系，具有较高的历史价值和学术价值，基本反映了春秋、秦汉、魏晋、唐宋等历史时期的兵器演变过程，对于研究我国古代军事文化的发展和丝绸之路边塞地区多民族的发展有着深远的意义。

阳关博物馆先后举办“两关长城学术研讨会”“《敦煌诗选》出版发行座谈会”等大型文化学术活动，并出版《两关长城论文选粹》《敦煌诗选》和《阳关博物馆讲解基础知识》等数百万字的正式出版发行图书和内部读物。

汉代烽燧·古董滩

隋唐时期，阳关被废弃，后慢慢荒芜，城池被流沙掩埋，只剩下墩墩山烽燧立于大漠戈壁之上。

历史的久远使关城烽燧少有遗存，古代阳关向北至玉门关一线有70千米的长城相连，每隔数十里即有烽燧墩台，阳关附近亦有十几座烽燧。其中尤以古董滩北侧墩墩山顶上的称为“阳关耳目”的烽燧最大，属汉代建筑，残高4.7米，底长8.8米，宽7.5米，地势也最高，保存比较完整。耸立在墩墩山上，远近百里尽收眼底。墩墩台处在阳关的制高点，它是阳关历史唯一的实物见证。在山南面有一片望不到头的大沙滩，被当地人称为“古董滩”。这里流沙茫茫，一道道错落起伏的沙丘从东到西自然排列成20余座大沙梁。沙梁之间为砾石平地，汉唐陶片、铁砖、瓦块、兵器、装饰品等古遗物俯拾皆是，故当地有“进了古董滩，空手不回还”之说。

汉代烽燧

碑文长廊

今人在烽火台高耸的墩墩山上修建了名人碑文长廊，漫步在长廊里，既可欣赏当代名人的诗词书法，又可凭吊古阳关遗址，还可以远眺绿洲、沙漠、雪峰的自然风光。

阳关，一座被流沙掩埋的古城，一座被历代文人墨客吟唱的古城。这里残存部分房屋、农田、水渠等遗址，当大风过后，这些遗址清晰可见，引人注目。王维的《送元二使安西》写道：“渭城朝雨浥轻尘，客舍青青柳色新。劝君更尽一杯酒，西出阳关无故人。”后人将这首惜别诗编入乐府，把末句“西出阳关无故人”反复唱三遍，称为“阳关三叠”。阳关随此千古绝唱，扬名天下。

自古以来，提起阳关，人们心中总会升起凄凉悲惋、寂寞荒凉之感。如今的阳关，不再是王维笔下“西出阳关无故人”和凄凉寂寞的代名词，而是柳绿花红、林茂粮丰、泉水清清、葡萄串串的好地方。

寿昌城 · 渥洼池

出敦煌城西，在戈壁滩上有一条河，即党河。流水将河床冲刷成深沟，不到沟旁向下俯视，见不到河水。此河给敦煌带来了生命。

西南行约 70 千米，来到一座被沙漠掩埋一半的古城“寿昌城”。在汉代敦煌建郡时，它叫“龙勒县”，属敦煌郡，到唐代改为“寿昌县”。紧靠着寿昌古城，有一道茂密的防沙林挡住了黄沙。穿过树林，可以看到大片的绿洲农田、高大的白杨树、林荫大道及整齐的房屋。这里是敦煌著名的南湖乡，茫茫戈壁上，海子似的湖泊，给塞上平添了几分秀色。

南湖乡的生命力来自地下涌出的四股泉水。其中最大一股每秒流量 0.8 立方米。乡民用石砌坝圈泉水成小湖。这石坝自古有之，称“黄水坝”。汉朝称这一池清水叫“渥洼池”。

夏秋两季，此处景观宜人。游人徜徉于柳荫湖岸，摇橹于碧波之中，燥气顿消，好生惬意。此外，渥洼池更有一份引人入胜的神秘。公元前 120 年，有个河南南阳新野小官吏，因犯罪被罚至此处。他时常在湖边放牧，用计套住野马，诈称此马从水中跃出，将它献给素有爱马癖好的汉武帝。武帝龙颜大悦，作“天马歌”，从此敦煌渥洼池出天马的故事便流传开来。

阳关沙漠森林公园

阳关沙漠森林公园位于敦煌市西南 80 千米处的南湖林场附近，距阳关故址 10 千米。1993 年开始，在原南湖林场基础上，陆续建成了葡萄长廊、葡萄观赏区、沙生植物园、动物园、游泳池、儿童娱乐场和南湖度假别墅，总面积 16.65 平方千米，已成为省级沙漠公园，是敦煌—阳关旅游线上的重要一景。

南湖乡有一片沙漠上的绿洲，这里村村造园，户户栽树，葡萄品种多、质量好，堪与吐鲁番的葡萄相媲美，有“小吐鲁番”之称。南湖林场现已建成5000米长的葡萄长廊，廊内设有石凳石桌供游客休息并品尝葡萄。在南湖林场通往沙丘道路的两侧，东起中渠，西至沙丘东缘，有两个葡萄观赏园，占地11公顷，园内各设亭台一座。

每年八九月份，是南湖葡萄成熟的季节，游客可来此品尝葡萄。在南湖度假别墅小住，体验沙漠绿洲中的田园风光和现代农村的生活风情。

玉门关

玉门关在敦煌城西北100千米处。汉武帝开辟河西，“列四郡，据两关”所说的两关就是阳关和玉门关。自汉魏以来，它是通往西域诸国最西边防上的重要关隘。

玉门关何以得此称谓？据说当年输入中原的和田美玉必经此关，故名。玉门关呈方形，因此人们也叫它“小方盘城”。玉门关西、北两墙各有一门（西门可能是后来开的洞），因墙土剥落，形如土洞。北门现已堵塞。玉门关为黄土夯筑而成，面积633平方米，上宽3.7米，东西墙下宽4米，南北墙下宽4.9米，墙垣裂缝较多。城北坡下有东西大马车道一条，紧靠城北车道，距城80米处有一土台。

古代跨出玉门关就是出塞。唐诗中有不少悲凉的出塞曲，王之涣的《凉州词》就是其中有名的一首：“黄河远上白云间，一片孤城万仞山。羌笛何须怨杨柳，春风不度玉门关。”在古人心目中，玉门关外的西域该是何等的凄凉。到隋唐，随着伊吾大道的崛起，玉门关远至今瓜州县东双塔堡附近。日久天长，人烟绝迹，关口淹没，城郭失修，终于沦为废墟。昔日军营栉比，车水马龙，使者往来，商贾、僧侣络绎不绝的繁华边关，成了人迹罕至、“春风不度”的荒漠寂野了。

敦煌至玉门关已开通公路，乘车90分钟抵达目的地。设有游客接待中心。

河仓城

位于小方盘城东北约13千米处，俗称“大方盘城”。在这戈壁荒野里，驱车西行，走着走着，一夯土版筑、坐北朝南的长方形断壁残城会突现于眼前，那就是

玉门关

河仓城。建于西汉的河仓城自汉至魏晋一直是西域边防储备粮秣的军需仓城，把守玉门关、阳关一带以及西进东归的官兵均从此地领取粮食、衣物供给，是中国罕见的留存下来的军事仓储城之一。

河仓城建在高出疏勒河床 2 米多的自然土台上，因城面河便有了“河仓”之名。仓城很是有些规模，东西长约 132 米，南北宽约 17 米。残垣最高处 7.6 米。城内稍北部有东西长的自然土台，台上即是连属的三间仓库。仓垣南北壁上可见两排对称的通风孔，形状是三角形的，上三下五。仓外 12 米处有环围仓墙一道，不过只立着东北两面墙，四角还筑有 7 米多高的角墩。城角下的河水已涸，但宽宽的古河床依然可见。仓中粮草便由古人以船为渡，从酒泉、敦煌郡运来存储。

雅丹国家地质公园

敦煌的鸣沙山、月牙泉以其自然地理奇观之美名享誉海内外，而与其相媲美的玉门关雅丹魔鬼城却鲜为人知。

据《辞海》解释："雅丹，维吾尔语，原意为'具有陡壁的土丘'，干燥地区的一种风蚀地貌。"在距玉门关西85千米处，有一处典型的雅丹地貌群落，东西长约25千米，南北宽约1～2千米，俗称"魔鬼城"。这片雅丹地貌群落远远超出了《辞海》中所定义的规模和形态，其个体和整体规模之大、形态之奇异实属举世罕见。其高度，低的四五米，高的有二十多米，长宽有十几米到几百米不等；其整体，像一座中世纪的古城。这座特殊的"城堡"，有城墙、有街道、有广场、有教堂、有雕塑，形象生动，惟妙惟肖，令世人瞠目。在这里能找到许多世界著名建筑的

雅丹国家地质公园

缩影，北京的天坛、拉萨的布达拉宫、埃及的金字塔和狮身人面像、草原上的蒙古包，应有尽有。雕塑有大漠雄师、有丝路驼队、有中流砥柱……不可胜数。置身其中，仿佛进入了世界雕塑、建筑艺术博物馆，让人目不暇接，惊叹不已。这些大自然的杰作，堪称鬼斧神工，奇妙无穷，让人佩服得五体投地。

- 景区现在已有三级路面通入，去玉门关一定要去这里，不然是一大遗憾。
- 这里的形貌不可再生，请一定不要攀爬。
- 设有游客接待中心和餐厅。

悬泉置遗址

悬泉置遗址为全国重点文物保护单位、世界文化遗产。遗址位于敦煌市甜水井东南2千米吊吊泉沟口西侧，敦煌市与瓜州县行政区域交界处。南临三危山支脉火焰山，北与疏勒河流域汉长城烽燧遥望。因出土的汉简上书“悬泉置”三字而定名。

悬泉置遗址，据出土简文记载，西汉武帝时称“悬泉亭”，昭帝时期改称“悬泉置”。东汉后期又改称“悬泉邮”，魏晋时曾废弃。唐以后复称“悬泉驿”，宋以后又废置。清代又称“贰师庙”“吊吊水”。其名取自南侧山中悬泉水。

遗址由主体建筑坞堡和坞外附属建筑仓、厩构成。坞呈正方形，边长48.1米，土坯砌筑，坞内有两组房屋建筑。坞墙设于东墙正中，宽3米。坞东北及西南角有角墩。

出土简牍2.1万余枚。形制有简、牍、觚、封检、削衣等。纪年简最早是武帝太始三年（前94），最晚为和帝永元十三年（101）。其中以宣帝、元帝、成帝简最多。内容有诏书、律令、科品、檄记、簿籍、爰书、劾状、符、传、历谱、术数书、字书、医方、相马经等。出土了较多的书于墙壁的墨书题记，内容涉及诏书和药方等，特别是西汉平帝元始五年（5）的“使者和中所督察诏书四时月令五十条”，直行隶书，字体工整，保存较好，是研究汉代历律、农技和医药水平的最新资料。

其他遗物有铜、铁、漆、木、骨、革、丝、麻、纸、毛和粮食等16大类，共计3250余件。其中大量西汉汉宣帝时期麻纸的出土，证明了早在西汉时期纸已作为书写工具在西北边郡地区广泛使用。

悬泉置遗址是继居延遗址之后简牍出土数量最多、内容最为丰富的遗址，该遗址的科学发掘，对研究汉晋驿站的结构、形制和布局提供了极为重要的实物资料，与之相联系的大量简牍及其他各类遗物为我们了解汉代邮驿制度及西北边郡地区的政治、经济、军事及文化生活等方面提供了新的实物资料，具有极高的历史、科学和文化价值。

西湖国家级自然保护区

西湖国家级自然保护区，位于敦煌市区西部库姆塔格沙漠以东，东接南泉湿地自然保护区和阳关镇，南与阿克塞哈萨克族自治县接壤，西、北分别与新疆维吾尔自治区和敦煌雅丹国家地质公园毗邻，并与库姆塔格沙漠和罗布泊相连，地理坐标为东经 92°45′～93°50′，北纬 39°45′～40°36′。

保护区总面积 66 万公顷。其中核心区 19.8 万公顷，缓冲区 14.575 万公顷，实验区 31.625 万公顷。主要保护范围包括湾腰墩、天桥墩、土豁落、马迷兔、艾山井子、清水沟、火烧湖、后坑子、盐池湾、崔木土沟和卡拉塔格等区域。属自然生态系统类的内陆湿地和水域生态系统自然保护区，以保护湿地生态系统及国际濒危物种——野骆驼种群，主要保护对象为湿地生态系统、荒漠生态系统和珍稀野生动植物及其生存环境。

在此处游览要严格遵守相关自然环境保护政策。

敦煌古城

敦煌古城为汉敦煌郡治，位于敦煌市西南 18 千米处的大漠戈壁滩党河中下游绿洲腹地。唐立沙州，元置沙州路，明设沙州卫，其城址一脉相沿，未曾他迁。据西北师范大学敦煌学研究所李并成研究员考证推测，可能是赵破奴从令居向西进军两千里，于汉元鼎六年（前 111）调集张掖、酒泉郡人力修筑了敦煌城这一西陲要塞，并筑敦煌绿洲外围的土河、塞城以及马圈口堰水利枢纽。

敦煌的历史古老而久远，历史上的敦煌曾是中西交通的枢纽要道，丝绸之路上的咽喉锁钥，对外交往上的国际都会，经营西域的军事重镇，在中华历史的长卷上占有光辉的篇章。敦煌古称“三危”。《都司志》载：“三危为沙州望山，俗名羿雨山，在县城东南三十里。三危耸峙，如危卵欲坠。故云。”至今，敦煌市城东南有三个巍峨奇特的山峰，就是古代的三危，今仍称三危山。在距今约 4000 年前相当于舜禹时的上古时期，敦煌地区就有人类的先民在这里繁衍生息。据《尚书》记载，舜“窜三苗于三危”，成为敦煌历史上最早的居民。根据考古发现，在我国夏、商、周时期，这里就有属于玉门火烧沟文化类型的羌戎居住。春秋时敦煌称瓜州，以地产美瓜而得名。当时有月氏、乌孙等游牧民族在此驻牧。到了战国，月氏逐渐强大，吞并羌人，赶走乌孙，成为敦煌的新主人。秦汉之际，雄踞漠北的匈奴崛起，打败击走月氏，敦煌为匈奴占据。至西汉武帝时，经过反击匈奴的战争，迫使匈奴“远遁”，河西地区归入汉朝版图。自此，开始了中原王朝经营河西和西域的伟业，揭开了历史上敦煌开发的篇章。

敦煌古城现仅存南、北、西三面断壁残垣，东面已被水冲坍陷无余，在党河西岸河床上可找到部分基址。据残垣遗迹推测，古城南北长1132米，东西宽718米。就地取土，层层夯筑，夯层厚12厘米，垣基宽6~8米，残高4米许。四角筑高大的角墩，今仍存高16米许，高出城墙一倍，下部夯筑，上部多土坯垒砌。西墙正中残留门洞一座，当属西域无疑。该城为汉代故城，经西凉、唐代两次加固维修。城内西北一隅今被用作油库，其余均辟为农田，地表无遗物可觅。

敦煌影视城

敦煌影视城位于敦煌市至阳关公路的南侧，距市中心25千米。是1987年为中日合拍大型历史故事片《敦煌》，以宋代《清明上河图》为蓝本，由日方出资，参考中国古代建筑风格精心设计建造而成。建筑面积1.27万平方米，融千年西域民俗于一体，城开东、西、南三门，城楼高耸；城内由北宋时期的高昌、敦煌、甘州、兴庆和汴梁五条主要街道组成，点缀以不同地域的过街楼、佛庙、当铺、货栈、丝绸店、酒肆、饭馆、住宅等，作为拍摄用道具，互为背景，相辅相成。除《敦煌》一片外，先后在这里拍摄过《封神演义》《怒剑啸狂沙》《新龙门客栈》《敦煌夜谈》《沙州王子》《海市蜃楼》等20多部中外影视剧目。现已成为敦煌主要的游览参观点。

白马塔

白马塔位于沙州古城南端。相传公元386年，为纪念著名佛经翻译家鸠摩罗什所乘的白马而建。

公元 384 年，苻坚大将吕光征西取得重大胜利，他班师回京时，从西域带来了鸠摩罗什。当这支队伍行至敦煌时，鸠摩罗什所骑的白马病死了。当地的百姓非常崇敬他，自愿捐钱为他的白马建造了这座塔。

巍巍白马塔，挺拔壮观。塔为 9 层，高 12 米。每至落日黄昏，晚风习习，更显得绚丽、庄重。

白马塔掩映在绿荫之下，乘旅游专车、出租车、自行车可直驰塔下。

敦煌博物馆

敦煌博物馆是地方性博物馆，在敦煌市东大街。现有馆藏文物 14000 多件，分 14 大类，主要有陶器、石器、写经、汉简、丝绸、铁铜器、货币、珠玉、木器、书画等，有举世罕见的古藏文写经，有极其珍贵的古代地理、气象、军事写本以及汉简，还有古代人民生产、生活用具和装饰品等实物。此外，馆内还珍藏着原始社会的一些文物。这些文物是研究敦煌历史、艺术的极其珍贵的实物资料。

党河风情线

党河风情线是敦煌市区一条兼具秦淮古风和现代时尚的风情线，它是现代人把水利防洪工程与景观、生态、节水相结合后的一个城市杰作。

在 3.6 千米的市区景观河的两侧，40 万平方米的水域面积上，河中渠、湖中岛、水系绿地交相辉映，水清岸绿，碧波荡漾，“人、水、生态”相和谐。建在这里的各种景观建筑具有相当的品位和时代感，如有甘肃最大的河中音乐喷泉、首家水幕电影及九龙喷水、中国第一的室外手模印墙、甘肃最长的室外健身长廊、10 座现代时尚的水中膜结构亭、18 处古色古香的汉唐风格的临河观景楼亭、独具特色的月泉和飞天两大广场及两岸园林小品、10 万平方米的湿地公园、6 万平方米的园林绿化；又有湿地生态、蓄水造景、休闲娱乐、水中漫步、划船垂钓 5 个功能区。不仅惠及当地人，也使往来游客们悦目流连。

沙州夜市

位于敦煌阳关东路的沙州夜市是敦煌市最大的夜市，每位来到敦煌的游客几乎都要去逛逛。每当夜幕降临，华灯绽放的时候，来自天南海北、世界各地的游客逐渐汇聚到灯光迷离的夜市，使这里变得异常热闹。

坐落在夜市里的整体建筑风格是仿唐建筑并兼有浓郁的地方特色，占地面积66600平方米，有汉族、回族、维吾尔族、东乡族、裕固族、蒙古族、藏族、朝鲜族、哈萨克族、撒拉族等13个民族6000余人经营，共有十大功能区，即文化主题区、特色餐饮区、民俗市井区、西域风情区、宾馆酒吧区、烧烤区、敦煌特产区、商贸购物区、农副产品区、星光夜市区。

在夜市的特色餐饮区，集中了敦煌的名优小吃，有"驴肉黄面"、拉面、浆水面、臊子面、馅饼等传统面食。其中，"驴肉黄面"最有特色，是敦煌面食中的精品。除了面食，还有酿皮、敦煌羊杂、烤羊排、烤鱼、羊肉串等等，种类繁多，是夜市主推的风味小吃。在小吃广场，还有一个专供文艺演出的舞台。品尝着美食，还可以免费欣赏群众性的文艺演出。

在夜市的农副产品和土特产区，有李广杏、鸣山大枣、紫胭桃、香水梨、白葡萄、黄河蜜瓜等具有本地特色的水果或是水果制品销售。这些水果中，要数李广杏最为有名。李广杏香甜可口，称得上是果中佳品，"杏中之王"。

夜市中，非常引人注目的还有100多个工艺品摊位。这些摊位规模都不大，沿街一字排开，方便游客选购商品。产品有水晶石眼镜、水晶石首饰、玉石骆驼、敦煌丝毯、塑像、壁画复制品及夜光杯、旅游书籍等，琳琅满目，种类繁多。当地的艺术家们把莫高窟精美的壁画、彩塑，用艺术的手法，栩栩如生地展现在了画布、丝巾、葫芦、木料、石板之上，使这些看似平常的东西，变成了一件件非凡的艺术品。尤其是敦煌木板刻画，浓缩大千世界于方寸之间，把鸣沙山月牙泉的大漠风情、雅丹地貌的粗犷豪放表现得淋漓尽致，看了使人心驰神往，爱不释手。

敦煌夜市，2003年被国家旅游局确定为"中国民俗风情游"项目之一，2004年被中国市场指导委员会授予"中国商品交易市场先进单位"，2006年荣获全国商品交易市场“四星级”荣誉称号，2008 年被评为“百城万店无假货示范市场”“全国文明市场”“全国十佳市场”“诚信市场”等。来敦煌一定要走进沙州夜市，尽情感受一下独特的丝路风情。

敦煌演艺

敦煌演艺精彩纷呈，游客有众多的选择。《敦煌盛典》是首台大型沙漠实景演出。以鸣沙山为舞台背景，真山真水。充分利用声、光、电、水、火、风等现代舞美科技，再现了古丝绸之路重镇敦煌独特的人文历史。此外，还可观赏中国经典舞剧《丝路花雨》、情境融入式演出《又见敦煌》、杂技剧《敦煌神女》等。

《敦煌盛典》

《丝路花雨》

南线 South Route

——青藏高原、黄土高原风光，历史文化，民族风情旅游线

> 兰州→临夏→甘南

> 兰州→永靖→临夏→甘南

从兰州向南走150千米是临夏回族自治州，继续向南约130千米就到了甘南藏族自治州。此线路即甘肃东、西、南三条主要旅游线路中的南线。这条线路几乎是由北贴着黄土高原南缘攀上了青藏高原东缘，沿途的海拔落差有4000多米，是中国地形第一阶梯向第二阶梯的过渡地带，造就了这里极其丰富的地质地貌，留下了亿万年来记录着自然生态变化的庞大的古生物化石群。沿线草原、森林、冰川、雪山、峡谷、湖泊、河流等姿态万千的自然景观星罗棋布；这里民族风情浓郁，是青藏高原的窗口，世代居住着藏族牧人；黄土地上则生活着占临夏回族自治州一多半人口的少数民族，他们是回、保安、东乡、撒拉等民族。这里有丰富的新

拉卜楞寺

石器文化遗存，自秦以来中原政权的历史遗迹，还有著名的丝绸之路石窟、古渡口、旱码头等，形成了一条融自然奇观、人文历史和民族风情为一体的独特线路。

此外，这条线因为临夏至永靖公路的开通，除了从兰州直接到临夏市外，还可以设计第一站为永靖；如果乘飞机来，不在兰州市区落脚，可以走中川机场到永靖的快速通道。永靖县城河光山色，湿地丹霞，鲜花遍地，还有三座高等级酒店，可浏览以石刻石雕著名的炳灵寺、丹霞奇峰、刘家峡大坝诸多文化山水景观及球幕电影、3D动漫和数字展示。因此，从兰州出发可直接去黄河三峡，住一宿之后再行至临夏市，再继续南下到甘南草原。

此线也可以与周边青海、四川做连线游。从临夏沿西北行可到青海省西宁市，从甘南碌曲可到自然景观奇特壮美的四川九寨沟。

Tips

游程设计：

- 兰州—和政—临夏—永靖—兰州
- 兰州—永靖—临夏—甘南—兰州
- 兰州—临夏（市区）—临潭冶力关—兰州
- 兰州—临夏—合作—夏河—临潭—兰州
- 兰州—临夏—合作—夏河—卓尼
- 兰州—临夏—合作—夏河—碌曲—玛曲
- 兰州—临夏—合作—夏河—碌曲郎木寺—迭部
- 兰州—临夏—夏河—玛曲—碌曲—四川九寨沟—成都

临夏回族自治州

Linxia huizu zizhizhou

民族风情浓郁的地方

临夏回族自治州，位于黄土高原和青藏高原的交汇地带，黄河的上游，亿万年来，独特的地理位置孕育了这里不凡的自然生态和人文历史。

临夏古生物化石遗存数量之丰富、保存之完好，世界罕见。考古学家在这里发现了世界上最大的恐龙足印和各种大型动物的化石群。这里新石器时代文化遗存的多样性也令人惊叹，延续了中原仰韶文化类型的马家窑、齐家、辛甸和

《永靖太极赤壁》吴刚/绘

寺洼文化遗址遍布全州，各种类型的彩陶在这里荟萃；临夏也是古代中央王朝经营西北的战略重镇，早在秦汉时期就设县置州。古代曾称“河州”，也是古丝绸之路南道要冲，唐蕃古道之重镇，茶马互市之中心，素有“西部旱码头”“民族建筑艺术博览园”“中国彩陶之乡”的美誉。

进入临夏地界，浓郁的民族风情扑面而来。公路两边，餐馆里羊肉飘香，家家都卖着亮晶晶的酿皮子、金灿灿的油香和馓子，一派不一样的风情。

Tips

工艺美术：河州砖雕、保安腰刀、景泰蓝手杖。

土特产：美仁牦牛、甘加羊。

风味小吃：酿皮子、馓子、拉条子、羊肉揪面片、盖碗茶、黄酒羊肉、手抓羊肉。

临夏至周边地区短线旅游

- 临夏南关清真寺—大拱北—红园—东公馆—八坊十三巷—和政古生物化石国家地质公园—永靖黄河三峡
- 临夏—和政古生物化石国家地质公园
- 临夏—松鸣岩—莲花山
- 临夏—积石峡—孟达天池

临夏彩陶

临夏有“彩陶之乡”的盛名。积石山保安族东乡族撒拉族自治县三坪出土的一件彩陶瓮，造型古朴典雅，纹饰富丽流畅，被称为“彩陶王”，列为国宝。这里是中原仰韶文化在甘青地区的延续和发展，且有着浓厚的地方特色，其中以马家窑文化为代表。特别是沿大夏河、广通河、洮河、湟水、三岔河、银川河两岸的二、三级台地上，古遗址鳞次栉比，层层叠压。

马家窑——彩陶王

马家窑——旋涡纹彩陶罐

在马家窑类型遗址中发现半地穴式和平地起建的各种房屋遗迹23座，房屋四周柱洞、灶炕、炕面、墙壁、屋顶木椽及苫泥清晰可见。这里出土的一件完好铜刀，经鉴定是由锡青铜铸磨而成的生产工具。它把我国使用铜制工具的历史提早了千余年。在一处窑穴中发现的一千余斤稷穗籽粒，虽已炭化，但基本完好，是考古史上少见的。在一个陶罐内发现了一批麻籽，这在甘肃省是首次出土。

因在广河县半山村首次发现而命名的半山类型和在临夏境内广泛分布的马厂类型遗存，距今已有四千多年的历史。这一阶段农业经济发展较快，手工业分工明确，是彩绘陶器的鼎盛时期。大量的彩陶绚丽多彩，是我国古代文物中的瑰宝。广河县地巴坪考古发掘中出土的大批器物，是研究西北地区这一阶段历史的重要资料。

著名的齐家文化，首次在广河县齐家坪发现并命名，距现在也有四千年左右的时间。当时已出现了家庭、财产私有制和人殉现象。考古发现，齐家坪一墓地内男主人死后，有殉葬男女12人，其中包括2名10岁左右的儿童和不满周岁的婴儿。

距今约3000多年前的辛甸文化和寺洼文化，主要分布在洮河、广通河、大夏河流域，其中唐汪类型、姬家川类型和张家嘴类型，都是首次在临夏发现或发掘并命名。历史学家认为，这是古代羌族文化遗存。

临夏回族自治州博物馆

临夏回族自治州博物馆的主体建筑有“彩陶馆”和“民族馆”两个展厅，金代古墓一座。收藏各类文物4000余件，其中陶器2000余件，还有石器、骨器、铜器、瓷器、铁器、书画等。彩陶馆内所藏全州彩陶精品达1700多件，各种彩陶文化类型荟萃。馆内彩陶按其代表的文化类型、发源时间顺序排列，其中，马家窑彩陶60余件，齐家彩陶350余件，辛店彩陶170余件，边家林彩陶270余件，半山彩陶180余件，马厂彩陶640余件，寺洼陶器25件。博物馆院内还搬迁复原了一座金代大定十五年（1175）进义校尉王吉墓。该墓由甬道、墓门、墓室组成。室深2.4米，宽2.2米，墓顶高2.65米，砖叠八卦形拱顶。四周皆以雕刻和压模花砖装饰，十分华丽精致，是我国迄今为止第一个复原得最完整、最精美的金代砖室墓，可以欣赏到宋金时期的砖雕艺术风采。

河州砖雕

河州砖雕，作为一种建筑艺术材料，或高筑于屋脊之上，或镶嵌在门庭之间，有巨幅的照壁，也有门楣墙角边的玲珑小品。一幅幅山水图景、花卉禽鸟再现于青砖之上，其构思，其雕技，令人叫绝。

河州砖雕作为一种民间艺术已有几百年的历史了。它源于北宋，成熟于明清。从制作工艺上讲，河州砖雕有“捏活”和“刻活”之分。捏活，先把精心调和的黏土泥巴用手和模具刻成各种造型，再入窑焙烧而成；刻活，是在青砖上用刀刻成各种图案，其工艺要比捏活复杂得多，一个图案往往由十几块甚至几十块青砖拼接在一起。

多层次雕刻，即浅显雕、高浮雕、阴线雕是河州砖雕工艺的精华。一幅砖雕，往往由三四层图案构成，重重叠叠，里外呼应，浑然一体，有很强的立体感。河州砖雕均不见人物出现，这是河州砖雕一个重要的标志。

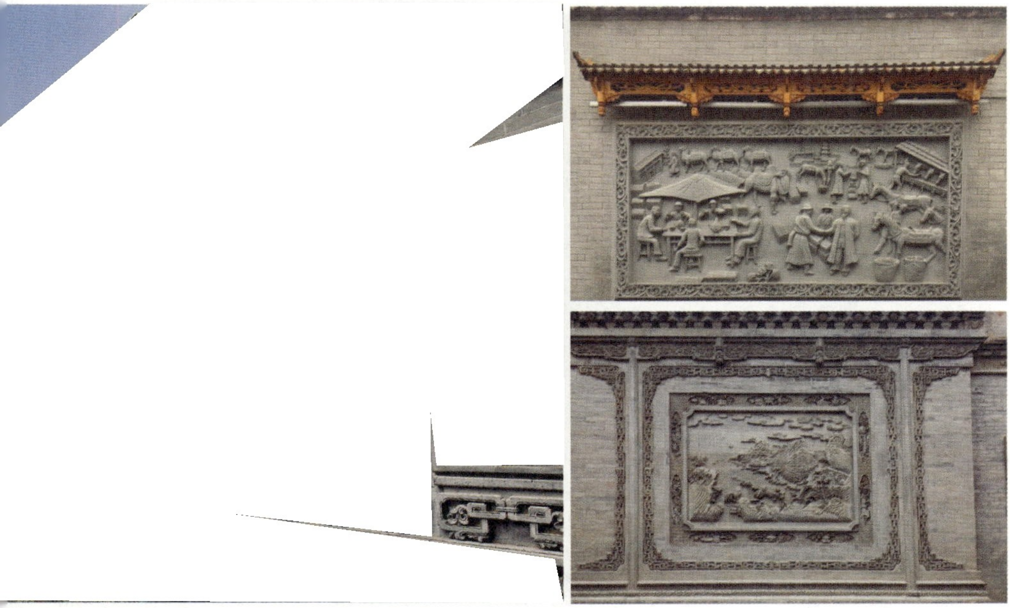

河州砖雕

东公馆

在临夏市前河沿路还可参观全国重点文物保护单位——东公馆，也是临夏市博物馆，占地 3800 平方米，始建于 1938 年，是原国民党第四十集团军副司令、柴达木屯垦督办马步青的公馆。馆内陈列着各个时期出土的彩陶，并有数百件精美绚丽的珍贵历史文物，展现了临夏地区悠久的历史和灿烂的文化，突出了临夏的文化特色。院子呈“田”字形，是集西洋和中华传统于一身的四合院式建筑群。各院甬道、看墙、影壁、廊心墙都是磨砖对缝砖雕镶嵌而成。东公馆砖雕艺术容纳、汇集了河州雕刻艺术之精华。此外，这里还有一处金大定十五年（1175）修建的王吉墓，以其完整、高超的砖雕艺术引人注目。该墓是迄今为止在我国第一个复原的金代砖雕墓，其建筑特点、内部结构、仿木砖雕所表现的当时的建筑形式，是研究临夏砖雕史的重要史料。

红园

红园是1958年兴建的一处公园，占地40000平方米。园中亭、阁、水榭、长廊蝉联。汉族的木刻、回族的砖雕和藏族的彩绘在此巧妙地融为一体，伴以盆景、书画、花坛、花圃等，可以说，它是一处集临夏五百年造园精华的园林，正如一首词中所写："临夏好，最忆是红园，牡丹尽染红满园，亭阁卧波映栏杆，游人朝夕攀。"

万寿观与乾元塔

临夏地区道观不多，万寿观是一座规模较大的道观。它始建于元代，复建于明嘉靖年间，历代香火极盛。整个道观依山傍崖而建，自东向西，有二郎岗、栖仙洞、万寿观、万匠祖师殿、林喇嘛寺五组古建筑群。引人注目的是耸立于峰巅之上的乾元宝塔，它原是一种佛教建筑，大约在宋代以后，提倡儒、释、道三教合一，这种建筑被用以藏经和供奉神佛。

河州之塔，最早可追溯到唐代。万寿观乾元塔始建于何代，未见著录。从历史发展和宗教演变史来看，乾元塔可能建于明天顺六年（1462）。至1917年又重建，1920年告竣，"周以曲廊，饰以金顶"。同年地震，塔身震裂，1927年，裂缝扩大，1969年塔毁。1996年复建。

塔名"乾元"，语出《周易》。乾，八卦之首，意为天地。元者，大也，始也。"乾元"之意，代表着原始的先天的万物至尊之道，象征着万事"元、亨、利、贞"之意。这一塔名，代表了道家世界观，寄托着万事亨通如意的理念。

和政古生物化石国家地质公园

和政古生物化石国家地质公园位于和政县城，距临夏市35千米，距兰州市约126千米。馆藏古动物化石30000多件，分3纲8目150多个属种，种类之繁多，数量之丰富，保存之完好，世界罕见。拥有铲齿象、三趾马、真马三大动物群。被古

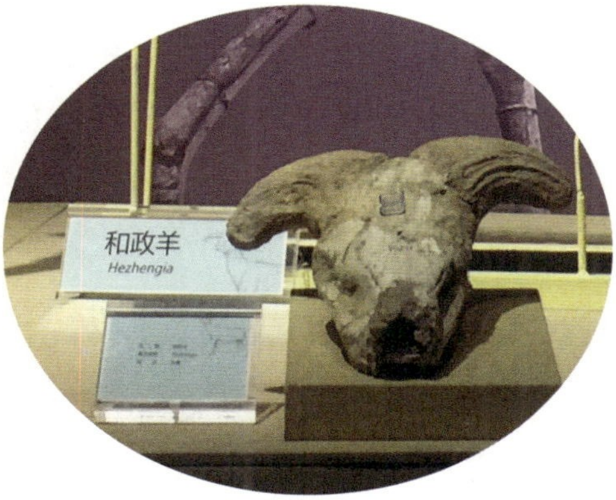

和政羊

生物学界称为“东方瑰宝”，为目前中国唯一一座古脊椎动物化石博物馆。所产化石中尤以晚渐新世（距今3000万年）巨犀动物群、中中新世（距今1600—1200万年）铲齿象动物群、晚中新世（距今1200—500万年）三趾马动物群和早更新世（距今200万年）真马动物群最为丰富。收藏的古生物化石占据6项世界之最：世界上独一无二的和政羊；世界上最丰富的三趾马化石产地；世界上最丰富的铲齿象化石；世界上最早的披毛犀头骨化石；世界上最大的真马——埃氏马；世界上最大的鬣狗——巨鬣狗。其中三趾马化石储量和已采集的头骨化石标本数量均为欧亚大陆之首，超过了世界最著名的三趾马动物群产地皮克米和萨拉摩斯；铲齿象动物化石不仅在我国而且在欧亚大陆上也是最丰富的，其数量也超过了美国自然历史博物馆和北京自然博物馆。其中以“和政”命名的“和政羊”化石，属世界独有种群。不仅填补了我国哺乳动物化石收藏中的一个重要空白，还为研究我国新生代晚期第三纪古地理气候演变提供了重要的科学依据。

和政古生物化石国家地质公园

和政地处青藏高原与黄土高原交界的临夏盆地，在“世界屋脊”隆起前后经历了重大气候变化，在距今2400万年至520万年的中新世，青藏高原还完全没有抬升，印度洋暖湿气流可以进入北部的临夏盆地，带来亚热带—暖温带气候环境，水草丰沛，河流交错，以铲齿象为例，其状如铲子般的一对硕大前齿可以切断并铲起水中植物。然而，随着青藏高原的隆升，环境逐渐演变为炎热半干旱的稀树草原环境，再到早更新世气候寒冷干燥，铲齿象灭绝。

❤ 通过这些动物化石感受生命演化的奥秘，领略奇妙的大自然的风韵，体味宇宙造化的玄机，揭开远古和政的神秘面纱……

桦林万兽谷景区

万兽谷景区是和政古生物化石国家地质公园的主要景点之一，主要有桦林古动物化石埋藏原址馆、地质剖面、地质公园主碑广场，是探秘远古生命的稀有窗口，也是观赏自然生态、领略田园风光的旅游胜地。其中，凸显“生命回响”的桦林古动物化石埋藏原址馆是在三趾马动物群化石原始埋藏区及采洞区上修建的，是目前最重要的三趾马动物群化石产地，也是区内唯一一处集中出露并保持原始埋藏状态的化石点，出露面积达 1 万平方米，化石数量巨大，种类丰富，还保存有良好的化石采洞，是了解化石原始产出状态和采掘过程的最佳地点。走进埋藏区上方的地层剖面带，让人感知时空的变迁。看似两三米的地层，却浓缩了亿万年的岁月，承载着时间的重量。

万兽谷古动物化石地质遗迹是和政地区化石产地的缩影，这里埋藏的化石数量巨大、质量上乘、种类丰富，分属新生代晚期的四大动物群，分别埋藏于四种岩性不同的地质层中：底部红色砂砾岩中埋藏着距今约 3000 万年的巨犀动物群；下部河湖相沉积中，埋藏着距今约 1600 万年的铲齿象动物群；中部以红土为主，埋藏着距今约 1200 万年的三趾马动物群；上部的黄土堆积中埋藏着 200 万年前的真马动物群。一个个曾经鲜活的生命凝固于不同时代的岩层中，讲述着它们在和政繁衍生息甚至灭绝的演进过程。游客至此，可以沉浸式感受化石埋藏地的景象，感受地球生命进化的沧海巨变。这里是开展研学旅游项目的难得之地。

滴珠山

滴珠山位于和政县城东郊，山上有一清泉自岩石中溅出，冲过悬崖峭壁，串成滴滴玉珠，恰是五色彩虹，故名“滴珠山”。夏天，团团水雾簇拥着缕缕细流，飞流山涧，浪花四溅，恰似无数珍珠从天上撒下，宛如千根银线穿就银珠串串。在滴珠崖上刻着“悬壶滴漏”四个苍劲有力的大字，其下，飞瀑跌落悬崖峭壁，形成明镜、东花、月牙三个清池。池东有老人峰，岩石突兀隆起，酷似伸颈远眺的老人头颅；池面有环池峰，平地矗立一群岩柱，与老人峰两相对峙。月牙池畔有一面积不大的三星滩，滩东有人胜岩，滩南兀立着嶙峋巨石。明大学士解缙题七绝《宁河城》云：“宁河城头百丈涌，泻下通明五色虹。若到关前应驻马，下瓢一饮醉春风。”这就是滴珠山的绝妙写照。

莲花山国家森林公园

莲花山是岷山的一条支脉，在甘肃省临夏州康乐县、定西市渭源县、甘南州临潭县和卓尼县接壤的地方，距临夏市约 100 千米，因其主峰石崖呈淡红色，而周围的山峰均为青山，犹如芙蓉出水，故取名“莲花山”。莲花山有原始森林 1.2 万多公顷，自然风景区约 120 平方千米，东面有洮河流过，南北有羊沙河与冶木河相夹。莲花山高耸入云，山峰裸岩似盛开的莲花，俨然佛国仙境，古有“西崆峒”之称。莲花山主峰海拔 3578 米，山峰隽秀挺拔，早晨或傍晚在阳光照射下，山岩呈粉红色，恰似莲瓣花蕊，亭亭盛开。山腰以下则林木葱茏，飞瀑清泉点缀其间，鸟语花香，美不胜收。早在明初，莲花山就成为佛教、道教活动的圣地。主峰山腰有塘坊滩，建有莲花寺。拾级盘山而上，先后通过头天门、二天门、三天门、四天门、灵官殿至紫霄宫，再上一个小山峰，经三霄宫到龙宫殿、娘娘墩，折身下山到舍身崖，过牛王殿、马王殿、药王殿到神仙洞，转身回来，经过一个陡坡到东方顶，过独木桥、打儿屋，才到达莲花山最高处玉皇阁。玉皇阁坐北朝南，背依巨石，殿后有嘛呢旗杆。这儿海拔已达 3577 米。山上白云滚动，云雾缭绕。下山时，可不走原路，从峰后绕过，经水帘洞，转鹞子翻身、蛇倒退，回到东方顶。莲花山的出名，并不只在于它的风光秀丽，还在于这儿是洮、岷“花儿”的故乡。每年农历六月初一至初六，这里有盛大的花儿会。康乐、岷县、临洮、临潭、卓尼、渭源、广河等县的歌手，穿着民族节日服装，打着花伞，摇着彩扇，边走边唱。人们用花儿来敬佛酬神，用花儿来表达他们的绵绵情思。歌手们自由结伴，游山观景，尽情对歌。莲花山的花儿会风趣别致，有马莲绳拦马对唱、朝山放歌、敬酒话别等程序。歌手们先从足谷川会聚对唱开始，再入五家沟门夜歌，到六月六日紫松山敬酒话别，不分昼夜，盛况感人。

莲花山顶峰玉皇阁

花儿

“花儿”是一种民歌，人们称之为“西北之魂”“西北的百科全书”，它被甘肃、青海、宁夏、新疆和陕西居住的汉族、回族、东乡族、保安族、撒拉族、土族，甚至部分藏族、裕固族群众广泛传唱。花儿曲调之丰富，唱词之浩瀚，在全国民间艺术中名列前茅。

民谚云：“陕西的乱弹，河州的少年。”“少年”即是花儿的别名。专家们从花儿保留的音调、早期唱词及遗留的民俗推断，花儿是由古代羌、汉民歌融合而具雏形的。后经回族、东乡族、保安族、撒拉族、土族等民族的演唱趋于完美，流传至西北各地。

河州花儿盛会有每年农历四月二十六至二十九的松鸣岩花儿会和六月六的莲花山花儿会。“上去个高山者望平川，平川里有一朵牡丹；看上去是容易摘是难，摘不到手里是枉然。”这首花儿格律奇特，韵味十足。河州的花儿有“大令”“二令”“三令”“尕马儿令”“白牡丹令”“大眼睛令”“保安令”“撒拉令”等上百个曲令。

松鸣岩

松鸣岩国家森林公园，位于甘肃临夏州和政县南 25 千米处的太子山林区吊滩乡小峡之中。公园总面积为 2666 公顷，由松鸣岩风景名胜古迹区、药水峡水上游乐区、八路沟高山植物园区、槐山子梁森林景观区、小峡休闲度假区组成。公园地处太子山林区，相对高差大，动植物种类繁多，乔灌木达 130 多种。这里四季云雾缭绕，终年流水潺潺，景色秀丽迷人。每当山风劲吹，松涛震荡，峡谷内犹如波涛咆哮，故名“松鸣岩”。

松鸣岩有三座险峻的山峰，即：南天台、西方顶、独岗岭。三峰并峙，气势雄伟，各具英姿，宛如难分难解的三姐妹。人们在这里开山凿石，先后修建了玉皇阁、菩萨大殿、圣母宫、独岗寺等庙宇，凿通了登山石阶和接峰天梯。这些庙宇大都建在悬崖峭壁之上，掩映在万绿丛中，但经过清代的两次破坏，现在只剩下独岗寺和菩萨大殿了。相传在很早以前，有一年的农历四月二十八日，有一位青年猎手进山打猎，看见一位美丽的姑娘，一边用手捧喝清凉的小峡河水，一边歌唱。猎人躲在一旁悄悄地跟着学唱。回家后，猎人把遇到的事情告诉了乡亲们，还把学到的歌唱给大家听。此后，猎人再也没见到姑娘，众人认为这位姑娘是仙女。为了纪念这位把美妙歌曲送给人间的仙女，人们便在松鸣岩的悬崖峭壁上修起一座雄伟的菩萨大殿，并把猎人遇见仙女的那一天——农历四月二十八日定为“龙华盛会”。这一天，男女老幼都聚集在牡丹烂漫开放的松鸣岩学唱仙女的歌。从此，松鸣岩便有了一年一度的“花儿”歌会。

松鸣岩花儿会

法台山风景区

法台山风景区位于临夏和政县松鸣镇，距临夏市 45 千米，省城兰州 120 千米，毗邻松鸣岩风景区，是集冬春冰雪运动、夏秋避暑度假为一体、四季皆宜的休闲度假胜地。

景区旅游资源丰富，综合体验性强。目前，已形成了以滑雪运动、高空漂流、5D玻璃吊桥、神秘喊泉、远古印象、高空秋千、法台夜景、彩虹滑道、晃晃桥、丛林飞索、农业观光、花卉博览等具有体验性的旅游项目。特别是松鸣岩国际滑雪场，拥有 16 条 3000 多米长的雪道，落差达 200 多米，是西北功能最全的综合性国际滑雪场。

松鸣岩国际滑雪场

松鸣岩国际滑雪场位于甘肃省和政县松鸣岩，距兰州约 120 千米，距临夏市约 45 千米，毗邻临康和二级公路，平均海拔约 2450 米。是甘肃省集冬春冰雪运动、夏秋避暑度假为一体，四季皆宜的休闲度假胜地，也是中国西部具有体验价值的综合型旅游运动基地。

游客在这里可以滑雪、戏雪，参加拓展训练等等。主要娱乐项目有：滑雪、滑冰、雪雕、索道观光、拓展训练、雪地摩托、狗拉雪橇、悠波球、雪地坦克、冰上自行车、自助冰雕。这里还有滑雪学校、自驾游营地、会议接待中心、餐饮住宿区、自助烧烤区、水疗中心、健身俱乐部等。

大墩峡景区

大墩峡景区位于甘肃临夏州和青海海东市交界的大河家镇西 6 千米处。东临黄河三峡，南靠具有浓郁保安族风情的大墩村，景区内峡谷幽深，森林覆盖率高，是一处生态环境良好、民族风情浓郁的旅游景区。

景区由叭口沟、湾架山、洼洼沟三部分组成，峡内群山叠翠，灌木丛生，奇花异草充满山谷，谷底清溪潺潺，山间飞瀑遍布，更有奇特古老的变质岩景观。此外，大禹文化、保安族民俗文化源远流长，为景区增添了浓厚的人文色彩。新建的大墩峡玻璃桥，桥身采用特殊玻璃契合技术建造，无钢筋混凝土，桥长 180 米，宽 2 米。桥面距谷底近 100 米。大峡谷两旁地势险峻，中间峡谷横穿，桥下面水流湍急，站在桥上可饱览大墩峡秀丽独特的风光。山间起雾时，仿佛漫步云端，会获得一种不同寻常的体验。

因地处甘青两省五县的交汇处，西靠 4A级景区孟达天池，大墩峡景区可与其他景点做自驾连线游。

积石关

积石关的出名在于“积石神功”及《禹贡》中“导河积石”的传说。积石关是河州二十四关的第一雄关，坐落在积石山保安族东乡族撒拉族自治县大河家乡关门村西的黄河之滨，地处积石山麓。关之西端峡谷是黄河上游著名的积石峡。这里两山对峙、遮天蔽日、石危峰险，黄河激流奔湍，横冲怒吼地奔出石峡，东流而去。

积石关内数十里的地段上，两岸石壁千仞，怪石嶙峋，犹如刀削斧劈。传说，那层层叠叠的岩壁纹路，就是当年大禹率民疏河时留下的斧凿之痕。出关后翻过索屯坡，有一巨石——禹王石，关门前谷地上曾建有禹王庙。可惜，这座建筑精巧的庙宇同关门一起在光绪年间毁于兵燹。

积石关自古以来是中原王朝与羌、鲜卑、吐谷浑、吐蕃、西夏等部族争夺的军事要地，也是古丝绸之路经过的地方。积石关从古至今更是各民族荟萃之所。远至汉唐，便是西羌、西秦（鲜卑人）、吐谷浑、吐蕃的属地。宋至五代，为西夏辽金所据。南宋为蒙古军主要据点。明代以后，这里变成了内地和西域的贸易据点。

永靖黄河三峡大景区

永靖县位于临夏回族自治州北部 56 千米处，距省会兰州市 44 千米，西与青海接壤，东北与兰州相连，贴近欧亚大陆桥和兰青线，是古丝绸之路的重要通道，

永靖黄河三峡大景区

素以刘家峡水电站、炳灵寺石窟闻名于世。

黄河从巴颜喀拉山的冰川雪水发源，沿途接纳了千百条溪流，一路奔腾穿过积石峡，在流经永靖县域107千米的主道上，她用神奇的大手笔，奇迹般地造化出了马龙峡、炳灵峡、刘家峡、盐锅峡、八盘峡等独具魅力的黄河峡谷景观。黄河三峡风景名胜区因炳灵峡、刘家峡、盐锅峡三大峡谷而得名，炳灵湖、太极湖、毛公湖三大湖总面积214平方千米，形成了一道美丽独特的风景线。境内自然风光俊奇秀美，名胜古迹星罗棋布，古今文化交相辉映，在这里既可追寻远古恐龙的足印，了解古丝绸之路人类文化，又可享受水乡魅力，是一处集内涵、特色于一体的旅游胜地，永靖古城新区——太极岛两岸十里花海，兰州人把它当作后花园。

炳灵寺石窟

炳灵寺石窟位于县城西南35千米处的小积石山大寺沟西侧的崖壁上，可在刘家峡水电站大坝换乘游艇，经过54千米浩渺的高原平湖，西拐进峡口，过姊妹峰，即可到达。大峡两岸丹霞为壁，赤峰耸立，穿行其中，移步换景。

炳灵寺于西晋初年（约公元3世纪）开凿在黄河北岸大寺沟的峭壁之上，建成于西秦建弘元年（420）。历经北魏、西魏、北周、隋、唐、元、明、清各代扩建，规模逐渐扩大，形成了仅次于敦煌石窟寺的具有藏汉两种风格的著名石窟寺。距今已有1600多年历史，最早称为唐述窟，是羌语"鬼窟"之意，唐代称龙兴寺，宋代称灵岩寺，明朝永乐年后称炳灵寺。"炳灵"为藏语"仙巴炳灵"的简化，是"千佛""十万弥勒佛洲"之意。石窟上下四层，存有窟龛183个，共计石雕造像694身，泥塑82身，壁画900多平方米，分布在大寺沟西岸长约200米、高60米的崖面上。石窟以"自然大佛"（169窟）以及崖面中段的众多中小型窟龛构成其主体。

站在大寺沟东侧的文物保管所遥望对岸，首先映入眼帘的是第171窟的唐代摩崖石雕大佛，高27米。通过46米高的楼道，可以登上摩崖大佛头顶上的第169窟和第172窟。这两窟是天然石窟。第169窟被称为"炳灵寺宝中之宝"，它保存了许多从西秦到北魏的佛教造像和壁画。窟内有墨书题记"西秦建弘元年"，这是中国石窟中发现的年代最早的题记，格外珍贵。

另外，如果说莫高窟以壁画著名，麦积山以雕塑为长，炳灵寺石窟的特点就是石雕石刻较多。摩崖大佛是石雕，还有许多石雕佛像和菩萨像十分精美。如第50窟，有一尊菩萨，下身端直，微向左倾，上身后仰，腰肢柔软，头向右偏，露出项下丰腴的肌肤，右手下垂持瓶，手指轻翘，左臂垂肘，手臂向上扬起。如此婀娜多姿的人物形象，在炳灵寺尚有许多。这些菩萨大都裸露上身，其造型让人联想到印度舞姿，受印度艺术影响是比较明显的。

炳灵寺石窟有许多浮雕石塔。塔内十有八九藏有骨灰，不似其他石窟大多是用砖石或泥土堆起的舍利塔。

炳灵寺石窟

2014年6月22日，在卡塔尔多哈召开的联合国教科文组织第38届世界遗产大会上，炳灵寺石窟作为中国、哈萨克斯坦和吉尔吉斯斯坦三国联合申遗的"丝绸之路：长安—天山廊道的路网”中的一处遗址点成功列入世界遗产名录。

这里可以远距离拍照。要想到后寺，需另坐车。

刘家峡水电站

刘家峡是一条长达 12 千米、落差 18 米的峡谷，两岸山峰陡峭，岩石嶙峋。南来的黄河流经这里急转 90 度，穿过深邃的峡谷，水流湍急，向西奔去。在峡谷的最窄处，刘家峡水电站宏伟的混凝土大坝将黄河拦腰斩断。

刘家峡水利枢纽工程，是黄河上游开发规划中的第七个阶梯，它建于 1964 年，全部竣工于 1974 年。气势磅礴的黄河流到这里，顷刻间变得水面如镜、温良驯服。太极岛两岸黄河与洮河交汇处出现了泾渭分明的奇观美景。水面上游艇飞驶，岸边岩石嶙峋，秀峰挺立，颇似桂林漓江景色，又像长江三峡风光。入夜，黄河之上犹如撒下千万明珠，一串串，一片片；天上的繁星，地上的“明星”与水中的倒影，浑然一体，争相辉映，组成了一幅不夜城的壮丽图景。

刘家峡水库蓄水容量达 57 亿立方米，水域面积达 130 平方千米。拦河大坝高 147 米，从坝底到坝顶等于爬上一座 40 多层的高楼，坝长 840 米，坝顶可并排行驶 4 辆卡车。大坝右岸台地上，修建有 80 米宽、700 米长的溢洪道。水流从闸门喷射而出，在陡坡段急速奔腾，如天河倾注，白浪轰鸣，浪花飞溅，可谓壮观。

刘家峡水电站

拦河坝下方是发电站厂房，所有设备都安装在地下，从坝顶到厂房，须乘电梯下降 107 米。厂房里整齐地排列着 5 台大型发电机组，总装机容量为 122.5 万千瓦，每年平均发电 57 亿度。

若要参观厂房，需事先联系。

黄河水电博览馆

黄河水电博览馆位于刘家峡水电站大坝北侧，是目前全国唯一的治水文化主题景区，全国唯一的水电博览中心，也是黄河三峡景区标志性景点。黄河水电博览馆主要由迎宾大道、停车场、商业服务区、山海经广场、黄河水电博览馆、游客服务中心组成。

博览馆以“黄河情 · 水电魂 · 中国梦”作为布展主题，以黄河为宏大的叙事背景，将黄河文化、黄河治理、黄河水电、黄河风光等内容精心编排，运用高科技展览手段，给予游客文化的滋养和精神的洗礼。黄河水电博览馆布展总面积 8000 平方米，展馆共分四层。以“文化、治理、水电、景观”四个分项主题统领四个楼层的展示内容。一层是“大河梦 · 中华源”，包括“序厅、水与人类文明、黄河文化大观、黄河文化撷英”等展区；二层是“薪火相传 · 千秋伟业”，包括“情系黄河、黄河治理历程、治黄名贤、建设者之歌、3D主题影院”等展区及中央天井区域穹幕影院，使人身临其境，多维体验，是本馆的精华；三层是“九曲安澜 · 水电摇篮”，包括“刘家峡水电站、黄河水电站、世界水利水电博览”等展区；四层是“中华圆梦 · 黄河览胜”，包括“黄河风光掠影、黄河三峡旅游区规划、炳灵丹霞国家地质公园、尾厅”等展区。

本馆为人们了解国内外水利水电发展提供了一个不可多得的场所，也是开展研学旅游的好去处。

太极岛湿地公园

黄河出刘家峡大坝后，依傍着地势，来了一个华丽的“S”形大转弯，然后蜿蜒向西而去，在盐锅峡大坝前蓄水成湖，形成了西北高原上的一座高峡平湖——盐锅峡水库。黄河也就是在这里出现了一段向西“倒流”的奇特景象。高峡平湖的说法最早出现在毛泽东的诗词中：“更立西江石壁，截断巫山云雨，高峡出平湖。”

因黄河在水库内呈“S”形蜿蜒流淌，状如“太极八卦图”，故将盐锅峡水库称为“太极湖”。太极湖水域面积 17.3 平方千米，湖容量为 2.2 亿立方米，湖中有大小岛屿 9 个，其中最大的太极岛总面积约 2.7 平方千米。

在甘肃省永靖县县城所在地西 3 千米处的黄河是盐锅峡水库的上游。这里水面宽阔，水速平稳，形成了许多池塘。碧水映衬着芦苇，远山相依着蓝天，风光秀丽、景色宜人，是一处难得的休闲旅游佳地。这里除了有优美的景色，还有惊险刺激的水上游乐项目，如黄河漂流、摩托艇等。

黄河三峡自驾游基地

黄河三峡自驾游基地总占地面积 21.5 万平方米，位于甘肃省永靖县刘家峡太极岛，与公航旅公司所属的黄河明珠大酒店毗邻，于 2017 年 7 月 8 日正式开业运营。同年，自驾车营地荣列国家“汽车自驾运动营地”，是甘肃乃至西北地区户外休闲的旗舰航母。包含 25 个房车营位、42 个全功能自驾车营位、229 个帐篷营位（房车营位、自驾车营位、帐篷营位含水电桩）；500 个泊车位以及水上娱乐、垂钓休闲、樱花观赏、休闲绿地、露天影院区；服务中心 1 处、公共卫浴间 3 处、公共卫生间 2 处、樱花主题区 4 处。

这里有极具田园风格的 18 栋木屋。包括 10 间小木屋，5 间中木屋，3 间大木屋。木屋内配有空调、热水器、麻将机、小冰箱、微波炉、电视机、Wi-Fi等，2017 年 7 月实现水、电、网络和Wi-Fi全覆盖。

黄河三峡自驾游基地是以绿色、健康、休闲为经营理念，集松林房车露营区、湖畔木屋区、高端帐篷露营区、顶级自驾车露营区为一体的户外休闲旅游基地。

抱龙山凤凰岭滑雪场

滑雪场位于永靖县关山乡东部 5 千米处山坡上，距离兰州市西固区 7 千米。

滑雪场依山就势，沿抱龙山山脉一倾而下，依据西北山地独有的地形特点，配置包括练习、初级、中级、高级、雪圈、障碍及野雪等11条专业雪道，满足各年龄段及各类水平滑雪者的需求。规划总长20千米的雪道中，造雪面积约50万平方米，高级雪道最大坡度达50°，垂直落差达400米，并配置总运力每小时4000人次的4人吊椅式索道，及每小时4800人次的单人魔毯，能充分满足滑雪发烧友的高山滑雪需求。

在6000余平方米的客户接待大厅里，配置有接待询洽、票务办理、雪具租赁、会员服务、餐饮休闲、健身娱乐、住宿疗养、卫生急救、滑雪学校等全链条配套服务，另有山顶国际观光餐厅。此外，凤凰岭滑雪场雪上项目众多，从戏雪、滑雪到雪圈、雪地摩托等项目一应俱全，可满足从娱乐到挑战的一站式滑雪体验需求。

胭脂湖景区

胭脂湖景区位于临夏州康乐县城北，占地33.8万平方米，绿化面积92%。有胭脂湖公园、快乐公园、儿童乐园和体育公园四大功能园区，是一座集旅游、娱乐、休闲为一体的综合性景区。

胭脂湖景区内有灵动梦幻的音乐韵律喷泉，多姿多彩的水幕韵律影院，秀美迷人的水池景观喷泉，蜿蜒曲折的生态水系廊厅，霓虹装点、五彩斑斓的同心桥水系，独具文化气息的大型浮雕长廊；儿童园区有上古白垩纪的恐龙世界，也有动画世界的主人公雕塑，更有玩沙、嬉戏的塑胶场地；体育园区有篮球场、足球场、排球场、羽毛球场、乒乓球场。

此外，因景区位于胭脂河、中砥河、苏集河的汇集处，在三河交汇的河道中心建有一座湖心楼，阁楼呈上下三层八角造型，飞檐斗拱，古色古香。三座造型独特的石拱桥从湖心楼分跨三河，将依河而建的公园连为一个整体。

从春到秋，各色花卉竞相开放，呈现出一幅鸟语花香、繁花似锦的田园风光。而冬季严寒之时，公园内的白皮松、银杏树、碧桃等树木又会出现雾凇和雪凇景观，形态迥异，姿态万千，仿佛置身于冰雪仙境。

甘南藏族自治州

Gannan zangzu zizhizhou

青藏高原的门户

从临夏向南到甘南，全程高速，行车大约 130 千米就进入甘南藏族自治州地界了。这里是青藏高原、黄土高原和陇南山地的交界处，长江、黄河的上游地带。黄河在这里得到了最丰沛的涵养，长江的大支流白龙江也从这里喷薄而出。海拔高起来了，人离云彩也越来越近，景致完全不同了，眼前仿佛是延绵不断的画廊。

甘南的地势西北高、东南低，南部为岷迭山区，峡谷迷人，森林葱郁，气候温和；东部丘陵起伏，寒中带湿，亦牧亦农；西北部为广阔的草甸草原，水草丰美，牛羊肥壮。这里孕育出了草原、湿地、湖泊、河流、雪山森林等壮美无比的景色。近年来，迭部扎尕那、舟曲拉尕山、卓尼大峪沟、临潭冶力关、碌曲则岔石林和尕海、夏河桑科草原，玛曲天下黄河第一弯已渐入世人的视野，呈现出了亚洲最美丽的草原湿地风光，开启了旅人们的天堂之旅。

而这里不仅仅只有大美风光，还有信仰文化、民族风情。

地处青藏高原北部的甘南，东与定西、陇南市毗邻，南与四川阿坝藏族羌族自治州接壤，西与青海省果洛、黄南州相连，地理位置很特殊，曾是丝绸之路唐蕃古道的必经之道，是人们了解青藏高原的窗口。早期吐蕃、羌、蒙古等诸多部落都曾跃马扬鞭、纵横驰骋在这片广袤的土地上，留下了众多的古城、村堡、驿站、关塞和烽火台，形成了一整套集行政、军事、邮驿为一体的古代防务建设体系及其设施。初建于西汉年间的白石县旧址——八角城遗址，距今已有2000多年的历史，是历代中央政权与吐谷浑、吐蕃、西夏和唃厮啰王朝争夺的古战场；土门关一直是明代著名的二十四关之一，它是古代各少数民族聚居区与汉民族聚居区的分界处和西北边陲通往内地的重要关隘；峰迭古城则是南北朝时期的宕昌国都城，扼甘松古道之咽喉，是历代兵家必争之地。特殊的地理位置使这里自古以来便是藏族聚居区与内地的接合部和交融区，也是历代中央政权巩固边防的军事要地。

在这片弥漫着神秘的宗教色彩的雪域大地上，自从公元7世纪藏传佛教传入青藏高原后，这里便出现了一座座富丽堂皇、雄伟壮观的宗教寺院。时至今日，已有120座规模不等、特色各异的藏传佛教寺院。在所有寺院里，都供奉着价值连城的经卷、佛像、唐卡等珍贵文物。藏传佛教格鲁派六大宗主寺之一的夏河拉卜楞寺是由格鲁派创始人宗喀巴弟子第一代嘉木样阿旺宋哲大师于1709年初创建的。300年来，经六代嘉木样大师的增葺，已成为庞大的建筑群落，是安多地区藏传佛教的最高学府，也是全国藏传佛教寺院中藏经最丰富的寺院，其影响经年不息，日益扩大。地处白龙江源头的朗木寺，依山傍水，其建筑风格与拉卜楞寺略有差异，佛殿宝塔神秘地掩映在古柏禅林之中。在藏传佛教中享有盛誉的佛寺还有距今700多年的古刹禅定寺和藏传佛教噶举派创始人米拉日巴创建的合作米拉日巴佛阁。

星罗棋布的寺院、宝塔、天空中的袅袅桑烟，还有那风中飞扬的五彩经幡让草原不再孤单，诵经声、祈祷声不绝于耳，到处都有匍匐在地的身影，那是牧民们最虔诚的姿态……朝拜、祈福，于你我是游览，于他们是生活。

这里每年都有各种各样的节日，每逢晒佛节、插箭节、浪山节，牧人们就会穿上最美丽的衣衫，戴上最珍贵的玛瑙珍珠从四处汇聚一起；在隆冬万人晒佛时刻，巨大的唐卡会从高高的山坡上铺展开来，金色的光芒刹那间从云缝里倾泻而出，撩起人们对神秘的无尽遐想；夏日浪山节期间，白色的帐篷像白云般覆盖了草原，那是草原一年中最欢腾的时候，牧人们开始举行各种活动，拔河、赛马、舞蹈、歌唱……欢乐无尽，直到夜色中升起的篝火把跳锅庄的面庞照亮；节日里，牧区的各色美食也都纷纷亮相，藏包、蕨麻酥油米饭、石包肉、血肠、酸奶、烤羊、手抓，大大小小的帐篷中飘散着诱人的香味。节日，仿佛是民俗风情的展览日，草原人的服饰、美食、活动……所有的样貌、心态都浓缩在这里，向人们呈现。

Tips

禁忌：

- 忌向活佛、高僧直呼其名。
- 忌在殿堂佛像前吸烟、摄影、拍照。
- 忌对僧尼说风情话。
- 忌当面提及对方已故父母及亲人的姓名。
- 忌跳越或践踏佛像经典以及一切宗教用品。
- 忌在重大宗教活动期间或初八、十五、三十日杀生害命。
- 忌往流淌的河水中撒尿、吐痰；忌将血污倒入泉水溪流中。
- 忌在公认的神山圣湖狩猎、打鱼。

Tips

甘南至周边地区短线旅游

- 合作米拉日巴佛阁—夏河拉卜楞寺、桑科草原
- 合作—卓尼大峪沟、禅定寺—临潭冶力关
- 合作—夏河拉卜楞寺、桑科草原—玛曲黄河第一弯草原风光—碌曲尕海、郎木寺、则岔石林—迭部扎尕那—舟曲拉尕山（可与四川连线游）

夏河县境内游：

- 夏河—拉卜楞寺、桑科草原—贡唐宝塔
- 夏河—甘加达力加山—白石崖寺—白石崖溶洞
- 夏河—拉卜楞觉姆山尼姑寺

拉卜楞寺

坐车出了临夏，沿着有名的大夏河行驶就到夏河县了，映入眼帘的便是身着藏袍的牧人和披红色袈裟的喇嘛们。这里平均海拔 2900 ~ 3100 米，属二阴地区，大夏河是黄河的一级支脉，穿临夏城而过。夏季，两岸是片片黄灿灿的油菜花和绿油油的青稞，宛如世外桃源。

拉卜楞寺，位于甘肃省夏河县城西北，建于康熙四十八年（1709），是我国著名的藏传佛教格鲁派六大寺院之一。拉卜楞寺本名“噶丹夏珠达尔吉扎西益苏奇贝琅”（意为具喜讲修兴旺吉祥右旋寺），简称“扎西奇寺”，一般称“拉卜楞寺”。拉卜楞是藏语“拉章”的变音，意为僧侣的宫殿。寺院自 1709 年创建，经历代寺主嘉木样活佛和广大僧众的开发，已成为包括显、密二宗的闻思、续部下、续部上、医学、时轮及喜金刚六大学院，有 108 个属寺和八大教区的大型寺院，是除西藏以外，藏传佛教格鲁派的又一中心，朝圣者终年不断，鼎盛时寺内僧侣达 4000 人，是世界最大的藏传佛教学府。

拉卜楞寺近 300 年来，先后兴建经堂 6 座，大小佛殿 84 座，其中七层楼 1 座、

六层楼1座、四层楼4座、三层楼8座、二层楼9座、镏金铜瓦歇山式顶楼4座、绿琉璃瓦大屋顶楼2座、嘉木样和各活佛府邸31院，还有印经院、讲经坛、嘉木样别墅、经轮房、普通僧舍、各种佛塔及山门等，建筑面积约53公顷。就其建筑形式而言，有藏式建筑，有藏汉合璧式建筑，飞檐丽阁，雕梁画栋，金碧辉煌，庄严雄伟。所有经堂和佛殿的内外墙壁上都绘有佛教内容的壁画，有制作精美的柱套和绣像。

拉卜楞寺

拉卜楞寺不仅是宗教信仰的中心，也是一所庞大的艺术博物院。寺内有众多佛像，高者达十多米，矮者仅寸许，寿安寺、寿喜寺的佛像在12米左右。据统计，1.7米以上的佛像有262尊，1.7米以下的有29000余尊。这些佛像工艺精湛，形象生动。除佛像外，还有许多藏传佛教精品，如壁画、卷轴画、堆秀、刺绣等，多以佛教内容为主，构思巧妙，刻画精细，线条流畅潇洒，色彩艳丽匀称。

拉卜楞寺内还有大量的历史文物与古籍，其中包括清朝政府、北洋军阀、国民党政府多次颁赐的封诰、册文、印鉴等。如1848年道光皇帝颁赐给第三世嘉木样的“扶法禅师”的印鉴，1914年袁世凯颁给第四世嘉木样的“广济静觉妙严禅师嘉木样呼图克图之印”，1933年国民党政府颁给第五世嘉木样的“辅国阐化禅师嘉木样呼图克图”册印。此外，拉卜楞寺还有历代寺主嘉木样穿戴过的袈裟、坎肩、禅裙、皮鞋、皮衣、法冠以及珍贵用具，如法器、手摇经轮、珍珠念珠和猫儿眼念珠等。寺院现存文物中还有大量价值连城的奇珍异宝——金器、玉器、宝石、珍珠、珊瑚树、象牙、犀牛角、古代动物化石及孔雀翎帐篷、虎皮帐篷、呢子帐篷等。

♥ 寺内不许拍照；请保持肃静。

贡唐宝塔

贡唐宝塔由拉卜楞寺著名学者三世贡唐仓·贡曲乎丹贝仲美大师初建于嘉庆

十年（1805），1806年嘉庆皇帝御赐“佛光普照”匾额。后经四、五世贡唐仓耗费巨资数次修建，在建筑艺术与宗教意义上都达到完美神圣的境界。宝塔历经百年沧桑，后毁。六世贡唐仓·丹贝旺旭在国家和海外华侨、信教群众的资助支持下，呕心沥血，1991年动工重建，于1993年8月竣工开光。

重建的贡唐宝塔是按原规模款式在拉卜楞寺西南角原址建造的。塔高5层，由塔刹、塔瓶、塔座三大部分组成。塔刹是光彩夺目的日、月、星辰，塔瓶为精铜浮雕鎏金八大菩萨，塔座为琉璃瓦装饰的三层四角形建筑，一层四周装有铜制经轮。宝塔不仅外表宏伟壮观，气势非凡，而且内部更是构思精巧。塔内正中是二层相互贯通的四座佛殿。正面佛殿是华贵的塔中之塔三世贡唐仓灵塔和一、二、四、五世贡唐仓镀金像，左右两侧是度母和普明佛殿，背面是藏经殿，收藏有两万余卷佛经。四座佛殿之顶是三百多尊铜像环抱的第二世嘉木样塑像。宝塔第三层是千佛殿，收藏有1032尊铜像。第四层宝瓶之中，供养着近两米高的阿弥陀佛。塔座和宝瓶内壁还绘有生动细腻的百余幅壁画。贡唐宝塔与大夏河水、云杉禅林相映，与拉卜楞寺大经堂、大金瓦寺相呼应。

桑科草原

桑科草原位于甘南高原的西北部，距夏河县城13千米，有公路直达，乘汽车约20分钟即可到达。

桑科草原缓慢起伏，似丘陵而并非丘陵，属草甸类型的草原，海拔3000米以上，草原总面积70平方千米，人口4000多。

桑科草原草滩广阔，水草丰美，牛羊肥壮，是甘南藏族自治州的主要畜牧业基地之一。桑科草原每到夏秋两季，绿草如茵，鲜花盛开，帐篷点点，牛羊遍野；大夏河犹如洁白的哈达，缠绕油绿的草原，与蓝天白云相映成趣，十分壮观。

为使远道而来的中外游客在参观寺院之后能尽情欣赏美丽的草原风光，每年的7月至9月，当地旅行社都会搭起帐篷，为游客备上新鲜奶茶、三炮台、藏包子、手抓羊肉、糌粑以及藏族服装、骏马、牦牛等。游客在品尝藏族风味之后，可以穿上藏服，骑上骏马或牦牛，漫游草原，欣赏具有青藏高原特色的独特风光。热情好

夏日草原

客、豪爽淳朴、能歌善舞的藏族牧民，或以嘹亮的歌声，或以优美的舞姿来为你助兴。

当周草原景区

当周草原景区位于合作市城郊 2.5 千米处，占地 573 万平方米，由当周草地公园、南山两个景点组成。这里也是甘南州民族性群众文体活动、节日庆典聚会的地方，其中一年一度的“香巴拉风情旅游艺术节”已成为游客了解藏族文化的一个窗口。

景区内阴坡地带绿树成荫，阳坡地带绿草连天，高山、森林、草原和亭台帐篷融为一体，是一个地势平缓开阔的自然风景旅游区。这里的香浪节历史悠久，内容丰富多彩，民间歌舞悠扬婉转，尤其是近几年盛行的锅庄舞，更是名扬四海。节庆活动上有声势浩大的千人马队，有气势恢宏的 2000 人锅庄舞，既有雍容华贵的民族服饰展示，又有绚丽多姿的民族舞蹈表演；既有烈焰冲天的篝火晚会，又有鼓号深沉的喇嘛乐队，还有浓郁厚重的藏戏和民族体育比赛、火枪射击、帐篷展示、名家演唱和民间弹唱等文艺、体育活动。

景区内还有仿古亭、佛塔、山门、观礼台、供电、供水等景点和服务设施。游客既可消暑度假又能领略民族风情。

八角城遗址

八角城遗址位于夏河县城北35千米处白石县旧址，这座初建于西汉年间的城池默默地在甘加草原的河台地上已存在了2000多年。然而，这里曾鼓角相闻，是历代中央政权与吐谷浑、吐蕃、西夏和唃厮啰王朝争夺的古战场。

这座形状迥异的城垣呈空心十字形，长2193.4米，城外郭现存残垣全长1080米，外郭正面偏东有一块140×100米的广场，其北有一排建筑残基环绕城郭，其间引央拉河入郭。城内城垣保存基本完好，唯北垣有15米长的一段为近代用石块补筑，内城周长1960米。南城门洞口墙基厚1.4米，高13.5米，顶宽5.2米。南城门瓮城面积约153平方米，城垣东、西、北三角各有大墩台一座，面积约20平方米。在东西两墩之南郭城墙上，各有一半小夹道。东夹道宽3.6米，西夹道宽2米，可供单人骑马出入城郭之间。

考古专家经过调查、勘测，推出八角城建于汉代。八角城以它特有的城垣结构，为我们展现了古代屯田点上守防城市的风貌，它在城堡的设计上自成体系，在我国现存古城中独一无二。

达里加山

达里加山位于甘加乡境内，东连曲奥乡巴楞山（海拔 4080 米），与太子山一脉相承，是夏河县与青海省循化县的界山。主峰坐落在甘加著名的白石崖平面上，海拔 4636 米，为夏河县境内第一高峰。雪线以下植被良好，繁花似锦，山中生长着各种优质牧草和名贵药材，矿产资源丰富，有众多的冰川活动遗迹。那众多的冰斗、冰蚀湖、冰鳍贝、羊背石等，像水晶一样透明，像波涛一样闪耀，像宝石一样绚丽多彩。

达里加翠湖位于达里加山中，是五个颜色各异的高山平湖，藏语称之为“措洛瑞”“措尔更措”“达力加雍措”和“措江”。其中措洛瑞是由两个小湖构成，措尔更措面积最大，措江也称“五名湖”。达里加翠湖为五湖之主湖，系火山口堰积型湖，湖水面积 14 公顷，湖深未测。湖由火山砾岩围成，呈椭圆形，似锅底状，湖无明显进水口，但湖围山体外侧，从东、北、南三个方向却有出水口。有三股泉水倾泻而出，分别流向临夏、循化、曲奥地区。达里加翠湖以高、深、险、神著称，人迹罕至。

白石崖溶洞

白石崖位于甘南夏河县甘加乡，是一座突兀峥嵘、形如伏兽的岗峦。岗峦上，依山就势建有秀美的白崖寺。清丽潇洒的藏经白塔，与东北方银装素裹的达里加山和附近清流如带的江浪沟溪流相映成趣，组成了一幅绚丽多彩的画卷。白石崖除宏丽的寺塔外，奇特的岩溶地貌为一大特征，可以说“处处有洞，洞洞奇丽”。这些经过轻度变质的二叠纪石灰岩，岩层内的溶洞，有的开朗，有的幽深，有的曲折，有的神奇……

斯柔城遗址

斯柔城遗址，在甘加滩央曲河和恰莫控曲河汇合处，原来的建筑依稀可辨，大殿、前殿、偏殿、后殿、回廊，鳞次栉比，对称美观。周围草原宽阔，牧草丰美。

主城略为正方形，遗址清晰。据测量，主城北墙长 188.6 米，东墙长 197.4 米，西城墙长 722 米，南城墙长 208 米，主城在后，陪城在前，并有护城壕。

合作米拉日巴佛阁

米拉日巴佛阁始建于乾隆四十二年（1777），现存建筑重建于 1988 年 5 月，历时 4 年落成，是藏传佛教噶举派在安多地区最主要的寺院，阁内主要供奉在藏族民众心中最富传奇色彩、妇孺皆知的米拉日巴佛。这座佛阁气势宏伟、金碧辉煌，整个楼高 9 层，供奉以米拉日巴佛尊者及其弟子为主的藏传佛教各派的开宗祖师，有以金刚为主的四密乘的众多佛像、菩萨、护法神等 1720 尊。反映藏传佛教内容的各类壁画，规模巨大，绘画技法高超，具有很高的艺术价值。在中国藏族聚居区共有两座米拉日巴佛阁。这座佛阁为安多地区藏传佛教名刹之一，常年有住寺喇嘛学习研修，供奉佛祖，有独特的文化氛围。

郎木寺

郎木寺坐落于碌曲县城西南 100 千米处的郎木寺镇境内，西倾山支脉郭尔莽梁北麓的一个山谷中。这里是甘、青、川三省交界之处，也是长江的支流白龙江的发源地，海拔虽高，但与甘南其他地方比较起来，气候温润得多。

“郎木”为藏语“仙女”之意。在白龙江源头，林荫深处有一处虎穴，藏语叫“德合仓”，全名“德合仓郎木”，意为虎穴中的仙女。郎木寺早年盛极一时，后衰落，现已逐年恢复，规模渐大。

郎木寺并非一座孤立的寺院，它与四川境内的格尔底寺隔白龙江相望，两座佛寺都是藏传佛教的寺院。郎木寺除主要建筑外，还有藏医学院、经堂、佛邸、僧房，大大小小、高高低低掩映于山腰的苍松翠柏之中。僧人温和有礼，寺院可随意出入。

山谷周围的山峰，形态峻峭，有白色的石灰崖壁和红色的白砂岩。山坡上是一片片的草滩，山坡下冷、暖两股溪流潺潺流淌。悠然的牧人和捣衣女的身影时常会映入眼帘。

黄河第一弯

阿万仓湿地公园

阿万仓湿地公园位于甘肃省甘南藏族自治州玛曲县阿万仓乡，距县城 50 千米。阿万仓又称贡赛尔喀木道，藏语意思就是贡曲、赛尔曲、道吉曲三条河流与黄河汇流之地。这里海拔在 3400 ~ 3600 米之间，公园囊括了三曲一河汇合中心的盆形草原区，面积约 200 平方千米。

黄河的支流在大地上画出无数条曲线，也画出了一片片水草丰美的牧野。这里草原湿地交错，蓝天白云之下，黑牦牛与白羊儿结群漫步；这里九曲绵长回转，听不见黄河咆哮，但闻其如燕喃喃；这里高山与峡谷相依，成为河流的源头和草原的屏障；这里看不见园丁，却见四野如潮花海；日落时分，草原被金辉笼罩，令人凝目；这里还有迷人的晨雾、桑烟和经幡……2008 年《中国国家地理》“选美中国”评选活动中，阿万仓湿地被评为“中国最美的五大草原湿地”的首位。

在阿万仓乡旁边山坡上，建有一条长长的木栈道通往观景台，登山高处，西北方向可观湿地风光，东南方向可俯瞰静静的阿万仓乡。

来这里除了观赏美丽无双的草原湿地风光外，还应去参观人文古迹：拥有世界最大转经筒的阿万仓娘玛寺院，及散日玛寺、赛尔霞沟吐蕃赞普赤德松赞的军事指挥部遗迹等。

建议把阿万仓湿地公园和玛曲黄河大桥做连线游览。

达尔宗湖

达尔宗湖位于玛曲王格尔塘乡达尔宗沟内，距夏河县城 30 千米，湖面海拔约 3000 米，湖深未测，南北长约 300 米，东西宽窄不一，最宽处百余米，面积约 26666 平方米，呈不规则葫芦形，北边山沟中有一条小溪穿过草地灌丛，蜿蜒曲折，流入湖中，恰似一个葫芦藤。湖水清澈，湖面常有黄鸭逐水。无风时湖面平静如画，水天一色；起风时湖面波光粼粼，涟漪绰绰，充满生气和活力。湖的周围松柏参天，藤萝缠绕，树林里栖息着雉、蓝马鸡、金钱豹等珍稀野生动物。岸边灌木丛中横卧块块奇形怪状的花岗巨岩。东部边缘上有 6 座“拉卜则”（插箭台）和刻有佛经佛像的玛尼堆、煨桑台。春夏季节，黄、白色扁麻（蔷薇科植物）花和鲜红的野杜鹃花开遍山野，各种雀鸟鸣叫不息，一片鸟语花香的景象。

察干尼玛外香寺

察干尼玛外香寺是藏传佛教格鲁派寺院之一，是玛曲县境内最早的一座藏传佛教寺院，也是属于拉卜楞寺 108 座寺院之一。 寺院最初是按照第六世班禅大师的嘱托由第二世嘉木样久美昂布创建于 1780 年。寺院的经堂和大佛堂中的很多文物、经书、佛像都曾被毁。现有宗喀巴、加次杰等大师、活佛的大量著作及释迦牟尼的锡杖、参巴活佛三岁时踩磨盘石的脚印、松赞干布的靴子、文成公主的手镯等珍贵文物。

则岔石林

则岔石林位于甘南草原的碌曲县，古称“强川”，藏语为“碌曲”，意为“洮水”，因地处西倾山以东洮水之源，以洮河而得名。碌曲的地形，西高东低，西北部多为高原地貌，山缓滩多。则岔石林就处在县城东南洮河之滨的拉仁关境内，距县城约 50 千米，是一处神奇的自然风景区。这里气候偏暖，雨量充沛，溪流纵横，地形复杂，石林奇特，形成了“山峻、水秀、石奇”三大特点，赋予了则岔石林特殊的魅力。则岔石林，拔地耸起，山峰嶙峋，孤多连少，物景天成，千姿百态，妙然成趣。石门外有一座石峰，恰似一位老人，人称“长寿老人”。石峰下面那奇妙的岩洞也很吸引人，有的穿山透岩如凿；有的幽深曲折，宛如地下宫殿，石钟乳凝成色彩鲜艳的各种景物；有的洞贯南北，盛夏凉风习习，被誉为“清凉世界”。

尕秀藏寨文化生态旅游景区

尕秀藏寨文化生态旅游景区在甘南藏族自治州碌曲县草原腹地，一片被称为聚宝盆的晒银滩上，一排排藏式民居拔地而起，一个个整洁院落相依为邻，一条条道路联通内外。紧挨着居住区，又有一处由 108 顶帐篷组成的旅游帐篷城，宛若星辰坠落草原，美不胜收。这里就是新型牧村——第一藏寨文化生态旅游景区尕秀村。

这里平均海拔 3000 米，草原广阔无垠。2003 年开始实施牧民定居、易地搬迁、退牧还草等工程建设，2006 年正式入住。经过生态文明和旅游扶贫建设，已成为全域旅游无垃圾样板村，生态文明小康村。

这里既保存着塞东克尔古城堡遗址，又新建了反映致富村史和民俗的博物馆、宽敞的文化广场、电子商务服务中心和汽车自驾游营地。

景区毗邻国道 213 线，靠近碌曲石林、尕海、郎木寺等知名景区，可做连线游。

尕海湖

尕海候鸟自然保护区

尕海候鸟自然保护区，位于碌曲县西南的尕海乡境内，距碌曲县城 53 千米，海拔 3479.7 米，自然保护区总面积 10800 公顷。尕海野生动植物资源丰富，水草茂盛，是许多珍稀鸟类南迁北返的落脚点和繁殖基地。尕海草原也是亚洲最优良的草场之一。每年夏季，尕海水草丰美，牛羊肥壮，气候凉爽宜人。辽阔的草原围绕着浩渺的尕海圣湖，黑颈鹤、灰鹤、天鹅等珍禽遍布湖边草滩。漫步草原，使人心旷神怡。213 国道从尕海旁经过，是兰州—夏河拉卜楞—郎木寺—九寨沟—黄龙寺这条旅游热线的必经之路，交通便利。

扎尕那

扎尕那是深藏在迭部县迭山中世外桃源式的一个小山村，“扎尕那”是藏语，意为“石匣子”。扎尕那山位于迭部县西北 34 千米处的益哇乡境内，是一座完整的天然“石城”。地形既像一座规模宏大的巨型宫殿，又似天然岩壁构筑的一座完整的古城。正北是巍峨恢宏、雄伟壮观、璀璨生辉的光盖山石峰，古称“石

扎尕那

镜山”，因灰白色岩石易反光而有其名；东边耸峙壁立的峻峭岩壁，凌空入云，云雾缭绕；南边两座石峰拔地而起，相峙并立成石门；再南至东哇、纳加一带，峭壁矗立，清流跌宕，水磨飞轮，流转不息。山势奇峻、景色优美，犹如一座规模宏大的石头宫殿。这片世外桃源早在近百年前就被来此考察的美籍奥地利探险家洛克誉为亚当和夏娃的诞生地。相传在很久以前，迭部是一个汪洋大海和陆地相交的世界，一次天降大雨，洪水弥漫，精卫和女娲，一个衔石填海，一个衔石补天，便形成了高原，形成了迭部，形成了群峰耸立的扎尕那。扎尕那被列入《中国国家地理》“十大非著名山岳”之一。景色分为三个部分，即仙女滩仙女湖、扎尕那峡谷、拉桑寺及瀑布。

俄界会议遗址

俄界，位于甘南迭部县达拉乡。这里紧靠甘川边界，四周崇山密林、峰绿溪清、小河弯弯、木屋重重，景色十分幽丽。人们向往俄界，并不仅仅因为它有秀丽的风光，更重要的是，这里曾是中国工农红军长征时俄界会议的遗址。1935 年 9 月 5 日，红军翻越千里岷山，进入俄界。9 月 12 日，党中央在这里召开了具有历

俄界会议遗址

史意义的俄界会议。俄界会议后，中央红军沿达拉沟、白龙江，通过艰险的栈道，继续北上。现在俄界遗址、麻牙乡毛泽东住过的地方，分别被列为省、州的重点文物保护单位。当年红军遗留下来的印件、军号、货币、公文袋、马尾型手榴弹、汽油桶和书写在悬崖、巨石、木板上的标语、口号，都被当地人精心保护。

2016 年 12 月，俄界会议遗址被列入全国红色旅游经典景区名录。

卓尼禅定寺

禅定寺位于距甘南合作约 80 千米的卓尼县境内，重山远映，沟壑纵横，洮水环流。“卓尼”二字，在藏文中为“松枝”之意。相传，卓尼土司的祖先曾放牧至此，用松枝结屋而居，因效忠明朝，赐封“土司”。为了纪念祖先，遂以“卓尼”为名。

禅定寺，就坐落在卓尼县城西北 1 千米处的高台上，是一座仅次于夏河拉卜楞寺的著名寺院。

该寺始建于元朝元贞元年（1295），至今已有 700 年的历史，比拉卜楞寺还早四百多年。它原名为“焦乃寺”，为宁玛派寺院。明朝天顺年间，改宗弘传格鲁派教义，寺名改为“兜率论修寺”。公元 1710 年，康熙皇帝赐该寺“禅定寺”巨匾，高悬正殿门头。全寺占地面积 3.3 公顷，建有四大经堂及密宗院、囊欠、僧舍等建筑。正中佛殿，佛顶有四座小塔，塔外涂金，阳光照在塔上，光芒四射，雄伟壮观。

大峪沟国家森林公园

大峪沟国家森林公园位于青藏高原的东北边缘与黄土高原的交汇地带，地处甘肃西南部的卓尼县境内。景点距卓尼县城约一小时车程。总面积 27625 公顷，平均海拔 2400~4920 米，森林覆盖率达 86.7%，年平均气温 8~9℃，气候湿润，景色宜人，蕴涵着早期藏羌的原始文明，是一处资料丰富的地质博物馆；同时也是一处具有历史文化价值、科考价值及自然风光观赏价值的国家级森林公园。该公园的风景资源是以大面积原始森林景观为主体的自然山水生态型公园，为高山峡谷森林公园，分属地文景观、水文景观、生物景观、天象景观、人文景观等 5 个类型，现有景观景点 138 处，集山、水、林等景观于一身，融雄、奇、险、秀、幽为一体，具有较高的美学观赏价值和科研价值。按山形地貌划分为旗布寺、阿角沟、

大峪沟国家森林公园

八十里沟、安子库四大景区。有气势宏伟突兀峥嵘的雄山险峰、规模宏大妙趣横生的奇崖怪石、幽曲狭长群峰突起的石峡幽洞、深邃神秘的溶洞石笋、地势平阔的坡岗丘陵和河谷。在这里可以看到幻化无常的云海、奇异美妙的日出日落、清冷如霜的明月、美丽的雪景树挂、奇异的一日四季现象。

甘南藏族自治州第二大藏传佛教寺院贡巴寺位于卓尼县。

冶力关风景区

冶木峡，位于甘肃临潭县东北冶力关境内，它北临高原明镜——常爷池，东连险峰幽谷——莲花山。从八郎寺沿冶木河而上至冶力关，全长 10 余千米。步入峡口，林木森郁，奇峰孤耸，云缠雾绕，石壁泻珠，溪水清澈、带着山野间的幽静和绿色的梦想，欢快地在峡谷中蜿蜒、回环，然后朝着大河缓缓流去。顺峡口而上，愈往前走峡愈窄，景愈奇，水愈秀。越过牙岔坎，悬崖压顶，峭壁上有一瀑布凌空飞出，直逼谷底。过了喜泉，再往前行，那幽深的峡谷小道、独特的地貌景观、神态各异的奇峰怪石，接连不断。位于冶木峡北部的常爷池，镶嵌在莲花山与庙花山之间的峡谷中，海拔 2610 米，原名“冶海”。传说公元 1369 年，朱元璋西征，部队攻克巩昌、金城关后，兵分两路向西南进军，一路由大将冯胜率领，攻下岷州（即岷县）后向南攻打阶州（今武都）；另一路则由大将常遇春率领，取道临潭直奔河州（临夏）、甘南。常部行至庙花山一带，因连续行军打仗，已是人困马乏，饥渴难忍。常遇春发现前边不远处有一个天池，急步赶到池边，捧起水就喝，但味涩难咽，于是跪倒池边，对天长叹，祈求神灵相助。只见池中白雾四起，缥缈而上，霎时又消失得无影无踪，天空变得湛蓝一片，格外空旷、高阔，池中浑浊的水也变得清冽甘甜。将士们饮后精神大振，行军打仗，连连攻关夺隘，取得胜利。人们为了纪念常遇春将军，将冶海称为“常爷池”。该池水深 12 米，总面积 6.2 平方千米。夏季池水碧波荡漾，清澈见底；冬季池水结冰，形成各种图画，又是一大奇观。

冶力关风景区

拉尕山景区

拉尕山位于白龙江上游立节乡境内，初唐“占单寺”和西汉“华阳古城遗址”左右拱卫，距离省道S313线18千米，景区面积约26平方千米，海拔1400~2800米，这里景色雄伟秀美，碧水青天，云卷云舒，大自然的鬼斧神工展现无遗，成为集休闲、娱乐、会议度假、民俗旅游为一体的风景名胜区，又是重要的藏传佛教信徒集聚地。拉尕山景区内亚热带、温带和寒带植被垂直分布明显，是融藏寨、溪流、草地、森林为一体的独特自然人文景观，像一块绿色的翡翠镶嵌在白龙江南岸的青山秀谷中。

“拉尕山”藏语的意思是“神仙喜爱的地方”。据民间传说，格萨尔王携珠牡王妃取道降魔，途经舟曲上河一带，王的十三战神率天马云游随至。一日，格萨尔王驾临拉尕山上空，见此地水草肥美、空寂幽静，活脱脱一个世外仙境、人间天堂，于是在此牧马一月。此后这里珍禽异兽、名贵药材、鲜花菌菇随处可见，民间每年春秋两季在此放牧，牲畜们在此交配，产出的后代皆神骏健壮，可供王的勇士行阵骑射，故拉尕山还有个谐音名叫“达巴”，意为“跑马射箭比武”。王在

拉尕山景区

拉尕山脚下的占单村停留，美丽的姑娘们为王献茶，因此占单村又叫“金的”。从那以后，拉尕山就成了为历代朝廷上贡战马的地方了。在拉尕山西侧有一座山峰，顶上有一块巨石，远远看去酷似格萨尔王的勇士在骑坐眺望，石上古藤乱伸如同战袍的飘带，在巨石旁有一棵参天古柏，被当地人称为“降魔棒”，这就是“勇士布阵”。南山脚下有一个小湖泊，清澈见底，湖面如镜。湖水冬温夏凉，据传人畜饮之，可祛病强身，经常洗浴，可延年益寿，被人们称作“圣水湖”。现在，景区内还搭有小木屋、移动帐篷供游客休闲娱乐。

舟曲特大山洪泥石流地质灾害纪念公园

2010年8月7日晚至8日凌晨，甘南州舟曲县发生强降雨引发泥石流灾害。滑坡泥石流堵塞嘉陵江上游支流白龙江，形成堰塞湖，回水使舟曲县城部分被淹，电力、交通、通信中断，截至2010年10月11日，共造成1501人遇难，失踪264人，被认为是中华人民共和国成立以来最为严重的山洪泥石流灾害。

根据甘肃省政府下发的《舟曲灾后恢复重建规划和资金安排实施方案》，在“人文关怀”项目中，建设“舟曲特大山洪泥石流地质灾害纪念公园”，新建面积6000平方米，配套建设纪念碑、纪念馆、雕塑等设施。

2016年12月，舟曲特大山洪泥石流地质灾害纪念公园被列入全国红色旅游经典景区名录。

东中部线

Eastern and Middle Route

——寻根朝圣、丝路胜迹、黄土风貌、亚热带山水旅游线

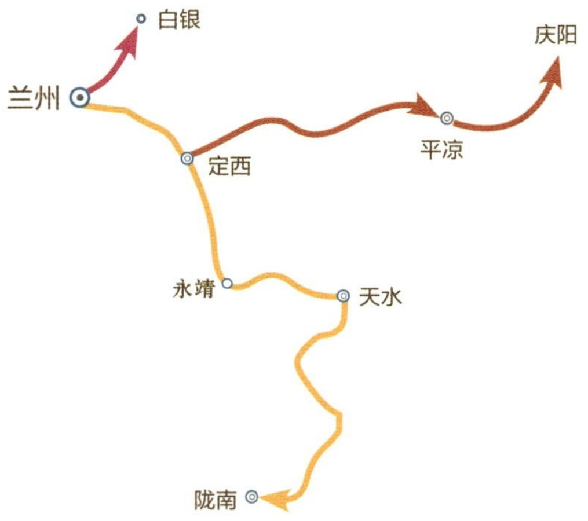

东南线：兰州→ 定西→ 天水→ 陇南

东北线：兰州→ 定西→ 平凉→ 庆阳

北东线：兰州→ 白银

Southeast Route

东南线

兰州→定西→天水→陇南

定西 *Dingxi*

风神捏就的世界

乘车游东南线，出兰州，定西是必经之地。行驶在天巉高速上，离开兰州东行一个多小时，眼前的天地就大大不同了。这里丘陵沟壑相连不断，色彩变得单调，黄多绿少，即使有绿色，仿佛也是点缀的绿色。这里就是一半是黄土高原，一半是秦岭山地的陇中——定西。

定西位于甘肃中部干旱地区，多山脉。正是这些山脉，历代王朝先后在此置县据为关隘，定西便含安定西边之意；也正是这些山脉，使这“千里陇原、一片赤地”的“天下荒瘠之地”别有韵致。贵清山险秀，鸟鼠山鸟鼠同穴，禹贡导渭传奇诱人，首阳山伯夷叔齐气节惊人，莲峰山、遮阳山风光绝佳，加之这里距离兰州近，交通便捷，周末、小长假旅游兴旺。定西以山为龙头，辅以马家窑文化、秦汉长城遗存、巉口汉墓群、李氏祠堂，还有精妙险绝的灞陵桥，典雅壮观的威远楼，景色秀丽、四季如汤的通渭温泉，高冢累累、碣石林立的漳县元代汪家墓群等名胜古迹，近年来吸引了不少周边的游客。

Tips

定西旅游线路

- 兰州—陇西堂
- 兰州—通渭温泉
- 兰州—漳县贵清山、遮阳山
- 兰州—渭源莲峰山—首阳山、天井峡
- 兰州—临洮岳麓山、三甲电站
- 兰州—定西玉湖公园、九华沟
- 兰州—临洮岳麓山、渭源莲峰山
- 兰州—定西玉湖公园、陇西堂、通渭温泉
- 兰州—渭源莲峰山—漳县贵清山—遮阳山—陇西堂—定西九华沟
- 兰州—临洮岳麓山—渭源莲峰山—漳县遮阳山—贵清山
- 兰州—临洮岳麓山—渭源莲峰山—陇西堂—通渭温泉—定西玉湖公园

土特产：洮砚、地毯、彩陶、花卉、土豆、苦荞。

李家龙宫和陇西堂

陇西县南安乡一心村庙儿巷相传是李氏聚居地，始建于唐代中叶的“李家龙宫”就在这里，是天下李氏族人敦宗睦族、祭祀先祖的宗祠，因唐太宗李世民御笔亲书“李家龙宫”而闻名海内外，是研究陇西李氏文化遗址、遗迹的重要载体和标志性建筑之一。称其为宫者，不但规模大，而且规格也高于庙，为上、中、下三组建筑，殿堂林立，建筑巍峨，古柏森森，环境肃穆，也是陇西唯一保存下来的古建筑群。

自古李氏子孙均在此祭祀祖先，主祭堂悬挂“陇西堂”匾额。顺治五年（1648）陇西城陷于兵火，建筑被毁，仅留“北天第一门”牌坊。康熙元年（1662）重建，康熙三十七年（1698），吕培高任知县时，曾于任期内在“北天第一门”上悬有“仰弥高”竖匾额，清末民初又陆续增建维修一新，规模虽远不如前，却也山水相依，楼殿参差，别有天地。李氏族人还绘制保存了“李家龙宫图”。

李家龙宫和陇西堂

2003 年 9 月，李家龙宫正式向游人开放，先后接待了海内外 80 多个李氏宗亲组织和国内 29 个省、市、区的李氏组织和李氏族人及中外游客，他们来陇西旅游观光、寻根祭祖。2006 年，李家龙宫先后被定西市委、甘肃省委命名为“定西市爱国主义教育基地”“甘肃省爱国主义教育基地”。2011 年，甘肃省人民政府宣布李家龙宫为省级文物保护单位。

贵清山

贵清山位于漳县南72千米处草滩乡叭麻村附近，是陇中黄土高原最为奇秀的自然风景区，现为省级森林公园，有“陇南自古多名胜，第一当数贵清山”之誉。贵清山为石灰岩地带，群峰林立，怪石如云，森林公园林地面积21.3平方千米，原始森林遍布，有药用植物和观赏植物500余种，被誉为天然植物园。山顶海拔2340米，有建于明隆庆年间的中峰寺遗址。

整个景区连接了周围18个村庄，它以头峰、中峰、西峰为中心，由“三峰环翠”“洗脸清池”“禅林挂月”“断涧仙桥”“万壑松涛”“转树险道”“石栈穿云”“佛界钟声”“西方胜景”“灵岩古洞”等10个景点组成。古人王宪写的“乱山如抱腹如环，不到山中不见山。到山始见山奇秀，三峰斗插万峰间”的诗句，形象地描述了贵清山的秀貌。

断涧仙桥堪称古人巧夺天工之作。桥始建于明代，长13米，宽1.65米，高2.6米。站在桥上俯视深谷，只见烟云滚滚，浓雾迷蒙，真乃腾云驾雾步入仙境。西方

贵清山

胜景的中峰，是贵清山的最佳景点。走过断仙桥，便看见两块奇石，上刻“雷劈石”三个大字，石间仅容一人通行。相传，如来佛登此峰时，被顽石挡道，一气之下将顽石劈成两半，方开出一条狭径。“孤峰如峭壁”，峰顶上建有雪壑禅院，结构别致，内有大小泥像32尊。阎君殿两侧还竖有明万历年间建寺石碑和清嘉庆年间河南巡抚王宪《游贵清山放歌》石碑。峰巅前面是千仞悬崖，万壑松涛。那险峰、幽谷、松涛、云雾尽收眼底。尤其是对面山峰上的滴水崖瀑布，似天际涌来的银河，一落千丈，声震四方。瀑布旁的峭壁间有灵岩古洞一处，据传，这里是当年铁牛参禅悟道之处。

从漳县县城到贵清山有两条路线可通。第一条由县城驱车35千米至新寺乡后，向东行25千米，沿途可观赏有飞瀑素湍的滴水崖、佛字崖和活虎寺等名胜。从新寺乡向北沿龙川河北岸西行，可途经石栈穿云、灵岩古洞等胜景，虽道路艰险，但可搜遍诸胜，览遍全山。第二条路线是由漳县县城驱车经四族、石川、草地河、马莲地到叭嘛村贵清山林场，全程70千米。这条道路晴天可驱车直达贵清山主要景点，已成为游览贵清山的主要路线。此外，山下有龙川河横穿全境，也可步行沿峡谷旅行，但见溪流两边奇山峻峰形态各异，云腾雾绕，珍禽异兽随处可见，恰似江南风光，奇秀美景，令人心旷神怡。

遮阳山

遮阳山，因“日出而为山所蔽”得名，位于漳县县城西部29千米处，为秦岭西端与岷山交汇地段的奇丽岩壑和岩洞构成的奇特自然风景区。海拔高度在2200米至2800米之间，总面积有30多平方千米，有奇峰异石、溪流瀑布、深邃岩洞、幽深峡谷，景点达120多处。景区内不仅有大量绮丽的岩壑和岩洞，而且有大面积的针阔叶混交森林，还有豹、苏门羚、香獐、蓝马鸡等数十种珍禽异兽栖息。并且较多地保存了古代文化遗迹，历代达官显贵、文人墨客、仙家道士留有多处题咏刻石。北宋时代此处曾建有相当于县级政权的遮阳堡，遗址至今尚存。这里是国家AAAA级旅游景区、国家森林公园、国家主要攀岩基地之一。

遮阳山景区由西溪、东溪、夷门山三部分组成，西溪由金家沟和若干岔峡组成，全长 7.5 千米，为全山的旅游精华所在。境内主要有临溪巨石、芸叟洞、三醉石、题诗崖、仙人祠、青羊洞、八音井、常家洞、锡庆寺等历史胜迹和自然风景 50 余处。西溪各景点有宋、明两朝名人题刻多处，因年代久远，字迹已模糊不清。但北宋著名诗人张舜民题刻的“西溪”和“芸叟洞”仍清晰可见，标明了景致。可见在北宋时，这里已成一大名胜。张舜民曾官至吏部侍郎，以清正廉明著称，因刚直敢言而被贬逐，后流寓至遮阳山。“题诗崖”上有明代方远宜的七言绝句一首。

遮阳山以岩溶地貌景观为主，兼有峡谷、丹霞地貌、喀斯特地貌景观，园内层型剖面遗迹、构造遗迹、化石遗迹均十分丰富，该区对研究秦岭、祁连山、昆仑山等山系具有重要的意义，是地质地貌、地质事件和形成过程的典型代表。各类地质遗迹保存系统而完整，内容丰富多样，有极高的地学研究价值，是开展科考、研学旅游佳地。

威远楼

威远楼旧名“雄镇楼”，又称“钟鼓楼”，位于陇西县城内十字街中心。

北宋仁宗天圣元年（1023），新筑古渭塞于城东一里，东北方建一谯楼，取名“威远楼”，盖为威震远方之意。蒙古中统二年（1261）扩建城垣时，将威远楼移建城中。元顺帝至正元年（1341）设置铜壶滴漏、更鼓于其上。明太祖洪武元年（1368）依旧址重建，取名“雄镇楼”。民间书法家杜重题写的“巩昌雄镇”巨幅匾额悬于其上。清道光十六年（1836）移北宋崇宁五年所铸铜钟于楼上，无事报时，有事报警，所以又名“钟鼓楼”。

天井峡（解板沟）

在渭源石门水库的南部有一条 10 千米长的史前峡谷，谷中石缝有一清泉喷涌而出，绵延全境，水质清凉沁骨，传说是王母娘娘的瑶池，因而被称作天井峡。当地人也叫它“解板沟”，在这里一座座陡峭的山崖相对挺立，中开一缝，就像大锯锯开的板缝。

峡谷分前峡、后峡、上峡、下峡四大块，各有不同的山形地貌。峡中有 20 多个各具特色的景点，主要有仙女屏、歇佛崖、狮象崖、水帘洞、淋仙瀑、马窑湾、天马洞、玉皇城、迷仙巷、天井泉、南天门、腰崖寺、金顶、卧龙潭、洞庭湖等，令人目不暇接。十里峡谷，好似十里画廊，充满奇、险、壮、绝、清、秀、幽、静、古、野之情趣。

一路需要步行，要穿运动鞋，准备水和食物。

灞陵桥

灞陵桥又名“卧桥”，在渭源县城南门外的清源河上。始建于明洪武年间，后被洪水冲毁。1919 年仿兰州市雷坛卧桥改建，历时两年竣工，被称为“渭水长虹”。桥面有台阶通道三条，并配有栏杆扶手。桥顶为飞檐挑阁式的廊房屋面造型，全部是木结构，精巧壮观，具有浓郁的民族风格和较高的科学艺术价值。历史上蒋介石、孙科、杨虎城等名人要员曾为其题词。夏季，渭河两岸树木成荫，满山的松柏苍翠茂盛。远眺灞陵桥，犹如一道长虹静卧于万绿丛中，河风习习，富有诗情画意。长期以来，不少诗人、画家、书法家探奇鸟鼠山，观光灞陵桥，留下了许

灞陵桥

多墨迹和诗篇。著名大书法家于右任游渭水源头和灞陵桥时，题写了“大道之行”的匾额。

莲峰山森林公园

莲峰山森林公园位于渭源县东南34千米处的莲峰乡张家滩与古迹坪村之间，总面积约10平方千米。莲峰山属西秦岭山系，岷山之脉。地处渭源、陇西、漳县交界处，在钻天崖、五嘴崖脚下，呈东西走向。整个山峰群峰独立，山势险峻，状若莲花。由大山、二台、三台、四台、五台、后五台、皇洞、释迦庵、老君山、骑鞍山、首阳山组成。莲峰山高寒阴湿，植被良好，水源丰富，水质淡甜，各个山峰上都有清泉，沟岔间小溪纵横。莲峰山覆盖雄厚的森林资源，大部分属天然次生林，其中混杂少许原始森林，属针阔交混林和乔灌交混林。珍贵的植物漫山遍野，真可谓一座天然的植物园。

莲峰山有丰富的野生动物资源，有鹿、獐、麝、西门羚羊、金钱豹、狼、野猪、野牛、雪鸡、雉鸡、马鸡、杜鹃、黄雀、娃娃鱼等。

莲峰山自古以来为陇右名山，山上石窟寺庙较多，游山时可顺访。

首阳山

首阳山在渭源县城东南34千米处的莲峰乡享堂沟。据记载，伯夷和叔齐是商末孤竹君的两位王子，因相让嗣君，相偕至周，后闻武王伐纣，叩马谏阻。因武王不听，遂愤而不食周粟，西行至首阳山，采薇而食，后饿死于首阳山。伯夷、叔齐之墓，在首阳山山坳中。两墓冢前面有砖牌坊，坊内嵌砌石牌。墓碑几经焚毁重建，现存牌坊系1934年所建。山中的清圣祠（庙）原有两处，分设两山，一在莲峰，一在首阳。它建于伯夷、叔齐墓后的山坡上。院内有很多石碑，其中有清陕甘总督左宗棠撰文并篆书的《新建首阳清圣庙碑》和左部提督军门范秉诚的诗《首阳怀古诗碑》。首阳山林木茂盛，松柏参天，盛产薇蕨，是理想的游览、避暑胜地。

渭河源

清源河

清源河为渭河的正源。古书上很早就有关于渭河发源地的记载，渭源县也因地处渭河源头而得名。其山体主要由石炭纪、二叠纪的灰岩、砂页岩等构成。山上至今还有细竹。

清源河上原有五沟，自西向东为池沟、大岘沟、倒縻子沟、石头沟、牛沟，诸支流在五竹乡南先后总汇为一，流向东北，至渭源县城东书院村与禹河（龙王沟）汇合后，始称“渭源”。清源河全长 28 千米，属地下水补给型河流，流域面积为 114 平方千米。

鸟鼠山

鸟鼠山在渭源县城西南 10 千米处，属西秦岭北支山地。古代鸟鼠山为渭源县西南诸山之总称。因鸟鼠“同穴止宿”而得名，又名“鸟鼠同穴山”或“青雀山”。

鸟鼠山以前曾有过茂密的天然森林。隋炀帝西行，路过渭源时，就曾称颂过鸟鼠山上的长林。在他的《临渭源》一诗中有“长林啸白兽，云径想青牛”之句。现在已被垦殖，只有稀疏的杨树和人工繁殖的油松和华山松了。很多游人都是怀着“求源鸟鼠，观光灞陵”的愿望到这里来寻古探奇的。

太白云海

太白山山形绝险，酷似华山。传说是太白金星修道的仙山。太白山一峰独耸，系云摩天，众山环拱，与露骨山遥相呼应。从山下仰望，殿宇呈瑞，紫光闪闪。山腰茂林修竹，悬崖峭壁，瀑布高挂。

石门关

位于首阳山西北侧的石门，因两座石崖东西对峙，间开一线，形似石门而得名。石门以内地域开阔，每当皓月当空，映入石门时，古松倒映，山静水活，石门滩出现一片恬静迷人的景象，古人称之为“石门夜月”，列为渭源八大景之一。

这里建成了一座总库容量 3.6×10^6 立方米的水库，镶嵌于两崖之间，一弯平湖倒映蓝天皓月，真正的石门夜月降临人间。现在水库大坝的两侧石门崖顶上各建有六角亭一座，配有传说是伯夷、叔齐拄过的龙头拐棍的古老松柏。库内养有鲤鱼、草鱼、鲢鱼等各种鱼类，设有手摇式木船、铁皮船等游乐设施，可供游人划船、游泳、垂钓。

岳麓山公园

岳麓山公园位于临洮城东 0.5 千米处，因宋代山上修建东岳庙而得名，至今已有 1000 多年的历史。沿新修的水泥台阶上行，越过穿云亭，便到东岩寺门首。东岩寺原为道教寺观，如今成了县博物馆。这里陈列着新石器时代斑斓多姿的马家窑文化、辛店文化和寺洼文化的出土文物，尤其是彩陶，品种之全、数量之多，在全国亦堪称一流。拾级而上，就到了闻名遐迩的椒山书院，最早叫“塔院”。明代嘉靖年间，被贬官狄道的兵部员外郎杨继盛在这里兴办超然书院，聘请名师为蕃汉子弟讲学，后来杨继盛被严嵩诬陷致死，狄道人民为怀念他的功德，将超然

岳麓山

书院改为“椒山书院”，并在此建了椒山祠。从凤台迤逦而上，甘南农民起义纪念馆赫然在目——这是为纪念震惊全国的甘南农民起义而修建的，在椒山书院一侧，与东岩寺成犄角之势。山头的最南端，建有临洮儿女进新疆纪念亭。岳麓山还有“龙泉涌月”的佳景和“东岩伏冰”的奇观。每到春节，这里就举行灯展，成千盏各具特色的大型灯具，五光十色，美不胜收。尤其是冰灯，造型优美，晶莹剔透光亮如玉，别有一番情趣。

马家窑文化彩陶

1923 年在甘肃临洮县马家窑遗址发现的彩陶，距今 5000—4000 年，被誉为新石器时代彩陶之冠。

甘肃是马家窑文化彩陶的主要分布区域，青海东北部、宁夏南部也有遗存。马家窑文化是中原仰韶文化晚期在甘肃的继承和发展，故又名甘肃仰韶文化。

我们看到起源于距今 8000 年以前的天水大地湾彩陶，经过半坡和庙底沟文化时期的提升发展，到马家窑文化时期进入繁荣阶段。在这一时期，彩陶的地域特色彰显，形成独特的纹饰发展演变体系。马家窑文化的彩陶纹饰华丽繁缛，更是达到了“彩陶艺术的巅峰”，代表着中国彩陶艺术的最高成就。

黄河上游地区新石器时代晚期的马家窑文化，在甘肃分布最广。马家窑遗址位于甘肃省临洮县城西南 10 千米处洮河西岸马家窑村南面的麻峪沟口，是黄河上游新石器时代到青铜时代的遗址。1923 年首次发现并进行考古挖掘，遗址南北宽 280 米、东西长 350 米，约 9 万平方米。遗址文化内涵丰富，包含有仰韶文化庙底沟类型，马家窑文化的石岭下类型、马家窑类型、半山类型、马厂类型和齐家文化、辛店文化、寺洼文化等，其中以马家窑类型最为丰富，马家窑文化或马家窑类型由此得名。

遗址地处洮河西岸的一级阶地上。该遗址对研究马家窑文化及黄河上游地区诸史前文化具有重要价值和意义。1988 年，中华人民共和国国务院公布马家窑遗址为全国重点文物保护单位。

马家窑遗址全貌

寺洼山遗址

寺洼山遗址又名"庙坪"、鸦儿沟遗址，位于洮河西岸的牙下村，北距临洮县城20千米。寺洼文化最早发现于临洮寺洼山而得名，属新石器时代晚期遗存，比马家窑文化晚，可能是殷商时期。遗址的分布面积辽阔，南北长1500米，东西宽800米。寺洼文化的墓葬，有的打破了马家窑文化的灰层，同时还发现铜器。遗址灰层厚1米左右，陶片遍布地面。

陶器多为夹砂粗陶，表面磨光，颈部都有对称的双耳。高肩，深腹，马鞍形口沿，平底，表面多为红褐色，间有褐色斑点。多为素面，少量有红色彩绘。器形、纹饰都具有辛店文化的特征。石刀两侧有缺口，石斧有肩。

辛店村东遗址

辛店文化属新石器文化晚期，包括辛店齐家遗址和骆驼崖遗址两部分，位于临洮县城南25千米处。齐家遗址和骆驼崖遗址隔齐家沟相望，相距甚近。

该遗址遗存丰富，遗物很多，灰层厚1米左右。其出土陶器，几乎全是夹砂粗陶，其中以彩陶居多。彩绘多为黑色间以红色，运用宽窄复浅，形成黑红相间的带纹。其出土石器，多为打制；石刀两侧都有缺口。骆驼崖遗址现建有庙宇数座，沿水泥台阶可直到崖顶。

战国秦长城及西端起点遗址

战国秦长城，始筑于秦昭王三十七年（前270），首起今临洮县新添乡三十里墩南坪的望儿嘴（西端起点）。临洮县境内的战国秦长城从望儿嘴经南坪北庄，进入峡口乡后，沿万长岭而下，越沟进入八里铺乡，再经沿川、塔湾、东铺、石家楼、窑店等8个乡界进入渭源县境。长城从新添乡三十里墩望儿嘴至尧店乡长城坡东南出界，水平距离41000米。

战国秦长城从临洮出境，经渭源、陇西、通渭、静宁，进入宁夏回族自治区隆德县、固原市原州区境内，复入甘肃环县，一直往东北与陕西长城相连。至今残存的墙基、城障、关门、烽燧等遗迹尚十分明显。

龟石公园

龟石公园又称“神龟园”，坐落在洮河海巅峡附近的塔下王家村。用十万颗洮河白石嵌镶成的“龟”字形园路，周围辅以绿色草坪和青松，一块巨型龟石卧在龟字中心的十字形水塘上。

临洮县博物馆

临洮县博物馆成立于 1957 年，是全区最早的博物馆，前身是 1941 年成立的“民众教育馆”。馆址在临洮县城东约 500 米的岳麓山东沿寺内，面积为 1568 平方千米。

博物馆现有展厅一个，常年举办临洮县历史文物展览，分为化石、新石器时代的马家窑文化、半山文化、马厂文化、齐家文化、辛店文化、寺洼文化、战国秦汉文物、铁铜器、瓷器、画像砖等专题专柜展出。

该馆现有藏品几千件，在各级各类文物中，尤以新石器时代及青铜时代的遗物居多。有时代较早的战国秦长城遗物，汉代铜、陶器，金代狄道县印，宋代画像砖，元代瓷器，清代《狄道县志》木刻版等较为珍贵的文物。

岷州会议纪念馆

岷州会议纪念馆坐落在距县城西 15 千米处的三十里铺村。纪念馆依托岷州会议旧址创设。

中共中央西北局于 1936 年 9 月 16 日至 18 日在岷县三十里铺召开“岷州会议”。会议根据毛泽东等电令，在肯定中央北上方针的基础上，否定了张国焘的“西进计划”，并制定了“通（渭）庄（浪）静（宁）会（宁）战役计划”，决定在敌胡宗南第1军尚未集中于静宁、会宁、通渭以及定西大道之前抢先予以占领，以配合一方面军在运动中夹击敌人，争取会师。19日，四方面军总部向全军发布了进军令。半个月后，红军三大主力部队终于在会宁、静宁地区大会师，宣告历时整整两年的长征胜利结束。

“岷州会议”否定了张国焘错误的“西进计划”，坚持了党的民主集中制原则，维护了党和红军的团结，对实现红军三大主力会宁会师、推动抗日民族统一战线等发挥了重要作用。

纪念馆初建于1997年，以纪念红军长征胜利60周年。名为“红军长征三十里铺纪念馆”。2008年以来又进行了扩建，完善了旅游服务设施。现展馆占地5400平方米，建筑总面积4500平方米，其中展厅建筑面积1378.8平方米，展厅为二层框架结构仿明清歇山顶仿古建筑。展览内容分为“团结北上”为主题，分“序厅”“北上抗日定方向”“红军联袂进甘肃”“西进北上苦争论”“建立革命根据地”“会宁胜利大会师”“红军精神代代传”“岷州大地展新姿”等七大版块，充分利用现代声光电等手段真实、准确、完整地再现了1936年7月由二、四方面军成立的中共中央西北局的历史功绩和红军长征在岷历史，其先进的电脑多媒体系统使参观者身临其境，具有很强的艺术感染力和震撼力。基本陈列以时间为经，历史事件与重大事件组合的框架结构，描绘出一幅中国革命斗争历史的壮丽画卷，突出我党运用智慧，维护团结，突破封锁，开展革命活动的奋斗历程，更加深刻地揭示了“团结是战胜各种困难取得胜利法宝”的历史真谛。

新的岷州会议纪念馆展馆建成以来，参观人次逐年上升，受到社会各界的一致好评。先后被上级部门命名为甘肃省爱国主义教育基地、甘肃省国防教育基地、甘肃省党史学习教育基地、国家AAA级景区，2009年被中宣部评为全国第四批爱国主义教育示范基地，入选全国一百个红色旅游经典景区名录。

榜罗镇会议纪念馆

榜罗镇会议纪念馆景区，地处定西、天水市辖区的交界地带，东与常家河镇接壤，南与天水市的甘谷、武山两县相接，西与陇西县的和平、渭阳两乡相连，北与什川乡毗邻 。

1935 年 9 月 27 日，由毛泽东、周恩来、彭德怀、张闻天、王稼祥等率领的中国工农红军第一方面军到达榜罗镇，当时的榜罗国立小学为中央领导人提供了大量的报纸杂志，使之前在哈达铺了解到的陕北有红军根据地的情况得到了进一步证实。当晚，毛泽东在原榜罗小学校长室主持召开了中共中央政治局常委会议，史称“榜罗镇会议”。会议按照毛泽东在哈达铺提出的到陕去的行动计划，在分析了国内国际形势，进一步研究红军落脚点问题之后，正式决定并宣布改变俄界会议关于到邻近苏联边界的地方建立根据地的战略方针，把红军长征的落脚点放到陕北，到陕北去会合红二十五军、二十六军，巩固和发展陕北革命根据地，把陕北作为领导中国革命的大本营。榜罗镇会议结束了红军长征长期没有落脚点而四处转战的局面，从而为红军长征胜利完成和开展抗日救亡运动找到了理想的落脚点。

1935 年召开中央政治局会议的榜罗小学，现仅存毛泽东和张闻天住宿处，均为土木结构民居建筑，1979 年改建为红军长征纪念馆。中共中央和红军主要领导同志的住宿旧址分布于全镇多个地方，共 17 处，包括周恩来、彭德怀、邓小平、叶剑英、任弼时、博古、聂荣臻、林彪、贺龙、肖克、王稼祥、陆定一、肖华、关向应、张云逸、杨尚昆、罗荣桓等领导同志的住宿旧址，均为清末及民国时期的四合院民居建筑，土木结构，单坡硬山顶式。榜罗镇会议旧址还

榜罗镇会议纪念馆

包括红军连以上干部千人大会会议旧址、党家堡战役遗址、朱家堡战斗遗址、红军驻宿一条街和红军饮马池遗址等。毛泽东和张闻天住宿处，均为土木结构民居建筑，1979 年改建为红军长征纪念馆。

榜罗镇革命遗址——榜罗会议纪念馆是全国爱国主义教育示范基地、国家国防教育示范基地、中国延安干部学院现场体验教学点，也是甘肃省委组织部命名的第三批全省党员干部党性教育实践教学基地。馆名“榜罗镇会议纪念馆”由老红军王定国老人题写。

纪念馆以弘扬伟大的长征精神为主题，以真实、生动地再现榜罗镇会议和红军长征过境通渭发生的历史为重点，以通渭人民继承和弘扬长征精神，在新的长征中所取得的建设成就为延伸，通过翔实的史料、图片、图表、实物，综合运用各种现代高科技手段，精心设计布局，达到思想性、艺术性的完美结合，使参观者身临其境，全面展现中国工农红军长征过境通渭波澜壮阔的历史画卷，成为社会各界群众、特别是党员干部和青少年学生接受党性教育、革命传统教育、爱国主义教育、国防教育和思想道德教育的主阵地，也是红军长征“红色旅游景点”线路上的重要景点之一。

洮河垂钓

洮河有着得天独厚的垂钓条件。洮河自南向北，纵贯临洮 115 千米。充裕的洮河水使两岸渔业生产生机勃勃，全县有大小鱼池几百个，养鱼水面达 73 公顷。临洮冬暖夏凉，年平均气温只有 7℃，洮河沿岸滩面广阔、平坦，鱼池连片，池水洁净，无污染，同时又远离闹市区，环境幽雅、安静，是钓鱼度假的好地方。洮河鱼以肉嫩味美驰名陇上，特别是洮河重口花鱼更是美食家餐桌上的精品。

现已开辟的洮河活鱼垂钓点有县渔种繁殖场、农校渔场、洮阳端新渔场等 12 处。

悦心国际书画村

悦心国际书画村位于通渭城西，占地 21.4 万平方米，总建筑面积 18.99 万平方米，紧邻G310 国道和宝兰高铁通渭站，距离通渭县城仅 3 千米，交通便利。

渭水河畔的通渭县是知名的书画艺术之乡。从古到今，这里的人家酷爱书画，习字作画蔚然成风，全县 10 万余户几乎家家悬挂、收藏字画。根植于通渭浓厚的耕读文化的悦心国际书画村依托 13000 多人的书画创作人员和经纪人，衔接国内著名的书画市场和书画名家，致力于把书画文化、温泉文化和红酒文化有机融合到一起，建设全国知名的书画交流会展中心、全国知名的书画信息发布平台和全国知名的书画人才培训基地。

书画村由书画长廊、悦心美术馆、温泉水世界和园林度假酒店组成。这里汇集了众多全国知名的中国美术家协会会员、中国书法家协会会员和各类文化公司，现已入驻商家几百户，先后建立名家创作基地和名师工作室 30 余家，连续承办六届敦煌行·丝绸之路国际旅游节、通渭书画文化艺术节和中央数字电视书画频道走进通渭大型电视现场等大型活动。悦心国际书画村将书画创作、书画人才培训、交易、展示、拍卖、评估、鉴定、装裱、书画用品经销、拓展训练中心等功能融为一体，以书画人才培训为核心，结合剪纸、刺绣、皮影、小曲、草编、麦秆画、脊兽、雕刻等民间艺术，发展与其相配套的文化产业，从设计加工到包装销售，形成分工明确的产业布局与产业链条，建立起劳动密集型文化产业体系，已为打造全国一流的书画人才培训基地奠定了基础。在这里可开展书画艺术欣赏之旅和举办各种研学活动。

天水 Tianshui

天河注水之地

由西向东，过了定西，继续向东南行就是天水了。从东而西——自西安乘火车沿渭水西行，经陕西与甘肃交界处，过陇山，到天水。这里便是玄奘法师西行取经离开长安之后的第一站。

天水之名始于汉武帝。汉元鼎三年（前114）的一天，在现天水市南面，突然雷电交加，大地连续震动，地面裂开一道大缝，天河之水注入其间，遂成一湖。由于水质纯净，甘冽醇厚，有湖水与天河相通的说法。汉武帝在湖旁建城池，起名“天水”。如今，天水已无湖，但泉水极多，水质甜美，是大自然赋予天水的一大特色。

天水冬无严寒，夏无酷暑，境内地势西北高、东南低，海拔不太高，在1000～2100米之间。天水地跨长江、黄河两大流域，以西秦岭为分水岭，北部地区为黄河水域的渭河流域，面积11673平方千米，占全市总面积的81.49%，降水适中；南部地区为长江水域的嘉陵江流域，面积2652平方千米，占全市总面积的18.51%，水量丰沛。因此，天水拥有良好的自然地理环境。

天水历史悠久，文化遗存丰富。一位历史学家曾说：要看一千年的历史文化，就去北京；要看三千年的历史文化，去陕西、山西、河南；要看五千年的历史文化，就去杭州良渚；那么，去哪里看八千年的文化呢？去天水。这里有从距今8000年一直延续到距今5000年的大地湾遗址——大地湾博物馆。人文始祖伏羲传说与原始社会新石器时代古村落遗址虚实相映。天水的另一个历史的高光时刻是，这里孕育了统一六国建立秦帝国的先祖。天水东南的牧马滩，即秦先祖牧马的地方，

今出土了大量的秦简。清水一带和甘谷一带曾是我国历史上最早建城、最早设县的地方，作为秦国早期文化，在全国是独一无二的。天水又是丝绸之路的中西结合部，是丝绸之路东段的“石窟走廊”，有中国四大石窟之一的“东方雕塑艺术馆”——麦积山石窟，与其连成一线的有甘谷大像山、华盖寺和武山水帘洞、木梯寺、禅殿寺等石窟。

天水地理位置重要。其东是号称“八百里秦川”的关中平原，其南则是“天府之国”巴蜀，其北是陇西高原，其西则是通往黄河及河西走廊的大道，历来为兵家必争之地。三国时，诸葛亮与司马懿长期在天水一带征战。孔明伐魏六出祁山（行政区划现已隶属陇南市）以及孔明挥泪斩马谡的故事就发生在天水。祁山在天水南 70 千米处的陇南，马谡战败的街亭则在秦安县境内的陇城镇。

Tips

旅行小助手

- **工艺美术：**地毯、软木画、丝毯、雕漆。
- **土 特 产：**花牛苹果、核桃、松子、武山大米、甘谷辣椒。

天水至周边地区短线旅游

- 伏羲庙—胡氏古民居—麦积山石窟（植物园）—仙人崖—净土寺
- 伏羲庙—玉泉观—麦积山石窟（植物园）—仙人崖—温泉度假村
- 天水市—秦安大地湾遗址—卦台山
- 天水市—甘谷大像山—武山水帘洞
- 天水市—天水古三国遗址—陇南礼县祁山堡遗址
- 天水市——古街亭遗址

麦积山石窟

从天水市东南行60千米，进入秦岭山脉西端，沿着峡谷，顺着溪流前行，绕过一山壑，只见一奇峰平地立起，成圆锥状，顶尖底小，中间粗大，形状很像农家麦垛，所以叫“麦积山”，麦积山石窟建于此。

中国著名的石窟中，麦积山石窟周围的风景最为秀丽。郁郁葱葱的青山围绕四周，山顶云雾缭绕。山峦上布满华山松、白皮松、雪松、紫柏、椿树、长杉等常青树，即使在冬天的银白世界里，树上也有一串串小红果，玲珑可爱。到了春天，这里更是花鸟的天堂。这里属于秦岭原始森林的边缘，林木中藏着许多野生动物，如麋鹿、豹和熊。寂静的山林，时时传出清越的鸟鸣。目前这座原始森林已被规划为植物园，可以和麦积山石窟做连线赏游。佛教艺术借助丝绸之路从印度传入新疆，经甘肃再至中原，在丝路上留下了许多石窟寺，麦积山石窟是甘肃最靠东的一座，因此受印度、希腊的影响减弱，风格趋向于华夏。麦积山石窟共有石雕和泥塑像7800余尊，从十六国时期至西秦、隋、唐、宋历代都有塑像，尤其是隋以前的塑像占有很大比重，而且十分精美，是中国雕塑史上最好的标本。石窟沿麦积山崖四周开凿。山高142米，崖面如刀削。站在1千米外，就可以看到一组摩

麦积山

麦积山石窟——东方微笑

崖造像：中间一尊佛像，高达 15 米，左右两尊菩萨侍立。这组宏伟造像是隋文帝（581—604）时期的作品。石窟分东西两崖，计 140 窟，东崖有 54 窟。唐开元二十二年（734）大地震时，麦积山从中间裂开。1970 年加固并修建水泥栈道，让东西两崖石窟得以相通。踏栈道而上，首先到千佛廊。廊长 32 米，崖壁上分两层，整齐地排列着 258 尊石胎泥塑佛像，十分威武。再上去就是散花楼。凭楼远眺，风光极美。散花楼上建有七佛阁，在崖面上开凿出七个洞窟，窟前立两柱，窟顶盖屋檐，完全是汉式建筑。七佛阁内共立 75 尊塑像。散花楼之西就是牛儿堂，塑有一牛犊伏在天王脚下，昂首展望，神态可爱。西崖最值得一看的是万佛堂，又叫“碑洞”，编号第 133 窟。此窟凿石而成，大如宫殿，其梁拱栋楣都是雕石而成。跨进门，就见一尊 3.5 米高的接引佛，双目微合，恬静慈祥，作双手接迎之状。麦积山石窟除东、西崖必看的洞窟之外，还有不少雕塑精品值得细细观赏，如东崖第 44 窟西魏佛像。佛像面容焕发着青春光辉，眉宇间闪烁着灵气，双目微闭，像在沉思，嘴角挂着神秘的微笑。东崖第 121 窟北魏菩萨与弟子塑像，从造型看，两人着汉装，相互依偎，就如同一对少男少女，天真无邪，正在窃窃私语，状极幸福。这是佛国的造型，人间的表情。西崖第 87 窟，北魏的西域僧人，高鼻、深目、长眉，是典型的西亚人形象。西崖第 165 窟宋代供养人塑像，似乎是捐钱凿窟的女主人的真实写照。她具有强烈的个性，双眉和外眼角微微上挑，握紧拳头在胸前，显出嗔怒的神情。游完麦积山别忘了顺道看一下植物园。

仙人崖

仙人崖

仙人崖在麦积山东南 10~20 千米的地方，有个清丽隽秀的仙人崖。仙人崖因传说有神仙出没而得名。群峰环峙，山腰藤萝掩翳天然洞穴，后壁有泉，甘冽清凉。殿宇建于月牙形崖坎上。南庵残存的泥塑像以及岩间小佛龛，留有北魏晚期建造的痕迹。西庵起平台，营楼阁，可容万人。大殿的一架大梁，是唐代遗物。东庵罗汉堂，是明朝修建的，当时铸有十八铜佛，现存三尊。东庵左通莲花山，传为剑客修炼处。对面突起一峰，有南天门、燃灯阁、玉皇阁。

仙人崖崖下的湖里可荡舟。

石门山

石门山是麦积山风景区另一处的子景区，因两座孤峰对峙，恰似天然之门而得名。石门是南宋时道家的一处胜地。石门山由北峰、麒麟峰、南峰构成。主峰修真武祠、三清殿、王母祠、钟楼、无量殿，存明朝碑刻。两峰之间架设通天桥亭，山顶鹫岭称“卧虎台”，陡岩苍松，令人惊叹。中秋皓月从石门缝隙中冉冉升起，变幻无穷，俗称“石门夜月”，为秦州十景之一。

净土寺

净土寺位于仙人崖后川。该寺群山环绕，苍松满谷，山风吹来，松涛阵鸣，人称“净土松涛”，为秦州十景之一。净土寺 1971 年被全部拆除，一切碑迹额联等也不知失于何地。20 世纪 80 年代以来，净土寺僧众多方筹资进行恢复扩建，现已形成一进三禅院的宏大建筑群。近几年，又新开发增建了罗汉堂、藏经阁、景门牌坊等建筑，更增其规模。其气势宏伟之景象，远非昔日可比，加之这里一直保持着佛地的清净，远离过度营销，使其声名远播于海内外。

大地湾文化与甘肃彩陶文化

大地湾文化、甘肃彩陶为什么闻名于世？ 1979 年，在甘肃秦安县大地湾首先发现了早于仰韶文化的新石器时代遗存——大地湾遗址，距今 7800—4800 年。大地湾文化不仅是我国率先使用彩陶的史前文化，也是世界上最早生产彩陶的古文化之一。在定西临洮，我们已经涉猎了马家窑彩陶文化，我们看到起源于距今 8000 年以前的大地湾彩陶，经过半坡和庙底沟文化时期的提升发展，到马家窑文化时期进入繁荣阶段。在这一时期，彩陶的地域特色彰显，形成独特的纹饰发展演变体系。马家窑文化的彩陶纹饰华丽繁缛，更是达到了“彩陶艺术的巅峰”，代表着中国彩陶艺术的最高成就。甘肃彩陶的造型大气独特，色彩瑰丽，而且起源早、延续时间长，是中国唯一没有中断的彩陶文化。

8000 年前，甘肃大地湾温暖湿润，河谷宽广，土地肥沃，先民们用水、火、土创造出中国最早的彩陶文化。回望历史，让人叹为观止的是大地湾遗址囊括了新石器早期及仰韶文化早、中、晚期的文化，其独特的形制、别致的纹饰、生动的表情和细致的雕塑手法，充分体现出五六千年前人类的智慧和灵巧，浓缩了大地湾先民的审美意识以及丰富的社会历史内涵，是我国史前时期集彩陶、雕塑、造型于一身的杰出艺术作品。因此，大地湾遗址对于建立渭河上游史前文化序列、研究黄河流域新石器文化的产生、发展以及探索中华文明起源的历史进程具有十分重要的意义。

大地湾文化与甘肃彩陶文化

大地湾遗址·大地湾博物馆

大地湾遗址位于甘肃省天水市秦安县东北的五营镇邵店村，距秦安县城 45 千米，距天水市 102 千米。目前主要分为三个部分，分别是大地湾博物馆、遗址复原区和大地湾宫殿遗址。

大地湾遗址分布在葫芦河支流清水河南岸的二、三级阶地相接的缓山坡上，为新石器早期及仰韶文化早、中、晚期文化遗址，遗址面积约 275 万平方米，文化层厚 1~4 米，距今 7800—4800 年，是中国西北地区考古发现中最早的新石器文化，1988 年被公布为全国重点文物保护单位。

大地湾遗址复原区

目前考古工作者共在大地湾遗址清理发掘出房屋遗址 240 座，灶址 98 个，灰坑和窑穴 325 个，墓葬 71

座，窑址 35 座及沟渠 12 段，累计出土陶器（包括那件唯一的人头形器口彩陶瓶）4147 件、石器（包括玉器）1931 件、骨角牙蚌器 2218 件以及动物骨骼 1.7 万多件。但已发掘面积不过是其中很少的一部分。有专家感叹："大地湾是一个远古文化遗存的巨大宝库，现在才只是打开了它的大门。"

在古民居的复原遗址，可以了解 8000 年前我们中国人的房屋建筑和食材的模样；在大地湾博物馆，可以看到大地湾遗址出土的文物和历史遗迹的介绍。大地湾殿堂遗址在山上，需要开车上去，那里有中国最早的殿堂式建筑，殿堂的规模令人震撼，而且更令人惊叹的是在那殿堂里看得到世界上最早的、且硬度堪比当今 100 号水泥的混凝土水泥地面。

参观前最好做足文化功课，才能了解其价值所在。

卦台山

卦台山位于天水市渭南镇。在中国古代开发史上，流传最早、记载最多、功劳最大的莫过于伏羲氏。传说他驯养百畜，教人们制作生产工具，从事畜牧业生产。又画八卦、创造文字、制定历法、发明乐器，使身着树叶、披头散发、夜宿洞穴、茹毛饮血的人类走向文明。而这个有"人文初祖"之尊的伏羲形象在天水的古迹甚多，其中卦台、龙马洞、分心石、伏羲庙最为著名。卦台山、龙马洞、分心石均在距麦积区中心 50 千米处的渭南乡境内。画卦台位于卦台山上。龙马洞跟画卦台隔河相望，坐落在龙马山上。其洞深幽，每逢大雾，云雾封洞，给人以龙马出没的神秘之感。画卦台东麓渭河中心，有滩地数处，形如太极图。滩河交接之处，有一大石，长约 2.4 米，不方不圆，旁实中虚，如画太极。每遇水涨，石隐匿迹，水花漩溅，哗哗作响；每逢水降，石浮河面，夕阳斜照，五光十色，这就是著名的分心石奇观。

相传伏羲为创文字，上观日月飞禽，下察山石走兽，时时刻刻都在苦思冥想。一日，他正在画卦台上瞭望，忽见对面山洞里云雾滚滚，有一匹身着花斑、两翼振动的龙马翻腾，与淼淼渭河中分心石太极图形相映，不禁灵机触动，立即在画卦台上画下了代表自然界天、水、山、雷、火、地、风、泽的象形文字，这就是始画八

卦台山

卦继有文字的来源，画卦台、龙马洞也由此得名。

画卦台上有山门、戏楼、午门、钟楼、鼓楼、侧殿和伏羲大殿。历代文人留诗甚多，其中明代诗人孙永思在《别卦台》一诗中写道："羲皇遗台天下奇，四山环合耸独危。冠裳此日劳登远，风雨他年幻梦思。渭水有声留听处，夕阳无意送归时。河村羸马重回首，古木颓垣乱鸟随。"

伏羲庙

伏羲庙位于天水市西关，又名"太昊宫"，临街而建，两门三进，自南向北有牌坊、庙宇、月台、碑亭、主殿、古柏等，占地 2.47 平方千米。殿宇排列对称整齐，布局规整严谨，屋顶皆饰琉璃筒板瓦，雕梁画栋，巍峨壮观。

相传农历正月十六日是伏羲诞辰。每逢这一天，伏羲庙内青松碧桧，白阶生光，人流如梭。现在每年一度的伏羲大典使这里名扬天下。

到天水，伏羲庙是不能不看的一处人文景观。

伏羲庙

天水秦安凤山景区

在秦安县还有一处位于县城东部的凤山景区，占地面积约 77 万平方米，拥有甘肃省保存最完整的明清古建筑群，是一处集传统、宗教、民俗、建筑、雕塑、自然风光为一体的旅游胜地，是国家 4A 级景区。独特的凤山文化体现了道家文化尊法自然、天人合一的思想，而漫山遍野的花草树木更是增添了游玩的情趣。景区由凤山森林公园生态水域景观、太平堡“青莲念佛堂”、泰山庙古建筑群、春场行宫及明清古街五部分组成。其中，凤山森林公园已栽植塔柏、刺柏等苗木 3.43 万株，四季常青，三季有花；泰山庙现存殿宇 41 座，沿山门而上依次是：财神殿、东岳泰山殿建筑群、蓬莱阁、鲁斑殿建筑群、五台观建筑群、碑林、三法宫、玉皇殿、三清殿、邀月亭和太白楼，以及古柏 32 棵、石碑 12 块、三教塑像 63 座，楹联牌匾 41 副；青莲念佛堂建有太白祠、藏经楼、观音殿、地藏殿、僧房、客堂、斋堂等。

玉泉观

玉泉观，在天水市北天靖山麓，紧依城垣，顺山势升高，随山沟、崖壁、台地而建。登玉泉观高处，远眺渭河陇山，苍茫连绵；近处天水全市景色，尽收眼底。

玉泉观林木葱郁，山径幽深，绝壁倒挂，千年古柏遮天盖日。古柏盘根外露，纵横交错，如同发辫，称为“辫柏”，被誉为“天水奇景”。

玉泉观初建于元朝大德三年（1299），明清时曾重建。天爷殿是元代建筑的遗存，由题记得知明代建筑较多。这里原是道家圣地，亭台高筑，碑碣遍山。最早有元代梁真人碑。历来文人学士多登高吟咏，题书、凿碑琳琅满目。

传说因有一泉井水，水极甘美，能治眼疾，故称“玉泉”。“玉泉仙洞”亦为古秦州十景之一。

南郭寺

南郭寺位于天水市南约 2 千米的慧音山坳。建寺年代不详。诗人杜甫于乾元二年（759）曾游此寺，留有“山头南郭寺，水号北流泉。老树空庭得，清渠一邑传。秋花危石底，晚景卧钟边。俯仰悲身世，溪风为飒然”的诗篇。此寺唐代已具规模。清顺治、乾隆、光绪年间几经修葺，后又遭到严重的破坏。近年来经维修，基本恢复原有的规模和特色。古寺依坳面川，以 3 座牌坊式大门为中轴线组成东、中、西院。中院内有东看楼、西看楼、钟鼓楼和东、西禅林院。中院后院，有宽阔宏大的天王殿，原额悬摹北宋米芾书“第一山”巨匾。殿前砖砌勾栏内有千年古柏，其中一株黛色霜皮，枯干如剪；古柏中寄生一棵“黑蛋树”（朴树），可谓奇观。西牌坊门前有两株千年古槐，单株围就达 7 米，是黄土高原上的一景。东门为 3 间悬山顶牌坊，院内有关圣殿、湫池殿、观音殿、圣母宫等。悬山顶观音前有一个八角形攒尖顶小亭，内有水井，即杜甫诗中的“北流泉”。寺院后山树木很多。从此处远眺，天水市容尽收眼底。

青鹃山国际休闲旅游度假景区

青鹃山国际休闲旅游度假景区

青鹃山滑雪场位于天水市秦州区平南镇孙集村。该村是一个省级美丽乡村示范村，距天水市区 40 千米。雪场占地面积 10 万平方米 ，海拔 1700~1750 米。冬季时间长，适合滑雪，青鹃山雪场种植专业草坪约 5 万平方米，夏季可以参与滑草、骑马、戏水、纳凉休闲、垂钓、吃农家菜、看农家戏等项目。雪场内设初级、中级标准滑雪道各 1 条，雪圈道 8 条，儿童雪橇道 2 条，戏雪游乐场 2 处，滑冰场 1 处，设立专用拖牵、魔毯电梯各 1 条，高级滑雪道正在规划设计中。滑雪项目有双板滑雪、单板滑雪、雪圈滑雪，并在雪场设置专业的滑雪学校、滑冰学校，专业教授滑雪滑冰技能。另配备雪地小坦克、儿童雪橇、雪地真人CS、打雪仗、狗拉雪橇、马拉雪橇、雪地摩托、儿童冰雪乐园等游乐设施。

水帘洞拉稍寺

水帘洞坐落在武山县城东北约 25 千米的钟楼山鲁班峡谷中。那里峰峦叠翠，山花烂漫，烟云缭绕，殿庙萃集。东与显圣池接壤，西与千佛洞为邻，北与拉稍寺遥相对应，确有人间仙境之感。有联云："世外桃源，天雨妙华称福地；人间仙境，地灵山静即洞天。"那里最早是一处高 30 多米、宽 50 多米、深 30 多米的自然岩洞，洞中小溪湍流，泉水清澈，景色幽静。传说猴王孙悟空发现这块灵山秀气的宝地

水帘洞拉稍寺

后，就在此大兴土木，营造宫殿。乔迁典礼时，各路神仙都来庆贺，热闹非凡。其中四海龙王送来了用雾纱包裹的水晶宫竹帘作为贺礼，悬挂在洞楣之上，从此崖头上泉水涌流如注，恰似珠帘掩门，故取名“水帘洞”。古人写联赞曰：“珠帘暮卷西山雨，画栋朝飞东海云”“水帘隔断千山雨，神斧劈开一线天”。孙悟空随唐僧去西域，离开不久，莲花山上的麻线姑娘因反抗包办婚姻而离家出走，躲在此洞修道，其兄嫂闻悉后，手拿火棍、锅帚前来寻找，因洞门紧闭无法打开，生气地把火棍、锅帚往洞边一插，扫兴而归。不料，日久天长，火棍、锅帚竟长成了参天大树。庙门两边镶嵌着的“麻线奇闻，火棍成树；桑梓美景，水帘滴珠”和“树珍千叶怪，花秀一茎青”的楹联，就记述着这一奇妙的故事传说。

据《武山县志》记载，水帘洞石窟开创于十六国后秦前后，后经北魏、北周、隋、唐、五代的整修扩建，有“七寺五台”之称，规模宏大，庙宇雄伟。所建殿、台、亭、楼依自然岩洞有开有合，工艺精细，错落有致，并采取悬塑、浮雕和壁画相结合的艺术手法，把佛像和佛教故事绘制在洞壁、崖头和峡谷两侧的峭壁上，使水帘洞更加丰盈清秀、金碧辉煌。尤其是拉稍寺石岩上雕刻的高 40 多米的一尊佛像和两边站立的高 16 米的供养菩萨及摩崖题记，雕琢古朴，神态庄重，线条流畅，是我国早期石窟艺术的珍宝。但随着时代变迁，水帘洞拉稍寺石窟也兴衰多变。中华人民共和国成立后，甘肃省政府拨款对水帘洞拉稍寺石窟进行了全面整修，架设了悬崖栈道，加固了河堤护坡，修建了跨谷拱桥，成立了管理机构，现已成为人们游览观光的胜地。

李广墓

李广墓在天水市南 1 千米的文峰山麓吕二沟旁的南山台子上。墓前有一石碑，上镌“汉将军李广之墓”7 个大字。据传，这里是李广的衣冠冢，葬以宝剑、衣物为纪念。清乾隆二十八年（1763），天水知府命州守重修。墓前原有两匹石马，所以这里又称“石马坪”。李广为西汉名将，陇西成纪（今甘肃秦安）人。李广一生转战朔漠 40 余年，历经 70 余战，屡建奇功，匈奴人称之为“汉之飞将军”。元狩四年（前 119），由于大将军卫青刁难，军队迷途，李广羞对刀笔之吏，忧愤自刎

李广墓

而死。唐代诗人王昌龄有“但使龙城飞将在，不教胡马度阴山”的诗句，脍炙人口，千古流传。

姜维墓

姜维，字伯约，三国时蜀国大将，天水郡冀县（今甘肃甘谷县）人，羌族。生于公元202年，卒于公元264年。本为魏将，后归蜀。传说，姜维归蜀时，母亲在魏营中寄书，夹带“当归”药材，暗示其返魏。但姜维却带去“远志”药材，意为心怀“远志”，不在“当归”。姜维祠的两副挽联“忠于侍君怀远志，不遑将母忆当归”“当归不归，陇上草青游子泪；可死无死，锦江波鉴老臣心”就记述了这一典故。姜维智勇双全，才过于人，深受蜀国丞相诸葛亮的信任，被任命为征西将军。诸葛亮逝世后，他继领蜀军，升任镇西大将军，领凉州刺史，转战陇西，镇守汉中，

大像山大佛

并领蜀军九次出击攻魏，可惜无功而返。后，魏军大将钟会领兵攻蜀，姜维坚守剑阁。公元 263 年 11 月，邓艾率三万精兵，经阴平（今甘肃文县），攀摩天岭，从悬崖绝壁裹毯滚下，偷袭蜀军，攻袭成都，蜀主刘禅出降，姜维也投降钟会。公元 264 年，钟会谋反曹魏，姜维佯装支持，实想借钟会主力，割据西蜀，然后恢复蜀汉政权。谋叛事败，姜维牵连其中，被魏杀害。姜维死后，受到人民的敬仰和崇拜。

大像山

大像山在甘谷县，离县城仅 2.5 千米。大像山，原名“文旗山”，是因为此山从正面看上去像一面旗子。大像山的出名在于其山崖上的石胎泥塑的释迦牟尼大佛。这尊佛像的石胎雕于北朝，塑于盛唐，是半圆雕像，身高 23.3 米，气势不凡，佛像两耳下垂，上唇有蝌蚪短须，在国内佛像中是罕见的。佛像风格上吸收了部分古印度犍陀罗和笈多式佛像的雕塑艺术，但以我国民族雕刻艺术特色为主。佛像两侧还存有十多个窟龛。山坡上，自下而上建造了十多处殿宇和二十多个石窟，建筑艺术堪称高超。有了这尊大佛像，文旗山便改名“大像山”了。大像山的大佛是全国五大佛像之一。大像山上多古松柏，还有一片一片香气袭人的紫丁香，平添了许多雅趣。

老君山森林公园

老君山森林公园位于甘肃武山县城南 2.5 千米处，紧靠 316 国道线和火车站。它西临古刹木梯寺，北近仙境水帘洞，南接温泉森林公园。海拔 1600 ~ 2384 米。相传，因道教始祖太上老君在此修道炼丹而得名，素有“君山独秀”之美称。

老君山森林公园岗峦沟坡被绿色植物所覆盖，园内荟萃的青松、红桦、白杨、刺槐、山杏、核桃树等针、阔叶和乔、灌木及草本植物达 1300 多种，形成了一望无际的林海，春夏秋冬，各展风姿。林中还栖息着山鸡、野兔、林麝、毛鹿、獾猪、狐狸等珍禽异兽，不时听到鸟鸣鹿吟，不仅为公园增添了活力，也为游人送来了乐趣。老君山森林公园景点颇多，有老君殿、玉皇阁、朝阳洞、棋盘岭、炼丹坪、观景台、怪石坡等。游人在这里览胜迹、观林海、听涛声、踩流云，飘飘欲仙，整个身心仿佛融于大自然中。

木梯寺

木梯寺，位于武山县城西约 35 千米处的马力镇杨家坪村境内，背靠柱洞山，濒临榜沙河，武（山）漳（县）公路沿河谷而建，山耸水环，沟深崖陡。石窟开凿在半山腰上，距地面千余尺，南北纵跨九梁十沟，长约 500 米。寺院周围山势陡峻，绝壁深谷犹如刀削，只有北面有一铁门可出入，若寺门关闭，再无他径可入。传说，山门外绝壁处曾安置一数丈长的木梯，供人们从谷地攀入寺院，故而得名。木梯早已无踪影，人们现在登山入寺，是从绝壁上开凿了一条曲径小道攀登抵达。木梯寺石窟，始建于汉，盛行于唐，重建于明，衰落于清。

木梯寺石窟开凿在数十丈高的悬崖峭壁上，殿、楼、阁、亭，多利用山势建于

木梯寺

窟门或岩壑之间，高低错落，主从有别，自成格局，掩映于松涛密林之中。塑像大部分为石胎泥塑，其中保存最好的有5号洞窟和7号洞窟。5号窟内主佛为燃灯佛，袒胸赤足，面貌丰润，衣纹、颜色保存较好，线条简朴；旁边的供养人，双手捧钵，面带温情，躬身肃立，造型极为美观；陪殿中的如来佛、文殊菩萨、普贤菩萨等，各具特色，有浓厚的明代风格。7号窟内有塑像8尊，主佛为释迦牟尼，石胎泥塑，金身彩绘，上着通身袈裟，下穿长裤短裙，躯体宏伟淳朴，线条柔和丰满，比例匀称适度，面貌慈祥。壁画多为佛教题材，绘有天女、西方极乐世界等。画面着色瑰丽，具有唐代遗风和明代风格。

街亭古战场

街亭，自马谡失守，诸葛亮挥泪斩马谡，痛哭流涕，自贬三级以后，便名播四海，脍炙人口。

今龙山下的陇城镇即为当年的街亭。陇城镇位于距秦安县城东北40千米的一条宽约1.5~2千米、长达5千米的川道北段开阔处。由于镇西河谷中雄峙八方的龙山，山高谷深，地势险要，又有清水河挡道，关陇往来只有通过古关峡，翻越陇坂，沿马鹿—龙山—陇镇一线行走，是由长安到天水唯一较坦荡的路径。汉时就是有名的丝绸之路南大道。历代兵家均视为进可以攻、退能够守的军事重镇，成为群雄逐鹿的古战场。

街亭古战场遗迹

今日陇城镇古街亭的遗迹已难寻找，昔日当街的泉亭，泉在亭毁，今又复建。在西北边的薛李川中发现一张铸有“蜀”字的弩机，现存甘肃省博物馆内。当年马谡驻扎的营地有200多米，方圆数千平方米，能容万人。

木门道矢骸

木门道矢骸位于距天水市60千米的牡丹乡木门村。

木门道地势险要，峡谷最窄处50米左右，峡谷东侧的张家坪就是诸葛亮与魏将张郃作战时的埋伏处。峡谷西侧为十俏地梁，其下有诸葛亮拴马之地，峡谷稠泥河由北向南流入滚滚西汉水。拴马湾下，河底处有一鼓形小山石，高约8米，鼓面约2.7平方米，故称“石鼓”。此外，至今木门东侧的张家坪还出土有魏蜀时的箭头、刀、矛、弓等遗物。

武山温泉

天水温泉

传说中的天水大湖已经看不到了，但四处的泉水依旧丰沛，而且水质醇美，久饮使皮肤洁白，所以天水人多有玉肌，有“天水白娃娃”之说。不仅如此，天水还多温泉，且水温极宜沐浴，水中所含的矿物质具有医疗良效，因此每年都会吸引很多人到天水来。以下几处温泉都不错，各具特色。

武山温泉，在武山县南 15 千米处。武山温泉水温在 39℃～42℃之间。泉水清澈，质柔无渣，是国内外珍贵稀有的治疗性矿水。

清水温泉是从清水县东北 10 千米处的汤浴深谷之中喷涌而出的。这里秀竹掩映，溪水淙淙，更具南国风姿。清水温泉水温达 51℃～54℃，内含钾、钠、钙、镁、铬、铁、氟、氯等多种元素，硅酸盐含量较高，属硅酸盐芒硝钾。20 世纪 50 年代这里就建起了工人疗养院，近年来也为游人提供服务。

街亭度假村

街亭度假村位于麦积山之北的一条绿谷中。这里是一处新型的休闲旅游胜地，度假村有大型的室内游泳馆，也有露天泳池，还有称为药浴的“百草堂”。到这里沐浴或游泳是麦积山诸景点环线游不可缺少的项目。如时间宽裕，还可小住几天。度假村里，客房一律按AAA级酒店水准装修。餐厅、歌厅、酒吧一应俱全，是很好的休闲之地。

清水温泉

陇南 *Longnan*

复杂的宝贝地

官鹅沟

从天水再往南就到了甘肃最南边的地区——陇南。一进入这一地区，明显觉出气候更加湿润，地形愈加复杂，公路两旁绕来绕去都是高山深谷，稍平一点儿的地方便是山地和丘陵。

陇南的确是一个山的王国，它在著名的南北分水岭——秦岭之南，岷山山系之东。整个地区西高东低，海拔由东部的1500米上升到西部的3500米左右。境内多大山，露骨山、迭山、岷山、太子山、白云山都较有名气。陇南山多水也不少，有属长江流域的白龙江和白水江、西汉水、嘉陵江等120多条河穿境而过，水利资源占全省三分之一。陇南又是一块北亚热带向温带过渡的气候区，动植物资源异常丰富，有“千年

药乡”之称。著名地质学家李四光先生说：“这里是宝贝的复杂地带。”“复杂地带”不乏自然杰作，有宝贝的文县大熊猫，令人称奇的万象溶洞，仙气毕露的高山天池，清丽可人的鸡山，全省最低的白龙江谷地，森林、瀑布、河流，悬崖峭壁更是四处可见。陇南更不乏历史遗存和传奇，如仇池国，诸葛亮驻兵的祁山堡，南宋吴玠、吴璘抗金的仙人关，路途艰险的阴平古道等，令人观之慨然。现在新开发的康县阳坝农业观光田园综合体是休闲度假和了解乡村发展的好去处。

Tips

土特产：党参、大黄、当归、文县柑橘、贾昌柿饼、核桃、毛栗子、樱桃、红芪、木耳、猴头菇、薇菜。

陇南市旅游线路

- 武都万象洞—西和县仇池国—礼县祁山、武侯祠
- 武都万象洞—康县阳坝亚热带生态旅游景区、康县花桥村景区
- 宕昌县官鹅沟、哈达铺红军长征纪念馆—武都万象洞、朝阳洞—成县西狭颂、杜甫草堂、鸡峰山国家森林公园—徽县金徽矿区景区—两当兵变红色旅游景区、云屏三峡景区
- 武都万象洞—宕昌官鹅沟、哈达铺红军长征纪念馆（西行可与甘南迭部扎尕那或卓尼大峪沟连线游）
- 武都万象洞—成县西狭颂、杜甫草堂、鸡峰山国家森林公园—文县天池、大熊猫繁育中心、白龙湖、皇泽寺、千佛洞（向西可以与九寨沟做连线游。选择乘车去九寨沟，从陇南出发可以避免从成都出发途经海拔5千米的大山遭遇泥石流、翻浆之不便，是游九寨沟的最佳路线；向东可与四川广元连线游）。

万象洞

万象洞位于陇南市武都区白龙江南岸汉王乡杨庞村的半山腰，距县城 15 千米，曾名为“仙人洞”“五仙洞”，传说因有五位仙人在此修炼而得名。万象立名则因洞中有洞，乳石遍布，森列多姿，宛如包罗万象的阆苑仙宫。清代武都人贾廷琯的《万象仙洞》诗中赞曰：“不是人世间，包罗万象天。卧龙何日起，玉柱几时悬。谁凿鸿蒙窍，空留丹灶烟。洞深苔石滑，何处遇神仙。”

长期以来，人们常把桂林的七星岩和芦笛岩誉为溶洞之冠，殊不知，万象洞的胜景更有迷人之处。该洞已有 2.5 亿至 3 亿年的历史，是中国西北地区发现的一处规模宏大、艺术价值高，既具北国之雄奇、又有南国之灵秀的岩溶地貌。从洞内纪游题字来看，万象洞早在 800 多年以前就已经吸引了大批游客。历代名人所留墨迹、石碑随处可见，共有 100 多处，诗词题刻 768 首，尤以民国时期甘宁青监察使高一涵在洞中所题“别有洞天”和赵朴初题写的“万象洞”引人注目。

万象洞

近年来万象洞获得了国家4A级景区、省级地质公园、省级风景名胜区、省级文物保护单位称号，有“华夏第一洞”“中国北方第一洞”“地下文化长廊”“地下艺术宫殿”等美誉。

景区已开发11个景点，有120多个较大景观，依形象排为月宫、天宫、龙宫三大洞天。此外，景区于2007年6月发现一处新洞，形成时间距今约5000万年，正处于初步的生长阶段。新洞以保护为主，只开发了100多米。但新洞发育初期的溶洞景观在国内十分少见，不仅有很高的美学价值，而且填补了中国溶洞发育雏形到成形演变过程中的空白，具有极高的科研价值。

万象洞洞中有洞，洞内地形复杂，曲折迂回，小者高度不足1米，仅容一人爬行；大者高轩宽敞，纵横百米之大。进到洞内，人们立刻会被一幅幅动人的“画面”所震撼。向前移动，美景则层出不穷。那无数石幔组成的长约10米、宽约2.8米的石帘自空中垂下，名曰“石帘垂布”，重重敲击，会发出雷鸣般的巨响。那宛如白玉雕就的五根石柱，俊秀挺拔，直指天穹，名称“五岳朝天”。还有从洞顶垂下的石钟乳和地上长出来的石笋，垂直相连，相距不到0.3米，起名“天地交泰”，俗称“天针对地针”。游人至此，已行5千米有余，历时5小时许，但才游了万象洞的一半，故当地有“万象洞如整个山大”之说。如要走完全洞，需计划时间，还要有探险准备。

从陇南市武都区至万象洞口有盘山公路相通。洞中气温低、潮湿，常年14℃左右，前去参观必备保暖衣服。

锦屏山

锦屏山，山石横断，古树盖岩，山峦相连，在陇南市武都区境内。出武都城，跨过武都南桥，登南山之北麓，沿西南行2.5千米，即可饱览锦屏山之胜景。

行走在锦屏山的登山路上，只见虬树附崖而生，苍翠葱茏，亭亭如盖；当人们喘着气、淌着汗，攀上海拔3009米的山顶时，一幅奇妙的景观便呈现在眼前。蔚蓝色的天宇下，千丘万壑像海浪般从远处奔涌而来。远山有的似画家用淡淡的墨水在纸上抹过一样，有的为薄雾所缭绕，分不清哪些是山，哪些是云；近山有的如神态凝重的长者，有的像清秀婉丽的少女……真是峰峰有异态，朵朵似芙蓉。

当人们步入锦屏山之东翠崖时，便会看见另一个奇妙的景点：锦屏之东，有一深穴，人临穴口，有凉风习习，颇有“薄雾炎天犹缥缈，十里吹来毛骨寒”之感。穴下有泉，六月仍结寒冰，人称“六月冷泉”。

朝阳洞

朝阳洞位于陇南市武都区达角弓乡陈家坝境内，距县城 40 千米之多。其所在之地仙人崖，是一座林木荫翳、奇石遍布、云雾缭绕、宛如仙境的山峰。

朝阳洞坐西向东，每当朝阳初升，有阳光射入洞内，故名。朝阳洞内原有精美塑像和绚丽壁画，现多已无存。洞前有古青杨树 2 株，树高 66 米，树围长 6.6 米，据考为明代古木。虽是数百年的古树，但枝叶繁茂，充满生机。更为奇妙的是，树巅筑有 4 个鸟巢，栖居着 4 对世界稀有珍禽——哇乌鸟。真可谓树古引来珍奇鸟。

红女祠

红女祠位于陇南武都城北，距城 2.5 千米。它坐落在五凤山南麓的万绿丛中。

红女祠是一座三层楼阁。它贴山而建，造型奇特，红柱飞檐，楼阁巍峨，就像一座仙阁琼楼矗立在水帘洞上，仙姿飘逸。这里流传着一个动人的神话故事。相传，陇南市武都区城郊石家庄有一位姑娘，名叫“红女”，聪明俏丽，勤劳善良。因父母早丧，不得不依附富有的舅父。红女晨炊夜织，在辛勤劳作之余，常设法帮助贫苦村民，为此红女常遭舅父毒打，但红女仍坚持不懈。红女所为感动了观音，观音将她点化成仙，随风飘去。村人追踪其迹，发现红女“坐化”于水帘洞岩石之上，唇红齿白，形如活人，众人便立祠祀之，这便是红女祠的来历。

据史载，红女祠始建于唐朝初年，后曾失火焚毁。现存楼阁系清乾隆年间所建。每年农历三月二十八日，相传是红女成仙的日子，这时的红女祠香烟袅袅，游人不绝，祠内祠外热闹非凡。

仇池国遗址

仇池国遗址，位于甘肃西和县南60千米处，这里群山相连，仇池山独冠群山，地控秦陇蜀之通道，有一夫当关、万夫莫开之势。山的周围都是景，有穿山破峡的西汉水，有缥缈如带的饮马河，山顶上还有许多景观。这里又曾是仇池国的领地。氐族是我国古老的少数民族之一，公元3世纪左右，氐族形成三大势力：苻坚在长安建立了前秦国，共43年，为后秦所灭；吕光在姑臧（今武威）建立了后凉国，共17年，亦为后秦所灭；杨氏聚居仇池，依固自守，从西晋元康六年（296）杨茂搜继承杨驹创业，建立仇池国，自号“左贤王”起，至南朝宋大明八年（464），杨难当死，历13主，共168年。之后，杨文德又建立了武都国、武兴国；杨灵也建立了阴平国，至陈宣帝太建十二年（580），又传了116年，隋朝统一中国前夕，方为杨坚所灭，前后近300年。仇池古国留给后人更多的是对历史的远眺，而仇池山雄姿依旧，令人不免揽山之胜景而多于怀古了。

祁山堡

祁山堡从平坦的盐川河边耸立而起，山高数十丈，三面绝壁一面临水，周围又被祁山群峰环抱，只有一条盘山小道通向山顶，位置险要，易守难攻，是历史上兵家相争之地。相传，诸葛亮于建兴六年（228）呈《出师表》，率蜀兵翻越祁山，讨伐曹魏，就在祁山堡点将布阵。堡顶圆平，站在上面可远眺射杀魏军大将的木门道、智收姜维的天水关；俯瞰可见当年蜀军埋藏伏兵的圈马沟、藏兵沟和祁山九寨。“六出祁山”是诸葛亮联孙抗曹帮助刘备创建政权，辅佐刘禅治理西蜀，实现“壮志吞咸京”的重要军事行动。

祁山堡，《三国演义》称作“祁山大寨”，是诸葛亮的祁山前线司令部所在地。祁山堡始建于西汉，站在横跨西汉水的祁山大桥上远眺，但见平地突出一峰，高约十丈，峰顶浓荫之中，城堡隐约可辨。城堡四面如削，难于攀登，唯一一条羊肠小道，依山就势，蜿蜒而上。峰顶坦如席面，约2000平方米。乔木森森，浓荫蔽日，风景宜人，素有“祁山暮雨”之称。堡南西汉水滚滚东去，堡北山麓与诸葛大军的祁山九寨故垒隔道相望，扼住东西通衢咽喉。相传诸葛亮第一次出祁山时，在堡北山麓扎下九个营寨，宛如一字长蛇阵，现在还可以看到两个土堆；堡南，有集驯西凉战马的圈马沟，诸葛亮试马的上马石；堡东，有通往卤城的卧龙桥，越过卤城，可到诸葛亮伏兵的木门道。

祁山堡

祁山堡武侯祠矗立在祁山堡的苍松翠柏之中，为前后三院硬山式建筑。大门外有照壁和戏台。正殿有诸葛亮贴金泥塑坐像，高约 3 米，纶巾羽扇，鹤氅皂绦，庄严肃穆，栩栩如生。东西两侧存壁画 14 幅。后殿祀关公，院内外有古柏 7 株，浓荫如盖，苍郁可爱。每年二月有庙会，当地居民络绎不绝地来焚香礼拜。其中老年人最多，他们手拄拐杖，带着香、纸钱、蜡烛爬上祁山堡，在诸葛亮塑像前点燃三炷香，亦步亦趋，顶礼膜拜。烧香跪拜之后，还要摸摸孔明的手脚，祈求保佑自己眼明耳聪、家谐邻亲，风调雨顺，五谷丰登。

据当地农民讲，诸葛亮庙始建于南北朝，重修于明清。初建时，正殿内除诸葛亮的塑像外，两旁还有姜维、杨仪的塑像。正殿两侧还有厢房，有诸葛亮的得力部将关兴、张苞、王平、廖化等人的塑像，可惜至今全部被毁。只有历代名人书写的匾额 30 余幅及楹联尚存。

阳坝亚热带生态旅游景区

阳坝亚热带生态旅游景区位于康县城南的阳坝镇，距县城 84 千米，境内群山皆绿，林木茂盛，环境优美。有波光粼粼的月牙潭，碧海浩渺的天鹅湖，穿石喷玉的海棠谷瀑布，也有平静如海的河滩等自然景观 200 余处。其中的梅园沟、红豆

康县阳坝景区——月牙潭

谷、清河原始森林更是景区之精华。步入其中，竹林密布，瀑布成群，流水淙淙，茶园碧绿，棕榈当风，倍感空气清新，荡气回肠，阵阵幽香，让人流连忘返，素有“甘肃西双版纳”之美誉。2012 年，康县荣获“中国最佳生态宜居旅游目的地”殊荣；2013 年 4 月，康县荣获“中国最美绿色生态旅游名县”称号；2014 年，境内的梅园河流域被列为“国家湿地公园”。景区内大部分为原生态森林，有红豆杉、香樟、白皮松等国家珍稀树种近 40 种；有金丝猴、金猫、大鲵等国家珍稀动物 36 种。林草覆盖率高达 85%以上，负氧离子充足，无工业污染，空气、水质均达到国家一级标准，阳坝因此成为名副其实的“天然氧吧”。

花桥村

花桥村

花桥村，位于康县长坝镇，地处省道白望公路沿线，距成武高速望关入口 5 千米，距陇南市 70 千米，是康县的北大门和茶马古道上的知名驿站。花桥村景区是西北地区集乡村养生养老、田园观光、休闲度假、民俗体验、乡村旅游培训及农特产品加工、展示、销售等产业链为一体的乡村旅游景区，以“望得见山、看得见水，记得住乡愁”的美丽乡村为依托，有着旖旎的田园风光、特色的民俗风情、悠久的关东文化。花桥村先后被授予“中国茶马古道文化艺术之乡”“中国乡村旅游模范村”“甘肃省乡村旅游培训基地”“全省农民回乡创新创业基地示范区”等荣誉称号。花桥村有游客接待区、休闲养生区、民俗体验区、湿地生态区、亲水游乐区、乐活采摘区等13个休闲区域。配套建设了文化广场、中医养生堂、村史馆、电子商务室及油坊、酒坊、磨坊、豆腐坊等公共服务设施。

官鹅沟国家森林公园

官鹅沟国家森林公园位于甘肃省陇南市宕昌县城西南1千米处，距哈达铺火车站36千米。集原始森林景观、草原景观、地貌景观、水体景观、天象景观、人文景观于一体。官鹅沟风景名胜区前14千米中有15个色彩斑斓的湖泊，后18千米为松柏茂密的原始森林，最深处为高山草甸和终年不化的雪山。沟内山岭重叠，幽谷纵横，青山碧水，奇峰怪石，瀑布飞溅，草甸雪山，湖泊激流，古木参天；沟两边的悬崖峭壁上有许多形态各异、妙趣横生的岩石构造，被专家誉为最有观赏价值的“地质公园”。此外，现今居住在官鹅沟景区内的藏族同胞更是魏晋南北朝时建立宕昌国的古羌后裔，他们的语言、服饰、生活习俗还保留着鲜明的古宕昌羌族的原生态特征。

官鹅沟

园内栖息着白唇鹿、金钱豹、云豹、斑尾榛鸡等 4 种国家一级保护动物，毛冠鹿、苏门羚、黑熊、蓝马鸡、褐马鸡、林麝、红腹角雉等 23 种国家二级保护动物，豹猫、北方山溪鲵、黄麂子、石貂等 7 种省重点保护动物。生长有云杉、紫果云杉、秦岭冷杉、油松、波氏落叶松、华山松、桧柏、栎类、桦木、白杨等乔木和牡丹、五角枫、芍药、野丁香，黄杨、虞美人、马兰花、杜鹃等灌木 50 余科 700 多种，分布着刺五加、冬虫夏草、黄连、半夏、贝母、细辛、大黄等 100 多种药用植物，还有羊肚菌、野蘑菇等食用菌。

哈达铺红军长征纪念馆

哈达铺，位于甘肃宕昌县西北部。当年中国工农红军一、二、四方面军三大主力突出国民党围剿长征入甘，都经过哈达铺。1935 年，中央工农红军在这里讨论组织工作和干部问题，正式决定了中国工农红军陕甘支队的整编方案。从此，哈达铺成为红军长征的加油站。

宕昌哈达铺红军长征纪念馆

1935 年 9 月 17 日，红一方面军第二师四团突破天险腊子口，19 日到达岷县红土坡。20 日，红军到达哈达铺，司令部设在“同善社”内，毛泽东同志住“义和昌”药店后院。22 日上午，毛泽东同志从国民党《山西日报》上获悉陕甘边区由刘志丹领导的红二十六军和徐海东、程子华等率领的红二十五军已经到达陕北的情况，他极为振奋，提出了挥师北上，与陕北红军会师的主张，并在“义和昌”召开了中央领导会议，分析了形势，研究了整编方案，正式制定了挥师北上的战略行动方针。23 日，党中央率抗日先遣队离开哈达铺，东经理川、闾井，前往陕北苏区。

1936 年 8 月 9 日，红四方面军第三十军通过腊子口后占领哈达铺；25 日红二方面军第六军进驻哈达铺；9 月 1 日—6 日，红二方面军总指挥部及第二军到达哈达铺；9 月中下旬，两军相继北上。国务院公布全国重点文物保护单位时称“哈达铺是决定中国工农红军长征命运的重要决策地”。

哈达铺长征纪念馆由五处遗址组成：毛泽东、张闻天同志住室（义和昌药铺），红一方面军指挥部、周恩来同志住室（同善社），红军干部会址（关帝庙），红二方面军总指挥部——贺龙、任弼时、刘伯承、关向应、李达等同志住室（张兴元家大院），邮政代办所故址。这是甘肃长征途中革命文物陈列最多、原貌遗址保存最完整的一处故址。

哈达铺地处国道 212 线的交通要道，南距县城 35 千米，北距岷县县城 35 千米，西距迭部腊子口 70 千米。

西狭颂风景区

西狭颂风景区位于成县西 13 千米处的天井山麓、鱼窍峡中。其中的摩崖石刻现为国家重点文物保护单位。景区内青山对峙，奇峰俊秀，风景绮丽。悬崖绝壁上，古西狭栈道足迹犹存，有李可染大师《西狭颂》碑题。《西狭颂》为我国汉隶书法“三颂”之一，与陕西汉中的《石门颂》、略阳的《郙阁颂》同列为汉代书法“三颂”。是三大颂碑中保存最完整的一座摩崖刻石，也是古代摩崖石刻中保存最完好的珍品。纵观《西狭颂》全篇，汉代隶书真迹清晰可辨。碑文记述东汉武都太守李翕的生平和屡任地方行政长官之卓越政绩，颂扬了他率领民众开通西狭道路、为民造福之德政。碑文描绘了西狭山路的险阻，叙述了李翕由感叹而下令有关官吏奋力修路，凿崖清障，削高垫

《西狭颂》碑刻

低，裁弯取直，终于开通新路，行人欢腾，歌颂功德等等。

《西狭颂》所在的鱼窍峡，两岸峭壁如削，折叠对峙。一泓中流迴转、飞扬、旋卷，跌宕多姿；水势变幻，为湍、为瀑、为池、为潭。潭不甚广而澄碧幽深，天光云影，青岫苍树，古栈遗迹，尽映其内。传说古代有黄龙自潭内飞出，人称“黄龙潭”。每当皓月临空，月光水色交相辉映，“光怪灵潭气欲春，波平浪静一轮存。镜连五色龙成彩，珠映千鳞月映痕”，成县八景“龙潭映月”即由此而来。

鸡峰山

鸡峰山，俗称“鸡山”，位于甘肃成县县城西南5千米处，海拔1917米。它东接仙人崖，西连乱山，北临南河，以“奇峰孤耸，直入云际，状如鸡首”而得名。鸡峰山是国家级森林公园，游人一般从鸡峰山脚下沿着羊肠小道蜿蜒而上。山脚下灌木葱茏；山腰间松竹茂盛，曲径通幽。山南坡势平缓，山北壁立千仞；山顶嵋峪峰酷似天水麦积山，因此又叫“麦摞峰”。嵋峪峰东山腰“清水出龙洞”，石洞天生，洞内钟乳石星罗棋布，万象森罗。佛龛下泉水涌流，澄碧清澈，从不干涸。每逢天阴欲雨，洞内有云雾喷涌而出，如玉龙出洞，腾旋飞舞，美妙神奇，实为游览佳景。北山腰有云卧仙人床、石鸡凌绝壁、云海浮仙山等景点。

鸡峰山森林公园是天水麦积山石窟至陇南文县天池、九寨沟风景区的必经之地，又与成县汉摩崖石刻、杜甫草堂、吴挺碑、裴公莲沼等景观遗址辉映一体，很能启发游人雅士的诗兴文思。

金徽酒文化生态旅游景区

金徽酒文化生态旅游景区位于地处秦岭南麓，长江流域嘉陵江的徽县伏家镇北侧，是甘肃知名的陇南白酒品牌金徽酒的生产基地。

这里是具有全国领先水平的园林式生态酿酒园，建有金徽酒文化展览馆、金徽生态休闲园、飞天广场、古井广场(包括古石碾、古井、太白塑像等)、全自动包装中心、樱花大道、万吨不锈钢酒库、生态酿酒车间、陶坛库、酒海库、技术检测中心、海眼神泉、酒文化墙、虞泉湖等一系列景点。景区内湖水潋滟，植物众多，春季有樱花盛开，秋天有红枫黄叶，一幅幅酒文化展示图与之相辉映，使景区散发出浓郁的自然和文化气息。

游客来此，在湖光山色的陪伴下，步入酒文化展览馆，能了解关于白酒的生产知识，通过游览大型的生产白酒的车间厂房，观看地下藏酒的酒窖，可亲眼看见酒的生产过程。

金徽矿区景区

金徽矿区地处秦岭南坡徽县郭家沟。在金徽矿业厂区，绿色环绕、青山碧波、鸟语花香，随处可见音乐喷泉、休闲广场、水榭楼阁。这一切，很难让人将眼前的景致与矿山企业联系在一起。金徽矿业全力推进绿色矿山建设，把绿色开发融入矿山设计、建设、生产的全过程，投资近亿元种草种树，建成了一系列各具特色的旅游景点，树立了绿色发展标杆，实现了无缝隙绿化美化，形成了地下工厂、地上花园的独特格局，构成了一幅生态文明与工业文明交相辉映的绝美画卷，被工信部评定为全国首批绿色工厂。矿区变为了景区，而且被评为国家4A级景区，成为旅游新亮点。欣赏着“陇上江南”的绿水青山，许多人第一次听说“这里就是金徽矿区”时，无不表露出错愕和震惊的表情。山脉间一处掩映在山水丛林下的建筑群落，仿佛是一座袖珍式的现代化小镇，茂林修竹、华栋广厦、小桥流水、净美庭院，使人感受到一种世外桃源的静美。从眺望山野到走进厂区，自然和人文之美更新了人们对矿区概念的理解。

两当兵变红色旅游景区

两当兵变红色旅游景区是红色旅游经典景区、爱国主义教育基地，2016年12月，两当兵变旧址被列入全国红色旅游经典景区名录。两当兵变旧址位于陇南市两当县城关镇老南街20号，占地面积850平方米，坐西朝东，东西长34米，南北宽25米，土木结构，三进院建筑格局。建筑主体为单檐硬山两坡结构，总体风貌极

两当兵变纪念馆

具民国时期的地方特色。1932 年 4 月 2 日零时，在两当县城，起义官兵击毙了顽抗的敌对分子，解除了敌对势力的武装。习仲勋等起义领导人在兵变旧址召开紧急会议，决定撤出战斗。参加起义的 200 多名士兵在习仲勋等人的领导下，沿两当河北上，于 4 月 3 日到达两当的太阳寺，部队在此改编为中国工农红军陕甘游击队第五支队。“两当兵变”唤醒了甘肃人民，鼓舞了革命斗志，拉开了甘肃革命斗争的帷幕，为陇南乃至甘肃地下党的诞生和发展奠定了坚实的社会基础。

云屏三峡风景区

云屏三峡风景区位于两当县城向南 25 千米处。云屏三峡，地处南秦岭北坡的深山峡谷之中，峡谷全长约 100 千米，方圆 400 平方千米。这里长岭逶迤、秀峰群立、层峦叠嶂，独特的山水风光集北国之雄奇和南国之秀丽于一身。云屏三峡有壁立千仞尽显雄奇的大山，也有生长在高山之巅树龄逾千年的云杉、冷杉、红豆杉等珍稀名贵树种组成的原始森林，以及充满传奇色彩的高山草甸、天池、牧场、瀑布、溪流、溶洞等自然风光，还有着具有浓郁人文色彩的庙宇、寺院、古树、石塔、佛洞等大小景点 30 余处。景区内一寺一庵二门三峡四洞五崖等景点最为突出。一寺为云屏寺；一庵为西姑庵；三峡为土地峡、观音峡、西姑峡；四洞为龙洞、狗头洞、黄崖洞和水帘洞；五崖为姊妹崖、棒棒崖、鸡公崖、尖嘴崖和蜡烛崖。这 16 处景点依次点列在云屏三峡大小沟壑和悬崖峭壁之上。

在这里游玩食宿都很方便。

琵琶崖

琵琶崖位于两当县西坡车站。它临江而立，在形如刀切的千尺绝壁上，石纹纵横，交错有致。远看，极像一把悠悠悬挂的琵琶，引人遐想，难怪有人产生了“自古山如画，如今画如山。琵琶高悬挂，奇物在人间”的联想。这种奇妙绮丽的景色，很早就被神化了。在嘉陵百姓当中流传着琵琶女机智救少年的动人故事。如今，故事已渺，但流淌在崖脚的嘉陵江却别有一番情调。江水宛如一条长长的、弯弯曲曲的玻璃，深嵌在朦朦胧胧的被奇峰倒影染成墨色的两岸之间，一两只鱼鹰扑扇着翅膀，一会儿水上，一会儿水下，把一江墨色的山影搅碎，使琵琶山韵味倍增。

文县天池景区

文县天池位于文县天池镇洋汤河上游，距文县县城 84 千米，距陇南站、陇南市区 95 千米。景区建有文县天池国家森林公园、文县黄林沟国家湿地公园和文县天池省级地质公园，是由洋汤天池、黄林沟、盆景池、饮马池共同形成的一个大的

文县天池景区

景区，是甘肃十大旅游景区之一，被列入国家4A级旅游景区。洋汤天池古称“天魏湫”，因湫在天魏山上而得名，方圆20多千米，水深97米，水域面积80公顷，湖面海拔1728米。天池形如葫芦，九曲十八弯，周围奇峰竞秀，松柏峥嵘，湖面千顷碧波，映红漾绿，并以诸多神奇美好的传说和“天池三绝”著称，是国内有名的高山明珠，也是“中国四大天池”之一。

黄林沟又称黄陵沟，是白龙江上游支沟，面积262.6公顷，海拔在1600米以上。沟内集高山瀑布、高山湖泊、翠海、雪山、彩林、奇峰异石、动植物和人文景观于一体，群山环绕，溪水潺潺，景色秀美，被称作九寨沟黄金旅游线上的璀璨明珠。与天池一梁之隔有一神马池，池中芦苇丛生，水鸟飞翔，好一派泽国风光。天池山脚下逆洋汤河而上七八千米处有一盆景池，浅浅的水中生长着柳、杨等树丛，恰似一个个盆景。天池、神马池、盆景池三池珠联璧合，相映成趣，构成独特景区。

阴平古道

阴平古道在陇南文县境内。这里，是千百年以来由甘入川的唯一通道，陇南之屏障，也是历史上有名的难越之道和兵家必争之地。

出文县县城，沿白水江逆流而上，不远处公路边的山崖上闪出一块石碑，上书“阴平关”三个大字，这便是《三国志》和《三国演义》中多次提到的阴平古道了。

阴平古道是一条曲折盘旋、路径艰险的林区公路，头上是高耸入云的绝壁，脚下是奔腾呼啸的白水江，因云雾吞吐其间，时隐时现，更增加了神秘的气氛。由于地形陡峭，岩层厚实，所以路面时而宽，时而窄，九曲十回肠。有几段路基，形状如扭曲之蛇，溜滑似鲫鱼之背，路面上还凹凹凸凸，高低不平，屡有泥潭出现。

阴平古道旁的山上长满了茂密的杂树，有色彩缤纷的鲜花，有茸毛般的小草，还有放纵不羁的山泉。抬头望去，峰入云天，天狭窄，地只有一条缝，加上满山遍岭的黛绿和岩石的缝隙里生长着的奇松怪柏，使人有一种肃冷的感觉。崇山峻岭间时而有玲珑秀雅、造型奇特的小木楼点缀在万绿丛中。这些小木楼完全是就地取材修建的，它们既有汉族民房的特点，又有藏族庄窠的风格，看上去简陋，但并不俗气。尽管材料都是粗糙的树木，但点缀在山中，却显得十分协调，格外别致。它粗中有细，俗中见雅，置身其中，独有一番情趣，也算是阴平古道上的一大景观，给人一种天外有天的艺术享受。

晚霞湖旅游景区

晚霞湖旅游景区位于西和县城以西 5 千米处的姜席镇境内，为陇南市十大重点旅游景点之一，属长江流域，嘉陵江水系，西汉水流域、漾水河支流的姜席河下游，周围群山环抱、苍翠起伏，湖上鱼游虾戏、莺歌燕舞。

晚霞湖风景区划分为五大区，即入口接待处、环湖景观带、湿地观赏区、水上娱乐区和民俗文化与宗教体验区。可在水上休闲娱乐，也可环湖观赏风光。水上娱乐包括：水上荡舟、扶艇冲浪等。环湖观光可坐电瓶车，可信步而行，村落山廓风光尽收眼底；湖边垂钓悠然忘我。湖区西部是一大片湿地，绒草青青，群鸟集翔，栖息活动着野鸭、卢雁、白鹭、山雀。

因晚霞湖四周是田野树林村舍，游人到此可尽情享受大自然的天籁与野趣。湖周围各种名目的“农家乐”别有一番风格。山珍野菜、地方名吃应有尽有。随着库区的高品位开发建设，晚霞湖已成为西和旅游度假、休闲避暑的好去处。

王坝生态民俗旅游区

王坝生态民俗旅游区位于川陕入甘重要通道之一的康县王坝镇，距县城 10 千米。景区核心面积 7.5 平方千米，森林覆盖率 95%。一座座青瓦白墙的房屋错落有致，一家家仿古风格的农家客栈各具风韵，生态田园与美丽村舍交相辉映，被誉为“陇上田园、诗画王坝”。

景区有乡村大水沟、何家庄、湖心岛、十二湾莲花云海、忘忧亭、观景平台、青林沟将军崖等特色景点，及棒棒鞭、康中唱书、羊皮扇鼓舞等省市级非物质文化遗产。

岸门口古村康养旅游区

岸门口古村康养旅游区位于康县县城以南 8 千米处，是衔接花桥和阳坝景区的重要驿站。这里有丰富的自然资源和人文历史资源，最具代表的景点是坐落在燕子河畔的朱家沟。

在这风景秀美的村里建有麻柳广场、“朱子八德”广场、城门楼，“酿酒广场”“乡村舞台”“归朴园”“春华秋实”“练炉坊”“望德台”“朱氏家训”“状元泉”“吉象泉”“明镜泉”等山水人文景观。

景区依托丰富的生态养生旅游资源，按照“康养+医养+乡村旅游”模式，大力发展康养旅游产品，由康县中医院建立的颐养小院，将传统医学融入传统古村，把针法与艾灸结合，把药膳与自然相糅合，人与自然相统一，真正做到了康养与医养的有机结合。现在，朱家沟已经发展为一个康养、医养与民宿、农家乐、特色美食、民俗演艺体验、田园观光、旅游产品加工销售等融合发展的特色旅游区。

East and North Route

东北线

兰州→ 定西→ 平凉→ 庆阳

兰州东行，经定西到平凉、庆阳，为周祖先秦、道教圣地、丝路石窟、黄土风情、红色胜地旅游线。这里有“天下道教第一名山”——平凉崆峒山和道教女神西王母降凡立国之地——王母宫，先王地——庆阳周祖陵，南北石窟寺，覆坑式窑洞，红军的落脚点南梁红色根据地。

从平凉东行可到西安，从庆阳东行可到延安或西安，北行可到固原和银川。

平凉 *Pingliang*

古长安西进北上的要冲

泾川王母宫回屋

平凉在甘肃省的东部。从定西向东行便是平凉。平凉地处陇东黄土高原，西临定西，北接宁夏、庆阳，东连陕西。平凉以六盘山关为险，是古长安西进北上的要冲，历来为兵家必争之地。公元358年，前秦王苻坚欲讨前凉，在高平设平凉郡，取平定凉国之意，平凉后为丝绸之路的交通要道和商埠重地。

平凉和庆阳有着相似的古人类发展史，这里留下了中华民族繁衍生息的痕迹——旧石器时代遗址。3000年前，周朝曾在泾河流域创建了我国最早的农业，成为黄河流域灿烂文化历史的开端。丝绸之路的北道从此经过，南石窟寺便是这一时期的文化杰作。

平凉还是道教的发祥地之一和传说中西王母降凡立国之地。道教第一山——崆峒山，名不虚传，人文始祖轩辕黄帝曾两次登崆峒山求道于仙人广成子。王母宫规模之宏大，令人惊叹。在平凉还留有宋代屯兵用武的旧址，如佘太君府，焦赞、孟良城，穆桂英大破天门阵的二天门、三天门等。

秦皇汉武数次到此巡视，历代名人如司马迁、杜甫、李白、李商隐、王昌龄等留下了许多名诗佳作。

平凉市区有柳湖公园、宝塔公园等古今相融的公园。来到平凉，你会发现，它既像天水那样多温泉、多森林，又像庆阳那样地貌奇特、民间艺术古朴丰富。

Tips

土特产：裘皮、山药、百合、蕨菜、核桃、白豌豆。

风味小吃：羊肉泡馍、酥饼、羊肉涮锅、静宁烧鸡、静宁锅盔。

平凉至周边地区短线旅游

- 平凉—柳湖公园—宝塔—天圣铜钟—龙隐寺
- 平凉—崆峒区崆峒山
- 平凉—崆峒区海寨沟滑雪场
- 平凉—泾川县西王母宫石窟—大云寺—温泉—南石窟寺
- 平凉—崇信县龙泉寺
- 平凉—庄浪县云崖寺—朝那湫—庄浪梯田
- 平凉—古灵台遗址公园—皇甫谧墓
- 平凉—华亭县石拱寺

柳湖公园

柳湖公园位于平凉市城西北隅，占地面积 8 万平方米。建于北宋神宗熙宁元年（1068）。柳湖之胜，始于暖泉。渭州太守蔡挺，引暖泉为湖，环湖置柳，建避暑阁于其中，这就是柳湖的由来。明嘉靖时，韩藩昭王占为苑园，进行了大规模的扩建。

清乾隆年间，曾五次修葺，初名“百泉书院”，后改为“高山书院”，又改为“柳湖书院”。清同治年间，毁于战火。同治十二年（1873），陕甘总

柳湖公园

督左宗棠进驻平凉，又做了一次修葺。1926 年改为“甘肃省第七师范学校”，后改为“平凉师范”。1958 年，学校迁出，遂成为公园。近几年又做了修葺和疏浚。柳湖现仍保持着水清湖秀的姿色，特别是在阳春三月，风和日丽，柳絮飘舞，游人有身临仙境之感，这就是“柳湖晴雪”了。

暖泉是柳湖的源头，泉旁有一石碑，其上为左宗棠篆书“暖泉”二字，大字之下尚有小字铭文“平凉高寒，水泉甚冽，此独以暖称，验以隆冬不冰也”数行，末书“太子太保陕甘总督一等恪靖伯湘阳左宗棠书”的字样。

宝塔公园

宝塔公园位于平凉市城区，建于明弘治年间。当年宝塔所在地为延恩寺，是佛教寺院，所以宝塔叫“延恩塔”，为佛塔。

据《明史》记载，朱元璋建立大明后，在改组国家中枢机构的同时又大封诸子为王，让他们“控要害，以分制海内”。他从洪武二年（1369）开始实行“诸王之制”，将 23 个儿子分封到全国各地。洪武二十四年（1391），第 22 子朱楹（1383—1417）被分为安王，封国在平凉。永乐年二十二年（1424），韩王接替安王改封平凉。宝塔也称“东塔”，就是韩昭王朱旭櫏的夫人韩国“温太妃”怀念已故的韩昭王，为其祈福而建的。

宝塔为七级八棱锥状体仿木楼阁式砖塔，高约 30 米，底部直径 12 米，塔身全由长砖砌成。第一层南面有拱形塔门，上嵌“大明”石匾。每层八面均有近 2 米高的拱形门式窗户，四面有门和龛。出檐部分为砖雕斗拱，有云头花卉，上覆琉璃瓦，各角有兽头风铃。圆形尖顶，上有铁铸宝刹。塔内设木结构楼板、楼梯，可供登临。整个塔体雕工精巧，绿瓦黄墙，金碧辉煌。2006 年被国务院公布为第六批全国重点文物保护单位。 历时近 500 年，经过多次地震，特别是 1920 年海原 8.5 级地震，平凉不少房屋毁坏，而塔身完好。这一奇特现象对研究古建筑有较高的价值。

延恩寺后辟为“正学书院”。当年，东面有明代修建的东岳庙，西临明代建的石牌坊和砖雕照壁。不过，现在只有宝塔存留在此了。登塔远眺，城区景色尽收眼底，是平凉城区主要的参观点之一。

天圣铜钟

宝塔旁有一口从柳湖迁来的天圣铜钟。天圣铜钟系北宋天圣七年（1029）铸造，距今已有 990 多年的历史。钟高 1.7 米，周长 3.7 米，口径 1.14 米，钟上有许多带官阶的题名，并有许多造像，造型生动。它对研究宋代冶金技术、艺术风格、地方官职的设置等提供了实物资料。

龙隐寺

龙隐寺，又称兴教寺，位于平凉市区西 35 千米处的龙尾山腰，建于汉代。相传唐代“安史之乱”时，唐太子李亨曾在此隐居避难，后李亨称帝，故将此寺改名为龙隐寺。 龙尾山东西长约 5 千米，山上林木葱茏，面临泾水，寺建在悬崖上，山的中下部有 4 眼泉，寒暑不变其形，旱涝不改其盈。有一泉水从石缝间喷涌而出，遇到悬崖后旋转激散，形似以筛珠，水珠纷纷滴落潭中，形成平凉一景“龙隐滴珠”。清道光年间诗人赵青藜有“泉乳珠垂露，壶心玉贮冰”的赞语。山坡上植被丰茂，乔木多为青槐、杨、柳、榆、椿以及松柏等。古为“平凉八景”之一。

崆峒山

崆峒山位于甘肃省平凉市崆峒区城关西 12 千米处，是古丝绸之路西出关中之要塞。此山属六盘山支脉，它北依关山，南望太统，背负笄头，由大小数十座山峰组成，主峰马鬃山（也称绝顶）海拔 2025 米。主峰之后有翠屏山，是崆峒山最高峰，海拔 2123 米。泾河和胭脂河回护前后，交汇环抱于突兀耸立的望驾山下。

崆峒山

崆峒山由上三叠系紫红色坚硬砾岩构成，是年代古老的丹霞地貌。中台被切割形成北台、东台、南台、凤凰岭和灵龟台等，顶平、身陡、麓缓。

崆峒山名的解释大致有三种，一是说崆峒是周时一个强大氏族部落的名称，以姓氏命名；二是崆峒山为道教圣地，取道教空空洞洞、清静自然之意；三是崆峒山洞穴多，有空洞之意。三种说法，各有道理。

古丝绸之路北道从崆峒山前经过。崆峒山得誉于天下，历史更为久远。山上曾发现齐家文化遗址，说明在3000年前就有先民生活在这里。《庄子》记述："黄帝立为天子十九年，令行天下，闻广成子在空同（崆峒）山之上，故往见之。"黄帝专程到崆峒山见隐居石室中的上古道家仙人广成子的传说几千年来一直广为流传。崆峒山不少名胜都以此引发而得名，崆峒山也因此成为全国道教发祥地，被誉为"道家第一名山"，同时成为中国五大武术流派之一崆峒派的发祥地。《史记》载，中华民族的始祖轩辕黄帝曾"东至于海，登丸山，及岱宗；西至于空桐（崆峒），登鸡头”。秦始皇统一中国后的第二年巡视西北时，就曾涉足崆峒。元鼎五年（前112），汉武帝曾“登崆峒以望祖历”。轩辕黄帝、周穆王、秦始皇、汉武帝均以登崆峒为盛事，司马迁、王符、杜甫、白居易、赵时春、林则徐、谭嗣同等文人墨客也留下了大量的诗词、华章、碑碣、铭文。崆峒山后来发展为道、儒、佛三教合一、共尊共荣的宗教名山。

崆峒山自然景色也不同凡响，峰峦叠嶂，崖壁峭立，平台幽寂，怪石嶙峋，洞穴深邃，林木葱郁，湖光野岚，相映成趣，既有北方山势之雄，又有南方山色之秀，不愧为“西镇奇观”“神州西来第一山”。明代才子赵时春评论其“山川雄秀甲于关塞”。这里有貌似卧虎的卧虎岭，有状如猛狮的狮子岭，有丹凤展翅的凤凰岭，有游龙戏水似的龙吸水，有高耸入云的天台山，有满山松林的苍松岭，还有聚仙桥、仙鹤洞、舍身崖、一线天、雷声峰、棋盘岭、广成丹穴等一系列奇貌异形的景观，多不胜举。崆峒山又是天然的动植物王国，有各类植物1000多种，动物300余种，森林覆盖率达90%以上。

山上的古建筑，据说“秦汉时已有”，但目前尚未发现具体文字记载。据《崆峒山志》载：唐代明慧禅院开山祖师仁智在崆峒山开辟丛林，唐太宗曾御赐田宅。由此可见，崆峒山建庙历史最少也有1300多年。据有关史志记载，崆峒山在唐代有四大建筑，即浮陀寺、轩辕宫、问道宫和上天梯；宋代建筑有舒花寺、法轮寺、真武殿、会景殿、参云亭；金代大安年间铸有5000公斤铁钟一口；元代修建宝庆寺、水陆殿、眺丰亭；明、清也有续建。建在天台山绝顶的隍城，是宏伟的

崆峒山

建筑群，宛如封建皇帝的皇宫。问道宫是由大殿和亭台楼阁组成的建筑群，宫里有历代文人墨客的真草隶篆题咏笔迹及山水壁画，极为珍贵。崆峒山释、道两教鼎盛时期，计有寺、观42处，房屋650余间。群众称崆峒山名胜古迹重要者为八台九宫十二院，可惜，寺、观多在战火中焚毁。尽管如此，目前崆峒山名胜古迹仍有120多处。游览一天也不过是走马观花罢了。

崆峒山以其丰富的历史文化内涵和奇险灵秀的自然景观，成为丝绸之路旅游热线上的一个亮点，1994年1月被国务院列为国家重点风景名胜区。

游崆峒山，时间安排要充足。

中国工农红军长征界石铺纪念园

中国工农红军长征界石铺纪念园位于平凉市静宁县界石铺镇，是中国工农红军第二十五军和红一、二、四方面军长征途经的主要地区和中央战略部署中确定的三大主力红军会师的有利中心“基点”。这里留下了毛泽东、周恩来等一代开国元勋和数万红军将士的历史足印，入选全国红色旅游经典景区名录，是全国30条红色精品旅游线路中的知名红色旅游景区，整个纪念园包含纪念馆、南大门、红色记忆长廊、毛泽东旧居、红军楼等红色景点。

界石铺红军长征纪念馆占地面积2384平方米，建筑面积272平方米，设有3个展室14个展柜。馆内陈列毛泽东、周恩来、朱德、邓小平、王稼祥、张闻天、博古等中央领导同志长征时的珍贵图片资料40余件，“平型关大战要图”等实物16件，还陈列有毛泽东当年用过的电话机、铜灯、火盆和房东家的织布机、纺线机、古式梳妆台，以及肖华在长征中用过的办公桌等。纪念馆建成后，于1997年和1999年分别被静宁县委、县政府和平凉地委、行署命名为“爱国主义教育基地”。

海寨沟滑雪场

海寨沟滑雪场位于甘肃省平凉市崆峒区大寨回族乡柳沟村，距离平凉市区30多千米。

海寨沟滑雪场以山峦苍柏和海寨湿地景观湖为背景，宜人的自然风光与特有的民俗文化完美融合，使海寨沟滑雪场成为古丝绸之路北线最具特色的高山滑雪场。

雪场雪道区域划分完整，包括初级道、中级道、高级道、雪圈道、戏雪区和雪地摩托车道，具有规模大、雪道长、档次高、滑道落差大等特点，让无数钟情于冰雪运动的滑雪爱好者流连忘返。

雪场拥有国际先进的压雪车及造雪机，强大的造雪能力保障了高质量的雪道，两条超长高级魔毯及一条快速索道的强大运力确保了游客安全、高效地享受滑雪激情。此外，滑雪场配备有充足的滑雪板、滑雪鞋，并有专业滑雪教练贴心辅导，让你迅速安全地掌握滑雪技巧，在冰天雪地里滑雪飞驰，充分领略冰雪世界神奇的魅力。

4000 平方米的多功能综合服务大厅，包括售票区、雪具租赁区、更衣区、餐饮区、休息区、医疗室等。完备的配套设施让您在滑雪的同时更能品尝当地美食、拥有最佳的滑雪体验。雪场设有滑雪学校，提供青少年及成人滑雪零起点教学，使游客能安全、快速地掌握滑雪技能。

王母宫

西王母和东王公，是天上、地下自有人类以来传说至今的神话人物和神灵。据说西王母分管西半天，东王公分管东半天。最早传说西王母的形象有两种：一说西王母面容像人，却长着豹尾、虎齿，常常伸颈长啸，令人生畏；二说西王母身材高矮适中，容颜绝世，是天上仙界第一美人。正因为如此，后来传说中东王公演变成了玉皇大帝，而西王母成了大帝的夫人，即王母娘娘。

在平凉泾川县城西 2 千米，泾、汭两河相交之处，有一座回中山，也叫“宫山”“大佛洞”。相传在远古时代，宫山风景秀丽，周穆王驾八骏西游时，与王母在此不期而遇，流连忘返，遂建起了王母行宫和周穆王祠。秦汉时期，西王母被尊奉为能使人长生不死的神仙。汉武帝为此也登山拜见王母。据考证，山上的建筑始建于北魏永平三年（510），经唐、宋、元、明、清各代，或毁或建，距今已有 1500 多年。山上原有气象恢宏的琼楼玉阁，大部分毁于清代和 20 世纪中期。现存晓钟

王母宫

王母宫石窟中心柱南向面西侧佛传·诸商奉食

寺，并建有碑亭、碑室。现有新“西王母宫万碑林”傍其左右。山坡上林木葱茏处，有一方浅池，即是西王母与汉武帝宴饮的“瑶池”。杜甫诗中“西望瑶池降王母”之句，当指此。离王母宫约 8 千米，又有一处泾川温泉，相传是西王母沐浴之泉。

王母行宫原有 100 余尊佛像，唯独无王母造像。据考，北魏时期，佛教被尊为国教，宣武帝元恪的妃子曾下令除佛教外，其余教全废。推想，王母可能是因此而让位于释迦牟尼的吧。

经过多次修葺，现景区气势恢宏，有回屋、王母宫石窟、宫山晓钟以及供奉燧人、伏羲、神农的三皇殿，供奉黄帝、颛顼、帝喾、唐尧、虞舜的五帝殿，供奉玉皇大帝的东王公大殿。此外，当年的后花园、瑶池，今已是游人休憩娱乐之地。

回屋，位于回山之下，相传是西王母居住的地方。

王母宫石窟位于回屋旁，开凿于北魏太和年间，距今约有 1500 多年历史，窟内有方形中心塔柱，雕有大小佛造像 200 余尊，窟外建筑为木质四层凌云飞阁，掩映于苍松翠柏之中，十分庄严。

宫山晓钟，悬钟为金代大安铁钟，原为山下回山佛寺遗物，现悬挂于王母宫山顶的钟亭内，属省级文物。大钟铸于金大安三年（1211），钟高 2.5 米，口周长 4.6 米，厚 0.13 米，重约万斤。钟身分 5 层，铸饰铭文和图案。从上至下，第一和第五层为莲花图饰，第二层为四言吉语，第三、四层为铭文 32 方，记所供奉的八大菩萨法号，僧人、供养村社名，还有一方女真文字的铭文，它是泾川有女真完颜后裔聚居区的见证。

泾川温泉

泾川温泉位于泾川县城东 7.5 千米处的何家坪，距离王母宫约 8 千米。

泾川温泉水温终年保持在 34.2℃以上，是富含活性微量氟离子等的碳酸氢钠型医用矿泉水，沐浴之后，能使皮肤洁白滑润，并能刺激神经末梢，有扩张血管、锻炼心肌、保护心脏、促进血液循环和新陈代谢、增强胃液分泌、帮助消化、镇静镇痛、消除疲劳等作用，对神经痛、神经衰弱、初期高血压、关节炎和皮肤病等均有疗效。

泾川温泉依山傍水，鸟语花香，环境幽雅，交通方便。泾川县政府在这里设立了第二招待所，设有停车场、旅馆、餐厅和小卖部。池内有单人池、双人池和类似临潼华清池的家庭池，供游人池浴、盆浴、淋浴。

泾川县农业部门还利用温泉地热资源，从非洲引进了珍贵的罗非鱼，修建了露天和室内鱼池。在这里沐浴的游人，不仅能享受温泉水的洗礼，除病驱乏，还能品尝质味佳绝的罗非鱼。

大云寺文化园

大云寺文化园位于泾川县城西北 1 千米处的泾河北岸，与王母宫隔河相望。大云寺文化园在古泾州大云寺原址建设，总体设计为仿唐建筑风格。总建筑面积 11600 平方米，分为中心区、服务区和景区广场三个功能区。主要有主展馆、舍利塔、附展厅、大门、钟楼、鼓楼、东西碑亭；服务区有接待中心、管理中心、服务中心；景区广场有迎宾广场、佛文化街、商业街、景区道路等。文化园于 2013 年 6 月 19 日（农历五月十二日）建成，举行了大云寺落成暨佛舍利安奉法会，正式对外开放。

大云寺文化园

南石窟

南石窟寺北魏第 1 窟正壁 七佛和胁侍菩萨

南石窟位于泾川县城东泾河北岸的蒿家村，背山面水，绿树环绕。南石窟寺与甘肃庆阳北石窟寺系同一时期开凿，均为北魏泾州刺史奚康生所造，被誉为“南北石窟双明珠”。南石窟寺现存石龛 5 个，只有一、四窟有造像。一号窟是主窟，窟门两旁开有方龛于壁岩之上。窟高 13 米，长 17 米，宽 24 米，呈长方形。窟顶为覆斗型，结构独特，造型宏伟，门上设明窗。入窟门，迎面三壁围站着高 6 米的七尊佛像。这种七佛一堂排列格式，在国内大石窟中均未有见。七佛头、手大于正常比例，体型较肥矮，朴实健壮，呈北方民族气魄。佛像高鼻大耳，面部丰满，表情慈祥，形态淳厚，居高临下，俯瞰众生。七佛间雕有胁侍菩萨十三尊，仪态秀曼，亭亭玉立。窟顶还雕有佛教故事，描绘释迦牟尼自诞生至出家的情节，造型生动，颇有生活情趣，是一件艺术珍品。四号窟为唐代开凿，洞窟为 5 平方米，呈方形，泥塑造像，正中供文殊菩萨、普贤菩萨和观音菩萨，两侧壁画有十八罗汉、六力士、八大菩萨形象。南石窟代表着中国佛教石窟别具一格的艺术形式。

龙泉寺

崇信县城北的龙泉寺，这里水流淙淙，树木葱郁，鸟鸣婉转，曲径通幽，俨然一处人间仙境，世外桃源。中台西侧悬崖名“瀑珠岩”，有千年古柏兀立绝壁悬崖之上，犹如蟠龙，龙须翠绿，鳞爪森然，神形兼备。悬崖下水流如注，淅沥声声，泉水清澈而涟漪不断，与龙呼应，动静结合，自然和谐。上有蟠龙腾跃，下有泉水叮咚，龙泉寺之名由此而来。“龙泉”又名“贯珠泉”，因岩上水流注泻，凌空而下，水落池中，声似贯珠，故名。

龙泉寺

龙泉寺由山麓林带、芮谷、东台、中台、西台等几部分组成。中台为胜景区，景区面积1.5平方千米。东、西二台向南突出，环抱芮谷、中台。东台旧有公刘庙、洪元宫、东岳庙，现新建谷风亭，其下小岗有慧芳亭，系港胞梁慧芳女士捐资所建。西台原有抗日阵亡将士纪念碑及忠烈祠，迎面有一石碑，上书“齐家文化遗址”，字迹笔力遒劲，为启功先生手书。这里发现的文化层距地表1.8～4.4米，裸露在半崖上，有袋型、锅底形灰坑。断层内有众多石器和各种陶器，纹饰丰富奇特，具有重要的考古价值。距山不远的另一面山坡上，有著名的李元谅墓。这里长眠着战功卓著、封王授爵的唐武康郡王李元谅。这座大墓连同县城内的李元谅寝宫，一同讲述着将军抵御吐蕃、筑城会盟、德被民生的传奇故事。

芮谷沟口有山门，内有玉带桥，谷东有长640米的登山石级。玉带桥上约20米处有虎门，因其旁有人工雕凿之下山虎而得名。虎门西之谷中，有龙喷溪水奇观，仿古水车翻转不停。谷中溪水长流、潺潺有声，谷旁及东西山坡林木茂密，荫影蔽日。至山腰则沟谷尽而中台现。中台东西长约130米，最宽处不过15米，窄处仅七八米而已。此处建筑最为密集，东有三霄殿，西有大佛殿，两殿高瓴敞廓，宏伟壮观。龙泉寺本是佛教诵经坐禅之地，香火绵延不断，为崇信古时最大的佛事胜地。道家见此名山亦想坐观修道，于是一山容纳二教，释道并存。这里殿、阁、洞、窟应有尽有。悬崖上凿有三清、玉皇、药王、龙王、睡佛、三官、儿女、菩萨、吕祖、庄子、梁家祠堂等十一洞。

碑林也是龙泉寺一个颇具看点的人文景观。龙泉寺所立石碑，依照地势，随处可见。启功、欧阳中石、王遐举等书家的墨迹屡见于碑刻。

古灵台遗址公园

灵台县，不仅以“灵台”而得名，而且以商周文化遗存为主体的“文物大县”著称，被甘肃省命名为“历史文化名城”。灵台县存有的大量重要遗址和珍贵历史文物是中华民族的瑰宝。已发现古遗址 240 多处，古墓葬 30 处，古城址 6 处，古生物化石点 18 处；已发掘出土各种文物近万件，其中 3000 多件被省级以上文物部门收藏。

古灵台遗址坐落于灵台县城内，被誉为“神州祭灵第一台”，始建于公元前 11 世纪商纣时期，是周文王征服了位于今灵台县百里镇一带的密须国后，为祭天昭德、与民同乐所筑。唐时，正式定名为县。原“灵台”坐北向南，台体用土夯筑。历史上，“灵台”两次被毁，两次重建。1933 年重修的“灵台”，青砖砌面，底宽 12.3 米，高 12.3 米，台体分两层，顶建八卦亭，内塑周文王像。传说在建成之时，从东面飞来两只丹顶鹤，连续三天绕台飞鸣，栖于文王庙的古柏之上，一时轰动县城，被视为吉祥之兆。1933 年复修的“灵台”，三十余年后再次被夷为平地。1984 年 8 月破土兴建灵台，1985 年 12 月 28 日落成。新修建的“灵台”，坐北朝南，底宽 18 米，高 33 米。台体分为三层，顶层大殿内塑有周文王像，两边墙壁上绘有大型壁画，再现了当年周文王讨伐密须国的壮阔场面；底部回廊为碑林，收录有古今政要名人的题词、题匾 260 余幅。

皇甫谧墓

皇甫谧古冢位于平凉灵台县城东北 7.5 千米处的独店乡张鳌坡村。这是一座芳草盘绕、佳卉间植、碑碣耸立的古墓，这里安葬着 1800 多年前的晋代著名针灸

皇甫谧纪念馆

医学家皇甫谧。

皇甫谧，安定朝那（今平凉灵台县）人，生于东汉建安二十年（215），卒于晋太康三年（282），历阅东汉、魏、晋三朝。幼名静，字士安，自号玄晏先生，东汉太尉皇甫嵩之曾孙，我国十大名医之一。

皇甫谧从小丧母，被过继给叔父。幼年随叔父母迁居新安（河南渑池）。叔父和叔母任氏对他很疼爱。但他自幼贪玩，不爱学习，甚至到 12 岁还“游荡无度”，时人“或以为痴”。后来在叔母的谆谆教诲下，痛改前非，矢志发奋读书，“博综典籍百家之言”，成为一名有多方面成就的杰出学者。

公元 254 年，年已 40 岁的皇甫谧回家奔丧，先居住在今灵台县朝那乡王室村，晚年迁居独店乡张鳌坡村。公元 256 年，皇甫谧患风痹症，耳朵也听不见了。于是勤求古训，悉心钻研医学，练习针灸，又勇于在自己身上实践。久而久之，病情日渐好转，感受也日益增多。他根据自己的实践经验，并参考以前的文献典籍《素问》《针经》《明堂孔穴针灸治要》，编写了《针灸甲乙经》。

《针灸甲乙经》全面总结了晋代以前针灸医学的成就，为后世针灸医学提供了临床治疗的指导经验和理论依据，为针灸学的发展作出了巨大的贡献。直到今天，我国针灸界和国际针灸学会还把《针灸甲乙经》列为必读的参考书之一。

皇甫谧文、史、医并茂，朝廷屡次请他出来做官，都被他婉言谢绝了。皇甫谧向晋武帝借了一车书，钻研医道，为人治病，教导学生，编辑著述。皇甫谧的著名著作还有《帝王世纪》《年历》《玄晏春秋》等。他的儿子方回随父学习针灸，并“少遵父操，兼有文才”。他的学生挚虞、张轨、牛综、席纯皆为晋代名臣。

公元282年，皇甫谧68岁，病逝于张鳌坡故居。在弥留之际，嘱咐儿子童灵、方回，从简办理丧事，“土与地平，还其故草，无种树木”“使生迹无处，自求不知”。儿子们谨遵遗命，在故居附近塬边薄地上安葬了皇甫谧。在距灵台县1.5千米的麦摞山上，有皇甫谧读书台遗址，古称“书台月郎”，旧为灵台县八景之一。

云崖寺

云崖寺，俗称“腰崖寺”，位于陇山山脉西麓，关山深处，距离庄浪县城东30千米。这里地形地貌亦独特奇妙，悬崖峭壁、奇峰险山举目可见。但见庙宇窟龛悬于岩壁之上，其险其特，览百寺不得一见，难怪得此美名。云崖寺创建于北魏、北周，后经佛教、道教繁盛的金、元、明、清时期的扩建，辟为8寺3洞，即：云崖寺、红崖寺、竹林寺、乔阳寺、金瓦寺、佛沟寺、大寺、西寺和三教洞、罗汉洞、千佛洞等，可谓三教合一，历史上曾与麦积山、崆峒山、仙人崖等齐享盛誉。也是古丝绸之路上重要的驿站。

环顾周遭，这里奇峰陡立，林草苍翠，雀舞莺啼，小溪静流，动植物丰富，作为国家级森林公园真是不负盛名。

游云崖寺，从步入佛沟开始，峡谷天造地设，宽窄不一，疏阔处可行车跑马，狭窄处单身难通，山腰间的洞窟星罗棋布。竹林寺，寺庙不大，传说神奇。西寺则危崖千尺，绝壁凭空，白云洞即镶嵌于此处石壁中。白云洞洞内石窟像分布在三层悬崖之上，一层原有一卧佛寺；二层是一条宽3～4米、长约80米的石庵，上辟洞窟8座，其中两洞残存几尊北魏、北周石像，最大者高3.2米，造型端庄古朴，雕像精细严谨；在三层宽2～3米、长约30米的石坎上，开了两个石窟，内存明、清两代的造像50多尊，其中在五方佛洞中，明成化年间造的25尊泥塑，造型逼真，塑工精细，实属罕见。除了人文景观，这里还有许多自然景观，也足以让您流连。

庄浪梯田

庄浪梯田

在中国西北的黄土高原上，有一片令人神往的梯田，这就是被誉为“梯田王国”的庄浪大地，望山山翠，看地地平，层层梯田如雕如塑，如诗如画。其“山顶沙棘戴帽，山间梯田缠腰，埂坝牧草锁边，沟底穿鞋”的生态梯田综合治理模式，将黄土高原精心描绘成一幅景色迷人的风景画。1998 年，庄浪干部群众兴修梯田的伟大壮举被《人民日报》头版头条报道后，在国内外引起了广泛关注，同年庄浪县被水利部命名为“全国梯田化模范县”。其实，庄浪梯田不单单是作为一个景点而存在，它展示的是千千万万劳动者的奋斗精神和非凡的智慧。几十万人民，在这片土地上经过了 30 多年所创造的奇迹，不得不让人感叹！

荆山森林公园

荆山森林公园，又叫古灵台森林公园，坐落于灵台县城中台山之上，因满山荆花灿烂，史称荆山。荆山庙宇众多，美丽传说动人。一年四季松柏常青，绿树成荫，鸟语花香。春天荆花烂漫，芳香四溢；夏季松柏苍翠，景象万千；秋时漫山红叶，层林尽染；冬季银装素裹，风光旖旎。有各种植物 200 多种，森林覆盖率达到了 80% 以上，被人们称为“绿色氧吧”，是人们生态旅游、休闲娱乐、怡神养性的理想胜地。园内有古灵台、荆山门、博物馆、休闲广场等人文旅游景点。

荆山森林公园

博物馆现有馆藏文物 7400 多件，其中一级文物 44 件，二级文物 441 件，三级文物 1166 件，珍贵文物数量位居甘肃省基层博物馆前列，尤其以西周、秦汉青铜器比较著名。

朝那湫

朝那湫位于庄浪县郑河乡上寨村东北海拔 2535 米的湫头山巅，距县城 30 千米。

朝那湫因地处朝那古地而得名，当地俗称“老龙潭”，是传说中泾河老龙被斩的地方，至今，峡谷中尚存暗红色渗滴水珠的斩龙台。

朝那湫据考是泾河源头，有前山湫和后山湫之分，两湫相距 1 千米左右。前山湫呈簸箕形，水面 2 公顷多，幽深莫测，清澈如镜，水面漂浮有软蔓红叶，每当起风，红波重重，因传说是王母娘娘沐浴之处，故又有“灵池”之称。后山湫呈鱼形，水面 0.7 公顷，碧波闪闪，纤尘不染，广为流传的“天牛移湫”的传说便发生在这里。如今两湫的周围，树木森森，佳卉片片，已成为休闲之地。

石拱寺

石拱寺位于平凉华亭县城南 11 千米处的上关乡半川村，地处陕甘交界地带。石拱寺坐北向南，依崖开窟，分布在东西约 120 米长的沙质石崖上。

石拱寺始凿于北魏延昌元年（512），现存窟龛 14 个，保存较好的有第 9、11、12、13、14 号窟龛，比较大的为 2 号窟和 6 号窟。

田家沟生态风景区

田家沟生态风景区距泾川县城及西王母祖庙王母宫 3 公里，总面积 5 平方公里，紧依 312 国道，交通方便。

田家沟流域总面积 56.3 平方公里，属省列示范小流域之一，该流域从 1992 年开始治理，经过 20 多年坚持不懈的努力，已初步形成了功能齐全、结构完整的全方位、多层次的水保综合防护体系，治理程度达到 82.6%。2004 年被评为“国家水利风景区”，2007 年 3 月被命名为“第一批全国水土保持科技示范园区”。田

田家沟生态风景区

家沟生态风景区位于该流域中下游，是在水土保持综合治理成果基础上建成的一个以地文景观为主，人文景观与休闲娱乐相配套，集科技示范、生态旅游、文化展现、休闲养生为一体的生态风景区。

景区具有浓厚的西王母文化、黄土文化、民俗文化和水保生态文化底蕴。景区内现有亿年地质构造层、千年土箭群等自然景观 10 多处；民居式别墅、仿古式综合服务楼、陇东民俗窑洞、田园山庄等休闲服务场所 9 处；有珍稀植物展示区、水上垂钓游乐区、水保科技示范区、特色畜禽养殖区、综合服务接待区、无公害果蔬观光区、民俗风情展演区等 8 个游乐功能区，以及造型园林、亭台楼阁、假山叠石、古桥石廊等园林景观 20 多处。

景区开设了垂钓、狩猎、划船、登山、戏水踏浪、骑马、攀岩、动植物观赏、儿童游乐、民族歌舞、风味小吃、地方民俗、休闲度假、会议接待、停车住宿等游乐服务项目 30 多个。

庆阳 *Qingyang*

周朝故里、秦王先地

周祖陵

周族原居住在今陕西一带。夏末,周族不窋承袭其父弃的官职，在夏政权中任农官，因不满夏王的昏暴，辞去了夏的官职而西奔于戎狄之间，从事农耕，并在庆阳建立了不窋城。从不窋、鞠陶到公刘，历经三代，发展了农业，创造了灿烂的周文化，为周朝的八百年基业打下了基础。周孝王时，因秦人善于养马，孝王让秦的首领非子负责给王室养马，封非子为“附庸”，并准许秦在今天水清水县建筑城邑——“邑之秦”。从此，秦又以此为基地，在与邻邦的争战杀伐中不断壮大，成就了横扫六合的大业。

周、秦对庆阳的历史发展影响很大，至今，你还会看到“周旧邦”的高大牌坊，“周祖遗陵”不窋坟和公刘庙以及那些古志里的“窑洞”“陶穴”“崖庄”“地坑庄”，最古老的“国道”——秦直道，以及散发着先王之风的各种民间艺术、民情、民俗。

穿过历史隧道往前追溯，这里存在过侏罗纪晚期的环江翼龙、第四纪早期的黄河古象和距今20万年前后人类生活的遗址、遗物，旧石器时代的文化遗存和新石器时代的仰韶、齐家文化遗址遍及全区，还有保存完好的北石窟寺、宋代石造像塔、唐塔、姐妹铜钟等。

在革命年代，庆阳地区是革命的大后方，刘志丹、谢子长、习仲勋在此开展游击活动，建立了陕甘边革命根据地。这里至今仍保存着陕甘边苏维埃政府旧址抗大分校、山城堡战役旧址等革命遗址。

Tips

工艺美术：刺绣、皮影、砖雕、面塑、剪纸、脸谱、庆阳地毯。

土 特 产：黄花菜、竹社小米、羊肠衣、庆阳杏脯。

风味小吃：荞麦饸饹面、手工臊子面。

庆阳至周边地区短线旅游

- 庆阳—北石窟寺—剪纸艺术、窑洞民俗—周祖陵—公刘庙
- 庆阳—子午岭—秦直道—华池双石塔—南梁革命纪念馆—抗大七分校
- 庆阳—环县兴隆山—河连湾陕甘宁省苏维埃政府旧址—山城堡战役遗址
- 庆阳还可与陕西做连线游

庆阳地貌

进入庆阳，最先让您发出感叹的是，好奇特的黄土地貌！

亿万年来，天工神斧在这里凿出一幅奇特的黄土风景，使它成为世界上最有趣的黄土高原。

这里，黄土塬面积达2200平方千米。俗语说，八百里秦川顶不上董志塬的一个边边。在塬中，从河沟仰视，是山无疑，可登上山坡，极目却是一马平川。黄土丘陵沟壑区，小而窄，多以嵝岘相连，馒头状的丘陵如滚滚波涛，气势恢宏，可畜牧。面积4787平方千米的子午岭，是黄土高原最大的一块天然次生林区和陇东的“天然水库”。在平原、丘陵、梁峁之间，流淌着马莲河、四郎河、葫芦河、蒲河、洪河等大河，有的变幻成河流滩地和河谷坡地。到了合水县太白乡，一畦畦稻田织锦披秀，一洼洼鱼塘辉映碧空，疑是“水乡泽国”。不过，让人真正感动的是人造的“水乡泽国”就在黄土塬边的河谷之内，这是从1953年就开始建设的黄土高原水土保持实验站。经过多年努力，这里山峦青翠起伏，沟壑绿树成荫，水库碧波

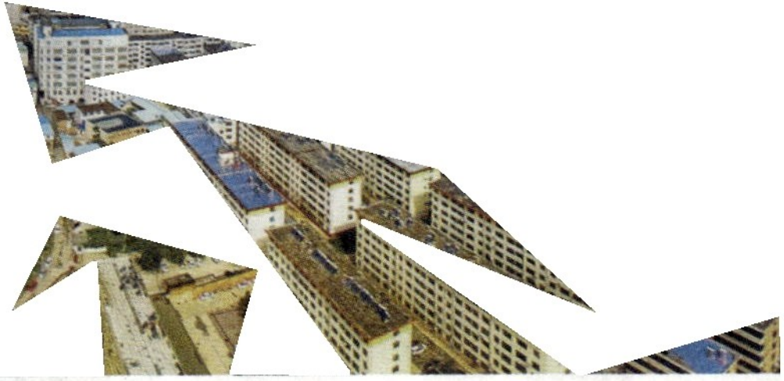

荡漾，鱼鸭往来倏忽，一派水乡秀色，为黄土地上的人们带来了更多的希望。

周祖陵景区

周祖陵景区位于庆城县东山，现已建成周祖文化区、岐伯圣景区、孝道文化区、黄帝内经千家碑林、农耕文化产业园和岐黄中医药文化生态园六大景观区，被评定为国家级森林公园、国家中医药文化宣传教育基地。周祖陵因周先祖不窋陵而得名。据史料记载，周人先祖不窋辞去农官之后，西徙定居今庆阳庆城一带，从事农业耕作，在陇东庆阳一带创建了华夏文明的农耕文化，成为有确切历史记载的第一个周人首领。由于他功绩卓著，死后人们把他葬于此山，自古历代帝王均前往此地祭奠。周祖陵景区有周祖大殿、周王殿、肇周圣祖牌坊、姜嫄殿、后稷殿、碑亭、八卦亭、鉴亭、栖凤亭以及钟鼓楼等。

周祖农耕文化体验园景区主要突出了五谷、五果、五菜、五花、五药，以田间小道，循环利用的潺潺流水，种类丰富的树木，多彩多姿的陇东民俗，体验享乐的农家乐园为五大特色。现已建成了主干道、盘旋路、祭坛、祭祀广场、二十四节气柱、岐黄中医博物馆、作坊街、展览馆、风情广场等主要建筑，已成为集祭祀、体验、感受、观光、娱乐于一体的旅游景区。特别是《黄帝内经》千家碑林，规模宏大，主题鲜明，特色突出，独创性强，在全国都有很高的知名度。

药王洞养生小镇

药王洞养生小镇

药王洞养生小镇位于庆城县柔远河畔，在周祖陵景区与县城之间。北接周祖陵，南邻药王洞村。依托药王洞村独特的自然风貌顺势而建，规划南北长 3.2 千米，占地 85 万平方米。主要包括庆州府衙、动物园、创客文化、民俗小吃、石佛崖、婚庆基地和知青点、儿童乐园八大片区。截至目前已建成民俗小吃街、儿童乐园、万佛崖、知青点等景观工程，动物园、创客文化区等建设项目正在有序推进。项目建成后，将进一步拓展延伸周祖农耕文化、岐黄中医文化两大品牌产业链条，实现城郊村改造与棚户区改造、乡村旅游发展、精准扶贫相融合的新型发展目标，必将成为庆城旅游文化产业发展的一张靓丽的名片。

北石窟

庆阳市和泾川县各有一座石窟，人们通称为“北石窟”和“南石窟”。两窟都是北魏泾州刺史奚康生创建，相距 45 千米，分别建于北魏永平二年（509）和北魏永平三年（510），是一对遥相呼应的姊妹窟。

奚康生，河南洛阳人。《魏书·奚康生传》中说：“康生性骁勇，有武艺，弓力十石，矢异常箭，为当时所服”，是当时著名的武将。他在与南朝作战时功绩卓著，“以功迁征虏将军，封安武县开国男，食邑二百户。出为南青州刺史”，其后又“出为平西将军、华州刺史，颇有声绩。转泾州刺史”。他还任过光禄卿、右卫将军、抚军大将军、河南尹等职，54 岁卒。北魏永平二年（509）奚康生由华州调到泾州任刺史，任期不满三年。在这期间，他大兴土木，开凿了北石窟与南石窟。

北石窟位于庆阳市东北 25 千米，在茹河和蒲河的交汇处。北石窟自北魏永平二年（509）开创后，历经西魏、北周、隋、唐、宋、清各代增修，窟龛密集，形如蜂房。在高 20 米、长 120 米的范围内，现存窟龛 295 处，造像 2125 个。

北石窟第 165 窟是北魏窟的代表，位于窟群正中，高 14 米，宽 21 米，深 15.7 米。窟内有 7 尊 8 米高的佛像，10 尊 4 米高的胁侍菩萨，2 尊弥勒菩萨及骑象菩萨、阿修罗天王等雕像。窟顶浮雕萨埵太子舍身饲虎佛本生故事图，长 15 米，宽 2 米，有太子饲虎、皇后惊梦、国王出宫等场面，面积之大超过了龙门宾阳洞饲虎图，为

我国古迹所罕见，是奚康生所建石窟之代表作。

北石窟北1号窟是一个北魏中心柱窟。中心柱下层为方形，上层为八角形。柱身开像龛，龛楣雕有供养人，雕刻形态别致，线条柔细，富有情趣。第240窟是北魏开凿的三佛窟，三佛即“过去、现在、未来”三世佛。第222窟是唐代窟，弥勒佛高4.5米，两侧侍立两弟子及两菩萨。这种弥勒佛造像在唐代曾盛行一时。据传，是因当时一些僧人为武则天当皇帝制造舆论，宣扬武则天是“弥勒下凡”，于是天下各州郡都造了很多巨大的弥勒佛像。第32窟正壁一尊阿弥陀佛像是唐武则天如意元年（692）泾州临泾县县令杨元裕所造，主佛阿弥陀佛跏趺坐，旁立阿难、迦叶、观世音、大势至和力士。这些雕像比例适度，姿态生动，线条流畅，是较好的唐代作品。造型最成功的要算第263窟正壁北侧唐代雕的菩萨、弟子像，雕像体态秀美，健康朴实，富有生气。

唐代开凿的窟龛约占北石窟窟龛总数的70%。宋代造像仅有第165窟明窗上的一组小型罗汉像较为精致。

♥ 窟内不允许拍照。

南梁红色旅游景区

南梁红色旅游景区坐落于历史文化名镇——庆阳市华池县南梁镇，国家AAAA级旅游景区、红色旅游经典景区、爱国主义教育基地。

1929年，刘志丹、谢子长、习仲勋等同志在党的领导下，到陕甘边一带宣传革命真理，开展武装斗争。1930年至1933年，先后组建中国工农红军陕甘游击队，中国工农红军第二十六军。1934年初，在南梁附近的四合台选举成立了陕甘边区革命委员会，同年11月1日至6日，在南梁荔园堡召开工农兵代表大会，成立了

南梁红色旅游景区

陕甘边区苏维埃政府和革命军事委员会，习仲勋先后当选为陕甘边区革命委员会和苏维埃政府主席，刘志丹当选为革命军事委员会主席。在陕甘边界经过艰苦卓绝的斗争，开辟了以南梁为中心的陕甘边革命根据地，创建了中国西北第一个工农民主政权——陕甘边区苏维埃政府。

南梁革命纪念馆，总建筑面积20000平方米，其中馆藏面积2281平方米。纪念馆大门左侧竖刻着陈云同志题写的“南梁革命纪念馆”馆名，大门里正对面是一座高大的仿古牌坊，牌坊正中刻着“南梁革命纪念馆”七个大字。牌坊后面是南梁革命烈士纪念塔，碑座东西两壁及背面刻着刘志丹、谢子长、王泰吉、杨森、杨琪等608位烈士的英名。包括综合展厅和刘志丹、谢子长、习仲勋专题展厅；全馆展览运用大量历史图片、文物和多媒体4D现代化科技手段，系统再现了陕甘革命根据地“两点一存”的重要历史地位和在此基础上铸就的伟大“南梁精神”。

南梁革命纪念馆周围遍布各类红色遗迹，主要有大凤川军民大生产基地、寨子湾刘志丹、习仲勋旧居、抗大七分校旧址、列宁小学旧址等。

陕甘边区苏维埃政府旧址

陕甘边区苏维埃政府(即南梁政府)旧址，位于华池县林镇乡四合台村的寨子湾。西距南梁（荔园堡）15 公里，西南距林镇 12.5 公里。1934 年至 1935 年，陕甘边区苏维埃政府就在此地办公。这里地处子午岭密林深处的一坐北向南的簸箕形沟掌上。沟掌下是巨大的山谷，沟底有水。数十里之内山丘连绵，林木茂密，人烟稀少，清静深邃。

旧址共分三组:一组为军事委员会所在地，在东崾岘，有 6 孔窑洞，西边 3 孔为办公室，次为刘志丹住室，再为刘志丹妻子住室；二组在寨子湾，同东崾岘隔一小沟，为苏维埃政府所在地，有窑洞 4 孔，一为办公室，一为伙房，第三为警卫班战士住室，第四为习仲勋住室；三组在上崾岘，位于两组窑洞之间的山顶上，有小道同两组院落相通。这组窑洞九孔，为政治保卫处住处，共住七八十人，可居高临下放哨监视来犯之敌。

1963 年 2 月 11 日，甘肃省人民政府公布为省级文物保护单位。2016 年 12 月，陕甘边区苏维埃政府旧址被列入全国红色旅游经典景区名录。

中国人民抗日军政大学第七分校

中国人民抗日军政大学第七分校（简称抗大七分校）位于华池县林镇乡东华池村，为甘肃省文物保护单位、红色旅游经典景区，现存 22 孔石箍窑和 1 处院落。从 1943 年到 1946 年，仅在华池开办一期，学校学员最多时达 5200 多人。彭绍辉任校长，喻楚杰任副校长。抗大七分校学员积极响应党中央“自己动手、丰衣足食”的号召，一边学习，一边生产，创造了丰厚的物质和精神财富。

校部旧址背依东华池砖塔，面临“花池水”，被誉为“陇上小延安”。

列宁学校

华池县列宁学校位于南梁革命纪念馆旁边，是中国共产党西北早期革命领导人刘志丹、谢子长、习仲勋等于1934年在陕甘边区创办的第一所红色学校。这座列宁小学早已改名为列宁学校，并从最初只有十几名学生的小学“成长”为有800多名学生的九年一贯制寄宿学校。

当时的列宁小学，开设的课程有国语、算术、体育、歌咏，教材都是按照华池风俗民情和当时革命斗争形势编写的。刘志丹、习仲勋、蔡子伟等边区领导还经常到列宁小学讲课、作报告。当年由于办学条件简陋，初办时仅有瓦房6间，土窑洞3孔，设3个教学班。列宁小学的创办，使教育资源在陕甘边区穷苦大众中得以普及，开辟了陇东文化教育事业先河，为边区培养了大批革命骨干人才。

20世纪80年代中期，华池县开始教育改革，将列宁小学与南梁初中合并，改称为华池县列宁学校。学校分为上下两院，上院为列宁小学旧址，下院为教学活动区，共建成砖木结构平房7栋52间。随后，学校陆续进行了扩建，形成了“将军苑”和“思齐苑”两个花园般的校区。

在这里当年的窑洞教室、破旧斑驳的黑板、简单粗糙的桌凳，师生们一起垒起来的土台被完整地保存了下来。均可参观。

军民大生产基地

抗日战争时期，为了粉碎国民党顽固派对陕甘宁边区的经济封锁，渡过抗战难关，1943年4月，385旅770团进驻华池县大、小凤川，执行毛主席和朱总司令的屯田政策，一面保卫边区，一面开展生产运动，创造了陇东“南泥湾”。先后开垦荒地3.4万亩，为边区克服物质困难作出了重要贡献。

高涨的生产热情激发了艺术家的创作灵感，《军民大生产》就从这里诞生并唱响全中国。大生产基地旧址现保留了练兵场、纪念碑、七七桥等原迹，并在练兵场对面新建了军民大生产纪念馆。

山城堡战役纪念馆

山城堡战役纪念馆位于环县西北部，距县城50公里。1936年，中国工农红军在这里进行了著名的山城堡战役。

纪念馆总建筑面积2000平方米，陈列面积4500平方米，以文字、图片、实物、雕塑、蜡像、沙盘和仿真声光电等形式，全面展示了山城堡战役前后环县波澜壮阔的革命历程。纪念馆外观大方，结构紧凑，高大宏伟，具有传统的民族风格。馆前有一大型广场，平坦开阔，建有红军三个方面军旗帜组成的旗帜舞台，一座由原中央军委副主席张万年题写碑名，高 28 米的山城堡战役纪念碑矗立在中央，入口处建有牌楼。

现为全国红色旅游经典景区，省级文物保护单位，全国爱国主义教育基地，甘肃省党史教育学习基地。

庆阳古塔

庆阳地区现存各式各样的唐、宋、明、清古塔 15 座。这些古塔如玉圭、如利剑，有的隐身于密林峡谷，神秘莫测；有的高高插在高原黄土之上，直刺蓝天。它们世世代代，默默无闻，既以巍峨的身躯点缀着苍茫的黄土高原，又是沧海桑田风云变幻的历史见证。在这些古塔中，有华池县的双塔和修建于 1400 多年前的政平古塔。此外，有塔儿湾、脚扎川和白马的石质造像塔，湘乐的砖塔，八卦寺的墓塔等。塔形有的像西安的小雁塔，有的像杭州的六和塔，有的像苏州的虎丘塔，建造艺术各有千秋。到庆阳来旅游，不可忽视这些珍贵的宝塔。

金城寺塔

庆阳第一塔——政平宁寿寺唐砖塔

政平地处庆阳地区最南边，在正宁、宁县的交界处，隔泾水与陕西长武、彬县相望，居于马莲河和泾河交汇处，是一个“鸡鸣一声四县闻，镇此一地四川平”的要塞。据史书记载，唐初泾川薛举造反，李世民率兵征剿，经过一番血战，打败薛举，平定了陇东广大地区。为了北控河套，南屏关中，连接泾、宁、彬为一体，维护唐王朝对陇东的统治，李世民便在这里设立了定平县，取安定太平之意，同时也就建造了凝寿寺和政平古塔。此塔是庆阳市境内年代最早、保存最完整的砖塔。古塔坐落在政平乡东侧小河东岸的台地上，屹立千余年。寺舍几度遭毁弃，现在已荡然无存。塔的造型与西安大雁塔相似。塔体一砖到顶，上下五层，高约 20 米，呈正方形。第一层正南面开门，里面是四方形塔室；外檐每面有两组仿木斗拱承托，斗拱之间雕刻着精巧细微的牡丹、莲花、兰花等各种花卉图案。从第二层开始塔内设有手扶横杆，可以攀至塔的顶端。此塔是甘肃省唯一的一座唐代砖塔。

凝寿寺塔

华池双塔寺石造像塔

华池双石塔

在华池县境内，有两座建筑奇特的石质造像塔。这两座塔纤细窈窕，极像一对亭亭玉立的孪生姊妹。这里地处子午岭东麓林海，梁峁深黛，沟壑葱茏，两条小河波光闪闪，如彩练银蛇般蜿蜒穿梭，从山脚下流过，给石塔增添了不少自然风韵。这两座塔都是由当地产的红砾岩石琢磨成块，堆砌而成，这里原来也有寺院，名叫“双塔寺”。

双塔寺建于金正隆至大定年间，原名石塔院，大安三年（1211）更名兴教院，明弘治、万历年间屡有修葺，后因山体滑坡寺毁佛残，但双塔却仍然完好地屹立在那里。双塔平面呈八角形，13 层，高约 12 米，两塔相距 8 米。东边的一座，第一层为八面体，每面宽 40 厘米。第二层以上均为十面体，向上越收越小，每层都有塔檐和圆形仰莲盆座，每层塔身都稳稳当当置于仰莲盆座之上。塔顶有石制刹柱，上置覆钵、相轮、宝珠，全塔结构十分严谨。这两座塔的研究价值，远不止它的建造艺术，更有意义的是每一座塔的通体各面均密布有大量的浮雕造像。全塔浮雕佛像共有 3500 余身，工艺精湛，举世无双。远看若鱼鳞，近看有的掩面痛哭，有的双膝跪拜，有的仰望佛容，神态各异，惟妙惟肖。这样通体雕作、满布佛像的石质造型塔，不仅在甘肃只此一处，即在全国亦属少有。省地县文物单位对寺院进行了抢救发掘，并在二号塔内发现西夏文文书、藏文佛经、香包等文物 140 多件。

庆阳剪纸

庆阳是一个艺术之乡，堪称庆阳文化“四绝”之首的剪纸，是庆阳民间艺术中的佼佼者。它看起来土里土气，但却有着古拙质朴的风格。它的线条有的像锯齿般不齐整，却包含着粗犷奔放的高原气质。面对一幅幅剪纸，不能不使你对剪纸者高超的艺术造诣发出由衷的赞叹。

剪纸是庆阳劳动妇女抒发感情的重要方式，过年过节、娶妻嫁女，女人们就大显身手，忙忙碌碌打扫窑洞，裱糊房屋；尤其对窗户、炕围、墙壁、顶棚格外看重，擦净、糊好、裱新，在上面贴上各种剪纸。

庆阳剪纸的题材极为广泛，日月星辰、山川花木、人物鸟兽、传说故事，凡是女人们熟悉的、热爱的、向往的人、事、物、景，都可以在她们的剪刀下复生，特别是家庭院落这一方天地之内的大人、小孩、牛驴、骡马、猪羊鸡狗、鸭猫鼠兔，都是她们剪纸的模特儿和永久的主题。

庆阳剪纸的内容非常丰富，有表达“吉祥喜庆”，反映传统民俗的“二龙戏珠”“四龙捧珠”“骆驼进宝”“吉兽进宝”“喜鹊闹梅”“麻姑献寿”，有反映生殖繁衍和美好爱情生活的“鱼儿钻莲”“蝴蝶恋花”“猫儿卧莲”“金鸡探牡丹”，有祈求神灵消灾降福、保佑安康的“老虎下山”“狮子滚绣球”“抓髻娃娃”“送病娃娃”，还有民间故事“刘海戏金蟾”“武松打虎”“王祥卧冰”“唐僧取经”等。

色彩上有单色、染色、套色、剪绘和烟熏等，剪法上有阴剪、阳剪、阴阳剪、对称剪、影印剪、折叠剪和随意剪。为了线条的变化多姿，她们还创造出梅花纹、云勾纹、锯齿纹、田禾纹、月牙纹、点纹、水纹、花纹等纹理剪法。就凭着一把剪刀、一张纸，她们身边的事物就被生动地再现出来了。

在全国众多剪纸艺术中，庆阳剪纸独具一格。由于庆阳地理位置偏僻、交通不便、文化封闭以及世代相传的自然经济生产方式，使原始文化形态在这里得以延续。传统的庆阳剪纸，凝聚着中华民族几千年来的历史和文化。我国原始社会先民们以作为生命象征的鹿为图腾的鹿头文化以及以蛇为图腾的原始文化，在国内其他地方几乎绝迹，但在庆阳剪纸中却保留了它们的原始状态，而且还可以摆出它发展演变的序列。

庆阳刺绣

庆阳民间刺绣古朴别致，绚丽多彩，充满生活情趣。如果从历史学中的文化南移的观点来看，庆阳刺绣很可能还是苏绣、湘绣的鼻祖。庆阳刺绣可以说遍布庆阳人民生活的各个角落。顽皮戏耍的孩童胸前挂着一个花肚兜，老人们的烟杆上都吊着一个烟荷包。娶妻嫁女更是庆阳刺绣艺术品的大展览，新娘的披肩由100余块小刺绣片组成，绣着百子图和各种民间故事，由小及大，一层压一层，布满胸前，玲珑剔透。腰间系的百褶裙上也绣满各种花草图案。新娘脚上还穿一双绣花鞋。当然了，现在的姑娘已不这样打扮，可是陪嫁的绣花鞋、绣花枕和为新郎及男方家里人做的绣花裹肚、鞋垫、袜垫、烟包等却是少不了的。

祝寿更离不开刺绣。精致的寿幛上，有的用八仙绣成“福如东海”“寿比南山”的字样，中间还要绣上童颜鹤发、长额重耳的寿星图；更阔气的是在1米多长的寿幛上绣上童男童女手捧仙桃向寿星奉献图样，并用“福、禄、寿、禧”四字装饰起来，雍容华贵，气势博大，堪称民间艺术佳作。更为有趣和吸引人的是一年一度端午节的香包。荷包、粽子、金鱼、胖娃娃、小老虎、狮子、猴子、老鼠、蛇、青蛙、螃蟹等，凡是妇女们熟悉的、喜爱的小动物都可进入她们的针下。每年端午节早晨，家家的大人们都要给孩子佩戴上香包，有肩上扛的、胸前吊的、脊背上背的，还有袖子上缝的，总之，可以说是浑身上下都缀满了“耍活子”。

庆阳刺绣

陇东窑洞民居

庆阳地处典型的陇东黄土高原区，当地民居完整地保留了传统黄土窑洞的居住形式，已成为今天庆阳民俗之旅的重要参观内容。据《甘肃通志》载：庆阳府人“好稼穑务本业，有先王遗风，陶复陶穴以为居，于貉为裘以御寒”。古庆阳人在黄土塬面上挖的正窑的窑洞即为“陶穴”，在塬边、半山腰间挖出的窑洞即为“陶复”。今天，在庆阳各地，随处可见这种古老的民居形式。人们靠沟坡就崖壁之势，掘洞筑室，叫“崖庄”；从塬面向下掘出一个两三丈深、方方正正的大坑，再

陇东窑洞民居

在四壁里挖出一孔孔窑洞，好像一个地下四合院，叫“地坑庄”。这种独特的民居及人民的生活方式自有妙处。有诗赞曰：“远来君子到此庄，休笑土窑无厦房。虽然不是神仙洞，可爱冬暖夏天凉。”

庆阳石雕

在宽阔的董志塬上，在葱绿的子午岭山麓，在滚滚的马莲河滨，在漫漫的萧关古道旁，只要你留心细看，就会发现川台塬面的坟墓前，常有雕刻精细的石兽，或卧或立，神态各异；当你走进农家小院，常会看到大门两旁蹲着一对石刻的雄狮，使人望而生畏；一些人家的小宝宝胸前，戴着小铁链拴着的小石猴儿，煞是可爱。这些，就是闻名远近的庆阳民间雕刻石兽。这些石兽种类繁多，有老虎、狮子、豹子、熊、猴、牛、鸡、狗等。庆阳石兽，一般用当地河川出产的青石、白青石和硬砾石雕琢而成。石兽的大小各异，最大的比人还高，最小的如手中弹丸。

庆阳面塑

庆阳人喜欢用白面制作各种花卉、动物等。千姿百态的面塑品，既是美味佳肴，也是精湛的民间艺术品。庆阳民间面塑艺术由来已久。周祖不窋、公刘在庆阳传习耕作，教民稼穑，粮食生产有了发展，先民们的祭祀便不再用动物做贡品，而代之以这些动物形象的面塑品，这样就产生了面塑艺术。现在西峰区温泉乡刘家店村还有公刘殿，每逢农历三月十八日，董志塬上各村乡民都要抬着巨大的面塑动物祭品前去祭奠，类似的庙会和祭祀活动在庆阳其他地方也有，这样的活动实际上变成了农妇们面塑艺术的大比赛、大检阅、大展览。逢年过节或寿丧嫁娶，庆阳人也要用面塑品表示他们美好的祝愿。每年正月十五晚上，家家除了挂灯，还要摆出奇特的“灯山会”。灯山会上的灯不用纸糊，不用竹扎，而用未发酵的“死面”做成。每个灯二寸见方，有的做 50 个，有的做 12 个，多为偶数。这些灯形态多样，别致生动。

春节和中秋节，无论到谁家，都会看到面塑艺术品的展览。制作方法有蒸、烤、炸、烙等等，鱼虫花卉，山川树木，各种图案花纹，各种走兽家禽，都是他们塑造的对象。技法上有捏有擀、有挑有剪、有扭有压，巧妇们用一把木梳一只顶针，就可以做出千姿百态的面塑艺术品来。中秋节庆阳人喜欢蒸月饼，大的有一尺八寸，小的有碗口大。这些月饼上都要塑上花鸟图案，用颜色点缀起来，常常是数十层相叠，由大到小堆摞起来，威武好看。月饼的馅有酸、辣、甜、咸几种，味道各异。这种形味俱佳的面制品，堪称庆阳艺术中的一朵奇葩。这种艺术由于地理位置偏僻，历史造成的封闭和民族保守性等原因，更多地保留着原始神秘的天真趣味。

庆阳脸谱

民间脸谱，是戏剧脸谱的“源”，它为以后戏剧脸谱的多样化、性格化奠定了基础，可以说没有民间脸谱的兴起和发展，就没有戏剧脸谱丰富多彩的今天。从清代遗留下来的脸谱看，庆阳民间脸谱的形成是以传统观念和使用价值为其确定标准的，脸谱人物大都选历史上的各种人物表现。为了驱逐邪恶，褒扬忠义，就选历史上的英雄人物；为了贬罚奸佞，愤斥丑恶，就选古代民族败类；为了吉祥如意，安享太平，就选历代圣贤和大德善行之人；为了打斗取乐，消遣生活，就选神话传说中离奇古怪的人物。

庆阳民间脸谱的表现形式很多，经常用的有定脸、对脸、豆腐块脸和五花脸。定脸，即固定不变的脸谱，又称“挨脸”。如关云长脸谱为深红色，还画有被封为神以后的星宿之象的北斗七星；豆腐块脸，即脸谱像豆腐块一样，图案变化不一，随意性很强，以表现人物的幽默风趣；五花脸，即用较多的色块混合组成各种不同的脸谱，以表现人物的凶狠彪悍、性格怪异。除此之外，还有斜笔脸、红花脸、黑花脸、碎脸、神鬼脸、猴脸等等。不同的画法，表现出不同的人物性格。

庆阳民间脸谱多是通过社火来表现的。庆阳社火中的高跷、跑马、地故事、高台亭子以及各种舞蹈，大多表演的是古代人物和历史故事，而这些社火节目除过民间小戏和一些歌舞外，又多是哑剧形式，故事情节主要通过脸谱、衣着和动作表现出来。如果不懂脸谱，看到的只能是一片红红绿绿、花里胡哨的色彩而已。所以，脸谱在社火观赏中，如同电报中的密码和纪录片中的解说词一样，起着一通百解的作用。

庆阳民间脸谱艺术，作为戏剧史上的“活化石”，已成为珍贵的文化遗产，引起了许多专家、学者和戏剧工作者的重视。

庆阳皮影

自古以来，皮影就是庆阳民间文化生活的主要形式之一。每到秋收过后的农闲季节，那些精于皮影艺术的民间艺人就开始了活动。他们或三五人一伙，或七八人一帮，赶一头毛驴驮上戏箱，跋山涉水，走乡串户，为乡亲们演起了皮影戏。当地群众给他们起了一个雅号叫“一驴驮”。这一驴驮不但行装简单，而且演出也很方便，窑洞里能演，院落里能演，夜晚在灯光下能演，白天借着太阳光线也能演。皮影戏在庆阳的流行大概从周秦就开始了，这从镇原县近年挖掘的文夏朵

墓中发现的牵马和牵驼浮雕画像砖上得到了印证。可以说，不是皮影继承了砖画像的雕刻手法，就是砖画家借鉴了皮影的造型艺术。庆阳民间艺人们积累了100多种传统皮影戏剧目，有《韩湘子出家》《卖道袍》《三铺床》《孙膑坐洞》《葵花镜》《忠孝图》《裙边扫雪》等。

皮影戏表演得好与不好，主要靠艺人造型做得如何和签杆掌握得怎样。庆阳皮影的美妙之处，就是皮影雕刻精细，风格淳朴，操作灵活，具有强烈的艺术感染力。千百年来，民间艺人们广泛汲取民间剪纸、绘画、石刻、雕塑等艺术手法，创造出了自己的影人造型和风格。庆阳影人的造型有两种风格，一种叫“尺线”，粗犷浑厚，粗中见细，影人高十二三寸（10.4～0.43 米）；一种叫“寸线”，精雕细刻，小巧玲珑，影人只有六七寸高（10.2～0.23 米）。二者都具有刚劲、质朴和极强的装饰美感。在镂刻手法上，他们创造了五分脸法，采用正侧面塑造和散点透视来表现人像的侧面、斜侧面、俯视、仰视以及正面等多角度特征。人体比例也颇夸张，头大身长，手臂过膝，头一般要达到身的五分之一才行。男女也有区别，男性眼大身高，蒜头鼻子，窄胸部；女性眉弯眼小，樱桃小口，通天鼻，却没有乳房，

庆阳皮影

有唐代仕女画的特征。不同的人物性格也有不同的刻法，正面人物用阳刻法刻成空脸，反面人物用阴刻法刻成实脸；英雄人物刻成豹头环眼、燕颔虎须，表现其勇猛刚直；正直的人刻成蚕眉凤眼，表现其赤诚潇洒；小姐、姑娘是直鼻梁，高额头，弯弯眉，樱桃小口，表现其善良美貌；奸诈人物，往往用面白目小、颔突嘴窝加以丑化。镂刻时，他们既阴阳单用，又阴阳结合；既注意人物的形体美，又运用夸张、变形的手法，赋予人物不同的性格特征。制作的道具、配景，也非常自由随和，精巧细致。帝王的殿宇雄伟壮观，富丽堂皇；龙车凤辇斑斓多姿，珠光宝气；宫廷内苑清秀雅致，花园亭台春意盎然。还有神仙佛祖、妖魔鬼怪、奇禽异兽、梦幻仙境，应有尽有，制作者想象之丰富和手法之奇妙，令人惊叹不已。

庆阳皮影的结构设计十分巧妙，增强了影戏表演的艺术效果。影人一般分解为 5 大部分 12 件，人物胸前和两只手上各装有三根签子，供撑签人选用。那些技巧娴熟的把式们，挑起影人，手随心到，动作干净、利落、敏捷、熟练，影人随着撑签人的动作和唱腔，坐、卧、行、走、踢打、翻转、提袍甩袖、腾云驾雾，无不灵活自如，给人一种真实而又虚幻、生动而又拙朴的艺术感受。

庆阳皮影精美之处不仅表现在演出过程中，而且每一件皮影本身就是一幅绝妙的艺术佳品。它的制作极其考究，非牛皮不用，并且对牛皮的要求也非常严格，要平整耐用、润泽透明、厚度适宜、柔而不软、硬而不脆才行。所以，他们通常选用青草期口轻的黑色公牛皮，经过浸泡、框架、阴凉、刀刮等许多程序后才能做成。然后，再用铁笔将稿样轻轻刻画在牛皮上才开始刻凿。影件刻成后的着色也极其讲究，通常以大红、大绿、藤黄为主，兼用少许蓝、黑以显示皮影的艳丽和色彩上的强烈对比，而且点染时只用纯色。另外，还把纹样、图案的着色和刻凿巧妙地结合起来，要求刀路分开，层次分明，一点一笔都要仔细地点染，不能有丝毫的混淆。这样渲染出的影件色彩绚丽，斑斓多姿，看上去既有庆阳剪纸的风味，又有图案画的美感，经灯光一照，加上牛皮本身的赭黄色，更显得色调和谐，栩栩如生。庆阳皮影雕刻是陇东黄土高原上的特产，是我国民间戏苑中难得的艺术珍宝。

North and East Route

北东线

兰州→ 白银

白银 *Baiyin*

我国重要的有色金属综合生产基地

白银位于甘肃省中部，定西之北，再向北与宁夏接壤。白银地处黄土高原西部边缘，地下藏宝。早在明洪武年间，这里就有大规模采金采银活动。中华人民共和国成立后，国家在此建设了以铜矿采、选、冶相配套的有色金属联合企业，使白银成为我国第一个闻名遐迩的“铜城”。今天，它既是重要的有色金属工业基地，也是甘肃旅游的一个重要项目。铜城脚下的景泰县，有个叫老龙湾的地方，黄河从它身边回旋而过，向北驶向宁夏，这一洼地被誉为“老龙湾”。洼地上是有名的红富士苹果生产基地，果木飘香，四周被黄河石林环绕，形成了奇特的自然景观，现已是一个石林加生态农业观光的休闲度假区。白银旅游景点还有黄河大峡

黄河石林

游览区、牛魔洞古墓葬遗址、靖远寺儿沟石窟、法泉寺石窟和会宁红军会师楼等红色胜迹。还有被称作“六朵金花”的乡村旅游景点：花村——顾家善、石村——萱帽塔、乡坊——强湾村、桃园——罗家湾、水村——大川渡、大坪——农业园，让人在领略田园风的光同时还能体验陇上人家的民俗风情，当然，乡村美食也能让城里人换换口味。

Tips

工艺美术：临洮地毯、临洮蚊香。

土特产：红富士苹果。

白银市区周边短线旅游

- 白银—景泰石林—五佛乡
- 白银—会宁
- 白银—寿鹿山
- 白银—“六朵金花”

黄河石林

黄河石林位于甘肃省白银市以北 70 千米的景泰县龙湾村黄河东岸，面积约 10 平方千米。

黄河石林生成于距今 400 多万年前的第三纪末期和第四纪初期的地质时代。由于地壳抬升运动，形成以黄色的沙砾岩为主、造型千姿百态的石林地貌奇观。

石林景区陡崖凌空，景象万千，峰回路转，步移景变，其造型天造地设，鬼斧神工，犹如雕塑大师之梦幻杰作。“观音打坐”“屈原问天”“木兰远征”“月下情侣”“十里屏风”“天桥古道”“一线天”等高达上百米的形态各异、千奇百怪的石柱、石笋、石林景观随处可见。

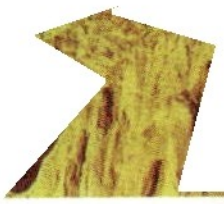

中华民族的母亲河——黄河，在这里形成“S”形的回水湾由南向北进入宁夏地界。河的东岸除高耸的石林外，还有背山面河、林木葱郁的龙湾绿洲。有专家评价景泰黄河石林是集中国地质地貌之大成，组合优越，动静结合，国内罕见，西北独有，堪称“中华自然奇观”，是一处极具开发价值、高品位的自然生态旅游景区。

这里适合休闲度假、猎奇探险、地质考察、漂流攀岩等旅游娱乐项目，可作为西部影视剧、科幻片的最佳外景基地。

可徒步穿行石林峡谷，也可坐“驴的”进出。

寿鹿山省级森林公园

寿鹿山省级森林公园坐落于景泰县城以西 43 千米处，祁连山山脉东端，腾格里沙漠边缘，由于地势较高（海拔 2400 ~ 3312 米），东西气流锋面雨在这里形成，造就了一片 11333 公顷的森林。由于山中出没的主要动物为白唇鹿，因此得名“寿鹿山”。寿鹿山离白银 113 千米，离兰州 140 千米，是白银人和兰州人生态旅游的一处胜地。

永泰古城

永泰古城在景泰县寺滩乡，修筑于明万历三十六年（1608），距今已有400多年的历史，是明政府为防御北方少数民族的入侵而修建。这座明代古城城墙都是黄土筑造的，经历岁月和风霜雪雨的侵蚀之后，能够保存如此完整的确让人惊叹。沿着木梯登临城墙，整个城垣尽收眼底，那些浑厚的残垣断壁和被风雨剥蚀的板筑土层，都仿佛厚重的史籍堆积在那里，诉说着沧桑。永泰古城往日“酒肆商行，旗幌昭然；茶亭饭馆，四时飘香”的繁华不复存在，但古城中后期种植的随风飘扬的杨树，给满目黄色的古城增添了一抹绿意。近年来永泰古城也凭借其无穷的魅力成为景泰县独特的旅游资源，吸引了大量游客前来访古、探险、考察。《最后一个冬日》《美丽的大脚》《雪花那个飘》《西部热土》《汗血宝马》《决战刹马镇》等多部影视剧在此取景拍摄。

永泰古城

黄河大峡奇观旅游风景区

沿兰州40千米黄河风情旅游线顺流而下，穿过小峡和皋兰县什川后，便进入了白银黄河大峡奇观旅游风景区。风景区由31.5千米奇峰异山的大峡、10千米波光粼粼的条城川、占地16公顷四面环水的太阳岛、20千米水流湍急的乌金峡等组成。大峡一段山高水深，两岸山势陡峭，青石林立，中间形成一道河谷，地势非常险峻。正如诗云："断崖万仞如削铁，飞鸟不度山石裂。"乘船游览可观赏到非常神奇的巨石"猛虎啸天""鲲鹏绰约""神龟探潮""情侣吻别""弥勒佛""古峡仙洞""山顶弯月"和拱桥等50多处奇异景观。大峡出口处西峡口村，"八五"重点工程——大峡电站241米长的大坝将狂奔不羁的河水拦腰斩断，72米高的大坝雄伟壮观，气势非凡。从大坝下来可坐羊皮筏子或驱车，经大川古渡到悠闲浪漫的太阳岛吃水川长面，自烤全羊羔，住情侣帐篷，参加篝火晚会。

会宁红军会师旧址

会宁红军会师旧址位于会宁县南侧会师北路上，是纪念红军三大主力第一、二、四方面军长征会师的纪念园区。园内有多座纪念建筑，还有纪念馆和陈列馆展示众多的革命文物，是缅怀革命先烈、了解长征史诗的红色旅游胜地。

1936年10月10日，中国工农红军第一、二、四方面军经过艰苦卓绝的长征，终于在甘肃会宁会师，创造了世界战争史上的奇迹，成为中国革命走向胜利的转折点，会宁因此蜚声海内外，成为中国革命的圣地之一。

景区的中心是会师纪念塔，塔体呈红色，一共十一层。塔身的造型非常独特，下面九层是三座合抱的塔，到第十层时合并为一座，象征着三军在此会师的历史。

位于会师塔东南方向的广场对面是红军长征胜利纪念馆，是我国最大的反映长征历史的纪念馆。纪念馆共有三层，馆内有大型的雕塑、图片、视频展示等，更为重要的是这里有近千件珍贵的革命文物，是缅怀红军长征英烈的胜地。

园区内还有一些历史建筑可以参观拍照，在纪念塔西北一侧的是红军会师联

欢会会址，这里原来是县城的文庙，是一座明代的古建筑，现在保存完好。而纪念塔西南边的古建筑则是会师楼，也是一座明代建筑，原来是县城的西城楼，现在保留了两侧的城墙和门楼，非常壮观。目前这里已成为全国爱国主义教育示范基地、甘肃爱国主义教育基地、甘肃省国防教育基地、国家安全教育基地。

会宁长征胜利景园

1986 年，在红军会师 50 周年之际，会宁修建了“三军会师塔”，邓小平同志题写了“中国工农红军第一、二、四方面军会师纪念塔”的塔名。1996 年为纪念红军会师 60 周年，在会宁桃花山依山修建了“红军长征胜利景园”，并完成了将帅碑林等一批纪念设施工程。

景园里建有毛泽东《长征》诗碑、景园大门、瑞金塔、红军长征门、遵义会址、强渡嘉陵江、赤水河、泸定桥、懋功会师桥、草地宿营、甘孜会师、岷山栈道、俄界会议会址、天险腊子口、哈达铺纪念馆、榜罗镇会议会址、六盘山长征纪念亭、延安宝塔、红军会师广场等景点。

会宁红军会师旧址

法泉寺

法泉寺位于甘肃靖远县城东7.5千米处的杨稍沟红山岔中，地处黄河之畔、长城脚下的古丝绸之路上。所在山脉走向为昆仑山尾，寺院被石崖环抱，酷似一把古铜大锁。

法泉寺始建于北魏，至今已有1500年的历史，与陕西法门寺、宁夏景云寺同承一脉。是集道、释、儒文化于一寺，融建筑艺术、雕塑艺术、园林艺术、文学艺术于一体的风景旅游区，位列中国佛教百大名寺第39位。

法泉寺自隋唐以来凿有石窟，依崖建阁，崖岩之下有泉水涌出，半崖腰间有“墨池”“龙骨”“摸子”三泓清泉，以“法门”和“清泉”立说，故曰“法泉寺”。

这座古刹名寺，除有北魏时开凿的石窟外，还有历代文人骚客的墨宝，寺内原有唐代开国功臣尉迟敬德监修法泉寺碑记。

法泉寺久负盛名，20世纪50年代被列为国家二级文物保护单位，60年代被列为省级文物保护单位。1998年，靖远县法泉寺文物保护领导小组、法泉寺维修委员会成立，并修缮了22座石窟，补修了文昌阁，新建了凌霄殿、天桥、山门、天峰塔，重塑彩绘了上百尊佛像，同时还发现并保护了唐代完整无缺的达摩祖师像一尊。如今的法泉寺，整体上基本恢复了本来面貌，局部更胜过当年，慕名前往观光、旅游的人数逐年增加。

北武当山

道教圣地北武当山位于白银市平川区旱平川水泉尖山西麓黄河西岸，与湖北武当山南北呼应，距省会兰州市100多千米。北武当山始建于明朝初年，兴盛于清代中叶。清乾隆皇帝曾到此进香并在黄河东岸的悬崖峭壁上题词“福寿山初迹”，今犹可见。

每年农历九月九日在此举办庙会，场面宏大，远近朝拜者络绎不绝，香客簇拥，商家云集，八方献艺，常连唱一月戏，热闹非凡。

北武当山建筑规模宏大、布局严整、气势雄伟，建有无量寿宫、捧圣宫、清界殿、财神殿、娘娘殿、灵宫殿、二郎庙、法王殿、全神阁、迎仙楼等殿宇阁楼，有山神、土地、龙王、城隍、文昌帝君、十殿阎王等道教神灵塑像，是一处难得的旅游胜地。

白银乡村旅游“六朵金花”

近年来，白银乡村旅游逐渐红火起来了。其中，白银城边上被誉为“六朵金花”的六个村子就很有代表性。这里离兰州不过一个小时的车程，兰州人成了这儿的常客。

花村 · 顾家善

顾家善濒临黄河，与青城古镇隔河相望，区域面积1平方千米。顾家善人文历史悠久，500多年前以顾姓为代表的一族从江苏迁移过来，保留了种植花木改善人居环境的传统，“花村 · 顾家善”因此得名。

花村·顾家善

小桥流水、蓝瓦青砖、曲径通幽、花香四溢，勾勒出一幅“田园优美、人文醇美、经济富美、生活和美、村庄秀美”的美丽画卷。

身在其中，一步一景，一户一业，人在花中走，果在身边香。

“花村·顾家善”是一个展现乡情、乡韵、乡味的地方；是一个望得见山、看得见水、记得住乡愁的地方；是一个展示“万事莫如为善乐，百花争比读书香”的地方。

石村·萱帽塔

石村名副其实，这里奇山怪石遍布，丹霞林立，果香四溢，村落深处红瓦白墙、鸡鸣犬吠，是一座“山村交融、人美路净、经济富美、乡风文明”的现代新村。

乡坊·强湾村

强湾村位于白银市区南郊 14 千米处，临金沟河生态观光带。村前河流徜徉，村里作坊林立，油坊、醋坊星罗棋布，村舍白墙黛瓦，屋檐上炊烟袅袅，庭院里花开满园。这里还有以花海、漫水道生态观光区和红山根广场、观景台、工农渠为主的乡村文化旅游区。

桃园·罗家湾

在强湾乡还有一处核桃树遍野的村落，这就是罗家湾村了。这里小河流淌、红瓦白墙、核桃遍野、果香四溢，好比一幅“自然恬美、乡村秀美、人居和美”的山水田园画卷。在有山有水、有林有田、有花有果的地方，可以忘却自我，陶醉自然，品赏“核桃大树古风悠，虬干苍皮绿叶稠”的韵味，享受“绕池闲步看鱼游，我来施食尔垂钓”的乐趣。

水村·大川渡

大川渡村位于白银市南郊黄河北岸，与青城古镇隔河相望。大川渡村有悠久的人文历史、奇特的自然风光、丰富的历史文化遗产、国家级非遗项目“曲子戏”、省级文物“大川渡水车”。大川古渡口已有1000多年的历史，旧时是条城通往外界的重要渡口。

滔滔黄河、大川古渡、百年戏曲、千年传承，孕育出“水美山高、崇文尚德、历史悠久、人居富足”的恬静水村。

大坪·农业园

白银区现代农业科技示范园位于水川镇大坪，现为国家级农业科技园区，核心区规划面积1万亩，区域面积20平方千米。这里百亩花海竞相争艳，瓜果飘香、芬芳四溢，是一处集“循环农业、创意农业、农事体验、生态休闲、观光娱乐”于一体的田园综合体。

甘肃省主要

民俗 节会 演艺

甘肃省主要民俗、节会、演艺

Main Folk Customs, Festivals and Performances in Gansu Province

兰州太平鼓

太平鼓是兰州地区城乡人民喜爱的民间表演艺术之一，含有庆贺新年太平之意，每逢大的庆典活动，太平鼓表演都是整个活动的高潮部分。兰州太平鼓舞已有600余年的历史，素有“天下第一鼓”之称，与山西威风锣鼓、常山战鼓、开封盘鼓并称“中国四大名鼓”，2006年入选国家级“非遗”项目。

嘉峪关国际短片电影展

中国·嘉峪关国际短片电影展由国家新闻出版署和甘肃省人民政府共同主办，以评选展映国内外优秀纪录片、科教片、动画片和短片为主要内容，集国际短片高端学术研讨、创制、市场推介、展映交流于一体。

永昌万字灯俗

永昌县万字灯俗主要流传于甘肃省永昌县红山窑乡毛卜喇村，据《永昌县志》记载，明代洪武三年（1370），毛卜喇村人将万字灯从京城引入甘肃永昌。闹灯活动所用图谱绘在一块土织白布上，上面同时标注方位进出口。主场正中一根为主杆，高8至10米，上挂大型花灯，其余杆上分挂360个小型花灯，进出口处还要扎一彩门彩灯屏障。杆间按图谱用绳子联结，观灯者只能按规定路线行进，左旋右转，盘旋迷宫，趣味无穷。灯场对面设置“灯山”，用360盏花灯逐次排成不同的祝福字样。

《敦煌盛典》

《敦煌盛典》实景剧总投资 1.8 亿元，能容纳 1314 人的观众席不仅可以 360 度原地旋转，而且可以前行或后移，打破了传统的观演模式，为观众带来不同的视觉体验，在国内旅游演艺中尚属首创。

《又见敦煌》

《又见敦煌》采用“流线式”空间体验方式演出，以“穿越”为指导思想，划破岁月的时空，拉近历史的距离，让观众体置身于情景交融身临其境的演出。在这里也许行五十步，您已穿越百年；行百步，您也许将与自己的心见面。无论是徜徉行走还是悠然观剧都带给人前所未有的身临其境的真实体验，带您穿梭重顾千年前的历史故事。时刻让人在行走中观演，体验中又见敦煌。

张掖·中国汽车拉力锦标赛

张掖·中国汽车拉力锦标赛（CRC）简称张掖汽车拉力赛，是一个专业拉力赛事，从 2011 年开始每年 7 月份举行。比赛要求车手须持有由中国汽联颁发的D级临时以上执照，领航员须持有由中国汽联颁发的E级执照。赛事起终点及全程都在张掖境内。

天祝藏族锅庄舞

天祝是游牧文明和农耕文明融合发展的鲜明地带，多元文化融合造就天祝人热情奔放的个性特征，热爱生活的各族群众常常以歌声来倾诉炽热情怀，以舞蹈来展现精神寄托。天祝藏族锅庄舞舞蹈动作舒展洒脱、豪放稳健，犹如雄鹰展翅，轻快活泼与豪放相济，集中体现了“坚韧、崇善、团结、奋进”的新时代精神。

中国天水伏羲文化旅游节

每年 6 月 22 日，由国务院港澳事务办公室、国务院台湾事务办公室、中华全国归国华侨联合会和甘肃省人民政府主办的公祭中华人文始祖伏羲大典在天水市举行。公祭伏羲大典被列入国家首批非物质文化遗产保护名录，成为甘肃省独具特色的重要文化品牌。

甘肃秦安桃花会

每年4月，桃花盛开的季节，当地群众都会不约而同地走进大地湾、女娲祠、凤山景区、明清一条街等旅游景点，品尝桃花酒、肚丝汤、蒜面等特色名优小吃及苹果、油桃、花椒等农特产品，欣赏具有秦安地方特色的歌舞曲艺表演。

崆峒山四月八庙会

每年的四月初八，崆峒山上都要举行规模盛大的庆典活动，民间称之为道场。一般都由当地佛教协会和道教协会各自组织，居士和信徒响应参加，或在本宫、观、寺院，或走游全山的每一处宫、观、寺院，其过程包括停留、诵经、上香、叩拜四个步骤。

泾川西王母庙会

西王母的传说已流传3000多年，在我国乃至海内外都有较大影响。千百年来，农历三月二十日，是泾川回山西王母庙会，现存宋陶谷碑记载，开宝年间重修王母宫，举行了盛大的祭祀活动，相沿至今。

七夕节（乞巧节）

被称为中国古代乞巧风俗的活化石。每年农历六月三十日晚至七月初七日，西和礼县一带都会举行规模盛大，持续七天八夜的乞巧民俗活动，世所罕见。整个乞巧过程分为坐巧、迎巧、祭巧、拜巧、娱巧、卜巧、送巧七个环节。

傩舞（文县池哥昼）

位于文县县城西3千米处白马河（俗称达嘎河）流域，是古白马人的后裔聚居区，他们英勇强健、秉性耿直、热情好客、能歌善舞，语言、服饰、生活方式、婚丧祭祀形式独特。其最具特色的婚礼和盛大节日活动“池哥昼”（面具舞），场面庄重热烈，既有神秘的宗教气氛，又充满浓郁的娱乐色彩，极具历史和民俗研究价值。

香巴拉文化旅游艺术节

香巴拉文化旅游艺术节主会场设在当周草原景区，已成为甘南藏族自治州品牌节庆活动。艺术节期间，静谧的草原一夜间搭起无数顶帐篷。整个节庆活动恢弘热烈，隆重祥和。节日期间，甘南群众纷纷在各草原景区搭建帐篷，自发组织夏季浪山活动，邀请亲朋好友聚会，尽情歌舞娱乐。

草原盛会——锅庄舞

碌曲锅庄舞历史悠久，自吐蕃时期兴起。吐蕃部落族人喜好歌唱跳舞，在农作和游牧生活中创作了一批歌舞，逐步形成了一种藏族特色舞种“卓”。“卓”意为圆圈，在碌曲县境内广泛流行。它的表演方式是男女围成圆圈，歌舞同步进行，女的动作小而含蓄，男的动作大而奔放。

二月法会

二月法会藏语称作“尼比措荞”，时间是在农历二月初四至初八之间，属于聚众供养的法事活动。二月初五，嘉木样活佛圆寂之日，所以该寺僧人也称此日为“良辰会”。这一天，除了正常的佛事活动，午会时全寺僧人均到大经堂接受施主的斋供布施。晚上，僧人们聚集一堂诵经祈福。入夜，各经堂、佛殿以及僧舍屋顶上，都要沿着平顶房檐点燃酥油灯，以示纪念。

临夏花儿

临夏被誉为“中国花儿之乡”。2004 年 10 月 19 日，中国民间文艺家协会授予临夏回族自治州“中国花儿之乡”称号。“花儿”是起源于甘、宁、青一带的情歌，早在清乾隆时就负有盛名。

河西走廊的古代民族

The Ancient Nations in Hexi Corridor

月氏、乌孙、匈奴、回鹘

月氏

月氏是中国古籍中肉支、禺氏、禺知或虞氏的转音。它是先秦时期活动于河西的一个重要民族，在河西地区最早建立城市。据传，今永昌县双湾乡的三角城、临泽县邵武村的邵武城均为月氏人所建。黑水之畔的邵武城曾是月氏在河西地区的活动中心，今已不存。

大月氏人曾越过阿姆河占领了大夏全境，以阿富汗北境马扎里沙里夫以西约23千米处的大夏王都蓝氏城为都城。这也是原希腊—巴克特利亚王国的首府巴赫尔。大月氏王把大夏分为五个封国，由其子弟休密、双靡、贵霜、肸顿、都密等五翕侯分管。大约在1世纪初，大月氏人西迁中亚200年之际，五翕侯之间发生兼并战争，最后由贵霜翕侯统一了大月氏，建起了历史上著名的贵霜帝国，把大月氏推向了全盛时代。帝国最盛时，西北至咸海，西达伊朗东部，东到塔里木盆地以南，南至巴基斯坦中部，是当时中亚的一个大国，同中国、罗马、安息并列为当时世界四大国之一。

大月氏来到大夏不久，就放弃了自己的传统语言，融汇、吸收了大夏人印欧语系的东伊朗语。最初使用希腊文，以后北部创造出粟特文，南部使用佉卢文（古印度文），还有一种用希腊字母表达东伊朗语的文字，人称贵霜文或吐火罗文，同时也使用花剌子模文。

乌孙

乌孙是与月氏同时代生活于河西地区的一支土著民族，西汉以前，月氏与乌孙分居于河西走廊的东西两端。月氏居东，乌孙居西，二者大致以张掖至酒泉间为界。

在公元前的几个世纪中，月氏是河西地区势力最强的民族，乌孙、匈奴均受其控制。在公元前 180 年左右，发生了月氏攻杀乌孙王难兜靡的事件，河西走廊全境遂归月氏人。乌孙实际上已经国破家亡了，余众被迫徙往匈奴属地哈密、巴里坤一带。此时，难兜靡的儿子昆莫（即国王）猎骄靡刚刚降生，由辅佐他的一个翕侯抱着逃亡，并藏匿于草丛中。待不久回来寻找时，却发现一头母狼在给昆莫喂奶，并有衔着肉的鸟在他的身旁飞翔。这个神话也说明了亡国的乌孙王子最后由匈奴收养的历史事实。因为狼是匈奴的图腾和象征。

乌孙王子猎骄靡在匈奴单于冒顿的关怀、照应下长大了。在此期间，冒顿单于在公元前 174 年左右举兵攻击月氏，迫使月氏大部离开河西走廊西迁，河西地区尽归匈奴所属。猎骄靡成人之后，冒顿遂将乌孙部族交还给他，并由其“控弦数万”，参加匈奴的征战，屡立战功。在公元前 160 年左右，乌孙昆莫在匈奴老上单于的支持下，举族西迁至伊犁河流域，西征大月氏，杀大月氏王，“以其头为饮器”，报了昔日杀父之仇，并迫使大月氏迁徙至大夏（今阿富汗）境内。此后，为了摆脱匈奴的控制，乌孙就留居在西部天山以北、伊犁河流域至伊塞克湖这片广阔的草原地带，大量融合了未迁走的月氏、塞种，不断壮大自己的力量，一度有人口 60 多万，成为西域各国人口最多的民族和最大的王国，并在伊塞克湖东南部建立了王都赤谷城。

乌孙虽无意东迁，但其昆莫猎骄靡也明白只有联汉才能彻底摆脱役属匈奴的命运，于是派使臣到长安，请求“尚汉公主为昆妻”。汉武帝同意了乌孙的要求，即遣江都王刘建之女细君公主出嫁昆莫。昆莫即以细君为右夫人。匈奴知道后，深恐乌汉结盟不利于己，急忙遣女嫁乌孙昆莫为左夫人。时昆莫年迈，长子早死，即要求细君“从胡俗”，嫁其长孙军须靡。不久，细君公主病故，汉廷又以解忧公主嫁与继承了乌孙王位的军须靡。细君公主、解忧公主和冯嫽出嫁乌孙，对坚定乌孙摆脱匈奴控制的信心，推动乌孙历史的发展，促进乌孙与汉王朝建立紧密的政治、军事、经济联系，都做出了重大的贡献。

乌孙王国与汉王朝及中原后续王朝的政治联系自此没有间断。直到 437 年，中国历史书中还有乌孙与北魏互通使者并帮助北魏联系西域诸国的记载。北魏以后，乌孙与内地的交往即失载于史。乌孙是中国古代历史中一个存在时间较长的民族，是组成中华民族、维护祖国统一的一支重要的力量。它虽然远离了养育它的河西故地，但其保持了与中原政权间长达 600 多年的联系，这在中华民族发展史上是十分少见的。

匈奴

匈奴是对古代中国和古代欧洲的历史产生过重大影响的民族。“匈奴”原意直译为“人”或“群众”“居民”“土民”，意为“天帝之子”。约源于远古时期人对天神的信仰和崇拜。

匈奴的族源与商周以来史书记载的鬼方、畏夷、隗国、獯鬻、荤庚等有着密切的渊源关系，属蒙古利亚人种。它不仅是北方边疆各民族的先民，同时也是汉族先民的重要成员之一。据史料记载和考古发掘证实，匈奴民族早在公元前 8 世纪左右就已经在中国北方的广大地区建立起了氏族部落。公元前 3 世纪时，匈奴人已进入铁器时代，生产力水平和军事实力大大加强。头曼单于统一了匈奴各部，以鄂尔多斯高原为中心，建立起了机构齐全的匈奴族奴隶制国家。公元前 209 年，曾质于月氏的匈奴王子冒顿杀父自立，在整顿、巩固内部的同时，积极对外扩张，北灭丁零，西击月氏，不断开拓疆土，把匈奴国家的发展推向了鼎盛时期。活动范围最盛时遍及贝加尔湖和阿尔泰山之间的广阔地域，其政治中心也由鄂尔多斯渐移至漠北和河西走廊地区，并在西域置“僮仆都尉”。匈奴的大肆扩张，引发了与建立不久的西汉王朝的矛盾和冲突。公元前 201 年，冒顿单于纵兵数十万，把汉高祖刘邦围困于山西白登（今大同市东北）地区 7 日。公元前 166 年，匈奴入侵汉王朝的哨骑一度抵达长安甘泉宫附近，“京师震恐”。由此，汉王朝从建立之日起，便视匈奴为强敌，不断开展针对匈奴的外交和军事行动。

回鹘

回鹘又称回纥、韦纥、乌纥、袁纥等。公元788年，其可汗上书给唐，愿称“回鹘”“义取回旋轻捷如鹘也”。回鹘的族源可追溯至纪元前在今贝加尔湖一带生息的赤狄、丁零，后被称为敕勒、铁勒。因其“俗多乘高车”，故又被称为“高车”，与一度雄踞于漠北和中亚地区的突厥同族。

回鹘作为敕勒或铁勒的一支，其起源地在今蒙古国鄂尔浑河流域。680年后，突厥势力强大，奴役回鹘等部，回鹘等部被迫南迁河西甘、凉一带。8世纪初，回鹘各部在唐的支持下，攻灭后突厥，重返漠北，建立起了一个控制大漠南北的大汗国。回鹘汗国后期，内乱频繁，连年天灾，后突厥黠戛斯汉（吉尔吉斯人）乘机进攻，于840年杀可汗，灭回鹘汗国，回鹘各部解体，各自向西、向南逃奔。西迁的一支分为两部分，一部分迁入新疆境内，一部分则进入甘肃河西地区。

9世纪中期以后，进入河西地区的回鹘，与原来留在河西的回鹘人汇合，在甘州（今张掖市）建立了政权，故通称这部分回鹘为甘州回鹘或河西回鹘。由于河西地区当时处于吐蕃控制之下，故甘州回鹘依附于吐蕃。10世纪中叶，甘州回鹘在河西地区的势力逐渐强大，其势力范围以甘州为中心，西至肃州（今酒泉市）、瓜州（今瓜州县）、沙州（今敦煌市），东至凉州（今武威市）、兰州、秦州（今天水市），东北至贺兰山（今宁夏一带），而且与波斯、印度、罗马等也有商业交往。

从840年迁至河西至甘州陷落，甘州回鹘政权存在近200年，共传可汗10位。此后甘州回鹘隶属西夏，1227年西夏被蒙古击灭，甘州回鹘遂归蒙古。

1954年2月20日，中国诞生了一个新的民族自治县，这就是位于河西走廊祁连山北麓的肃南裕固族自治县。根据裕固族的传说和史料记载，一般认为裕固族就是甘州回鹘的直系后裔。

相关名词解释

Explanation

丝绸之路

亦称“丝路”。古代以中国为始发点，向亚洲中部、西部及非洲、欧洲等地运送丝绸等物的交通道路之总称。19 世纪德国地理学家李希霍芬最初使用该术语时，只指称从中原地区，经今新疆而抵中亚的陆上通道；后来，所指范围逐步扩大，以至远达亚、欧、非三洲，并包括陆、海两方面的交通路线。在现代学术界，该词不仅用以指称联结整个古代世界的交通道路，同时成为古代东、西方之间经济、文化交流的代名词。通常认为，丝绸之路可以分为两路（陆上丝绸之路、海上丝绸之路）、三大干线。三大干线指：1. 草原之路，主要由古代游牧人开辟和使用，大致从黄河流域以北通往蒙古高原，西经西伯利亚大草原地区，抵达咸海、里海、黑海沿岸，乃至更西的东欧地区；2. 绿洲之路，主要通过亚欧大陆上的定居人地区，始于华北，西经河西地区、塔里木盆地，再赴西亚、小亚细亚等地，并南下今阿富汗、巴基斯坦、印度等地；3. 海上丝路，开辟的时间晚于陆路，繁荣于中世纪以后，始于中国沿海地区，经今东南亚、斯里兰卡、印度等地，抵达红海、地中海以及非洲东海岸等地。

近年来有些学者主张丝绸之路东端延伸至日本。

西　域

汉以后对玉门关、阳关以西地区的总称。有广、狭二义。狭义，指葱岭以东，巴尔喀什湖以东、以南地区。广义包括狭义的西域和中亚、印度、波斯、西亚、北非、东南欧诸国。

河西走廊

在甘肃省西北部祁连山以北、合黎山和龙首山以南、乌鞘岭以西。因在黄河之西，故名。东西长约1000千米，南北宽约数千米至100多千米。平均海拔1000～1500米。多沙碛、戈壁。绿洲断续相连，赖雪水、河水灌溉，农、牧业较盛。有酒泉、嘉峪关、张掖、武威等市。兰新铁路经过，自古是通往新疆及中亚、西亚的要道。

遗　迹

考古学名词，指古代人类活动所遗留下来的形体较大或固定不可移动的文化遗存，包括遗址、墓葬、窖藏以及游牧民族所遗留的活动痕迹等。

遗　址

考古学术语。指古代人类遗留下来的城堡、村落、住室、作坊和寺庙等基址。

壁　画

绘在建筑物的墙壁或天花板上的图画。是历史最悠久的绘画形式之一。分为粗地壁画、刷地壁画和装贴壁画等；刷地壁画又分湿壁画（即在涂有多层灰泥的底子上，趁表层灰泥尚湿画成的壁画）和干壁画（即用类似水彩的涂料绘于干灰泥底子上的壁画）等。

花　儿

流行于青海、甘肃、宁夏的一种山歌。是当地汉、回、土、撒拉、东乡、保安等族的口头文学形式之一。在青海又称“少年”，对其中的词称“花儿”，演唱称“漫少年”。声调高亢舒长，即兴编词。内容分抒情、叙事两类，前者居多。通常为独唱或对唱形式，旧时属于情歌之类的“花儿”只在山野歌唱，需回避长辈。现在，颂歌、劳动歌等均广泛采用“花儿”形式，不分场合均可演唱。

冰 川

极地或高山地区沿地面运动的巨大冰体。由降落在雪线以上的大量积雪在重力和巨大压力下形成。雪线以上是冰川积累区，以下是冰川消融区。现代冰川覆盖总面积约为1620多万平方千米，占地球陆地总面积11%，占地球淡水总量的69%。冰川移动速度一般每年为几米到几十米。按其形态和规模主要分为大陆冰川和山岳冰川。

丹 霞

指由红砂岩构成，峰林耸立，山势陡峻，红崖丹壁，是地理学上丹霞地形的代表。中国现已发现丹霞地貌292处，甘肃有53处，列全国诸省之冠。

绿 洲

也叫“沃洲”。荒漠中水草丰美、树木滋生、宜于人居的地方。一般见于河流两岸，泉、井附近以及受高山冰雪融水灌注的山麓地带。如中亚河流两岸和中国天山、祁连山山麓一带的绿洲。沙漠中的绿洲农牧业较盛，人口集中。

戈 壁

戈壁又称“戈壁滩”或“戈壁荒漠”。蒙古语意为“难生草木的土地”。指仅生长稀疏耐碱草类及灌木的沙碛砾漠。为一种粗砂、砾石覆盖在硬土层上的荒漠地形。按成因可分风化的砾质戈壁、水成的砾质戈壁和风成的砂质戈壁。

荒 漠

长期干旱气候条件下形成的植被稀疏的地理景观。气温变化急剧，特别是地面温度变化导致物理风化作用强烈，风力作用活跃。地表水极端贫乏，多盐碱土。只能生长根深叶小或无叶的旱生或盐生植物。动物具有穴居、夏眠、善疾走等特性。分布于大陆内部或低纬度大陆西岸。按地表组成物质，分岩漠、砾漠、沙漠、泥漠、盐漠等，以沙漠分布最广，次为砾漠（又称戈壁）。在高山上部和高纬度亚极地带，因为低温引起的植被生理干旱而形成的植被贫乏地区，为荒漠的特殊类型，称寒漠。高山和极地冰雪地带则称为冰漠。

沙 漠

指沙质荒漠。地表覆盖大片流沙，广布各种沙丘。在风力推动下，沙丘不时移动，往往侵没农田、村镇、道路，造成危害。

喀斯特

亦称“岩溶”。地表水和地下水对可溶性岩石（石灰岩、白云岩、石膏等）进行的以化学溶解为主的地质作用及其所形成地貌的总称。喀斯特原为斯洛文尼亚西部与意大利交界处石灰岩高原名称，当地称Kras。19 世纪末，塞尔维亚地理学家茨维伊奇（Jovan Cvijic，1865—1927）首先对该地发育的石灰岩溶蚀而成的地貌进行研究，并称其为“喀斯特”（Karst）。1966 年中国岩溶学术会议曾决定将“喀斯特”一词改为“岩溶”。

雅 丹

维吾尔语，原意为“陡壁的小丘”。现泛指干燥地区一种风蚀地貌。如土状堆积物所组成的地面，经风化作用、间歇性流水冲刷和风蚀作用，形成与盛行风向平行、相间排列的风蚀土墩和风蚀凹地（沟槽）地貌组合。在中国新疆罗布泊东北发育很典型。

石器

考古学名词。即用石头制作的工具，主要是指锋刃器。旧石器时代使用打制石器，新石器时代流行磨光石器，也仍使用一定数量的打制石器。石器在青铜时代仍继续使用，到铁器时代才被铁工具所代替。

石雕

中国传统工艺品之一。以石为材料的雕刻。早期风格质朴粗犷，如汉代霍去病墓前雕刻、南朝陵墓雕刻等。近代多以地方特色石料发展成著名品种，如青田石雕、寿山石雕等。

石笋

溶洞中直立洞底的碳酸钙淀积物。溶有碳酸钙的水自洞顶滴至洞底，经水分蒸发和碳酸钙淀积而成。自下向上增长，外形如笋，故名。与钟乳石相接，形成石柱。

石林

陡峭石峰林立的一种石灰岩地貌。在高温多雨区，由水流沿石灰岩地层中的垂直裂隙溶蚀而成。石林之间有很深的溶沟，沟坡垂直，坡壁上有平行垂直凹槽。高数十米，形状奇特。